FOURTH EDITION

VISTAS

INTRODUCCIÓN A LA LENGUA ESPAÑOLA

D1451502

BLANCO | DONLEY

VISTA®
HIGHER LEARNING

Boston, Massachusetts

ISBN: 978-1-60576-898-4

3 4 5 6 7 8 9 BB 15 14

Table of Contents

Panorama cultural Activities

Flash cultura Activities

Introduction

The VISTAS 4/e Workbook/Video Manual

Completely coordinated with the **VISTAS** student textbook, the Workbook/Video Manual for **VISTAS** provides you with additional practice of the vocabulary, grammar, and language functions presented in each of the textbook's eighteen lessons. The Workbook/Video Manual will also help you to continue building your reading and writing skills in Spanish. Icons and page references in the **recursos** boxes of the **VISTAS** student textbook correlate the Workbook and Video Manual to your textbook, letting you know when activities are available for use. Answers to the Workbook and Video Manual activities are located in a separate Answer Key.

The Workbook

Each lesson's workbook activities focus on developing your reading and writing skills as they recycle the language of the corresponding textbook lesson. Exercise formats include, but are not limited to, true/false, multiple choice, fill-in-the-blanks, sentence completions, fleshing out sentences from key elements, and answering questions. You will also find activities based on drawings, photographs, and maps.

Reflecting the overall organization of the textbook lessons, each workbook lesson consists of **Contextos, Estructura,** and **Panorama** sections. After every three lessons, there is a **Repaso** section, providing cumulative practice of the grammar and vocabulary you learned over previous lessons.

The Video Manual
Fotonovela

The **VISTAS Fotonovela** video offers 6–9 minutes of footage for each of the textbook's lessons. Each episode tells the continuing story of a group of college students from various Spanish-speaking countries who are studying in Mexico. The video, shot in a variety of locations throughout Mexico, follows them through an academic year.

The video activities will guide you through the video episodes. **Antes de ver el video** offers previewing activities to prepare you for successful video viewing experiences. **Mientras ves el video** contains while-viewing activities. Lastly, **Después de ver el video** provides post-viewing questions that check your comprehension of the video. These are followed by some questions that ask you to apply what you have learned to your own life or offer your own opinions.

Panorama cultural

The **Panorama cultural** video is integrated with the **Panorama** section in each lesson of **VISTAS**. Each video is 2–3 minutes long and consists of documentary footage from the countries of focus. The images were specially chosen for interest level and visual appeal, while the all-Spanish narrations were carefully written to reflect the vocabulary and grammar covered in the text.

As you watch the videos, you will experience a diversity of images and topics: cities, monuments, traditions, festivals, archaeological sites, geographical wonders, and more. You will be transported to each Spanish-speaking country, including the United States and Canada, thereby having the opportunity to expand your cultural perspectives with information directly related to the content of your textbook.

The video activities that accompany the **Panorama cultural** video will prepare you for viewing and guide you through the video modules using the same pre-, while-, and post-viewing activity structure as the **Fotonovela** video activities.

Flash cultura

The dynamic **Flash cultura** video is integrated with the **Adelante** section of each lesson. Shot in eight countries, **Flash cultura**'s reporters take you on a tour of the sites and customs of the Spanish-speaking world. Along they way, they conduct impromptu interviews with the people they meet, who in turn share their own perspectives on their country and culture.

The segments will provide you with valuable cultural insights as well as authentic linguistic input as they gradually move into Spanish. Be prepared to listen to a wide variety of accents and vocabulary from the Spanish-speaking world!

We hope that you will find the **VISTAS 4/e** Workbook/Video Manual to be a useful language learning resource and that it will help you to increase your Spanish language skills in a productive, enjoyable fashion.

The VISTAS 4/e authors and the Vista Higher Learning editorial staff

contextos

Lección 1

Workbook

1 **Saludos** For each question or expression, write the appropriate answer from the box in each blank.

De nada.	Encantada.	Muy bien, gracias.	Nos vemos.
El gusto es mío.	Me llamo Pepe.	Nada.	Soy de Argentina.

1. ¿Cómo te llamas? _____

2. ¿Qué hay de nuevo? _____

3. ¿De dónde eres? _____

4. Adiós. _____

5. ¿Cómo está usted? _____

6. Mucho gusto. _____

7. Te presento a la señora Díaz. _____

8. Muchas gracias. _____

2 **Conversación** Complete this conversation by writing one word in each blank.

ANA Buenos días, señor González. ¿Cómo (1)_____ (2)_____?

SR. GONZÁLEZ (3)_____ bien, gracias. ¿Y tú, (4)_____ estás?

ANA Regular. (5)_____ presento a Antonio.

SR. GONZÁLEZ Mucho (6)_____, Antonio.

ANTONIO El gusto (7)_____ (8)_____.

SR. GONZÁLEZ ¿De dónde (9)_____, Antonio?

ANTONIO (10)_____ (11)_____ México.

ANA (12)_____ luego, señor González.

SR. GONZÁLEZ Nos (13)_____, Ana.

ANTONIO (14)_____, señor González.

3 **Saludos, despedidas y presentaciones** Complete these phrases with the missing words. Then write each phrase in the correct column of the chart.

1. ¿_____ pasa?

2. _____ luego.

3. _____ gusto.

4. Te _____ a Irene.

5. ¿_____ estás?

6. _____ días.

7. El _____ es mío.

8. Nos _____.

Saludos	Despedidas	Presentaciones

Lección 1 Workbook Activities **1**

4 **Los países** Fill in the blanks with the name of the Spanish-speaking country that is highlighted in each map.

1. _____

2. _____

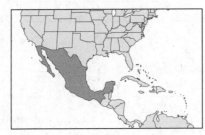

3. _____

5 **Diferente** Write the word or phrase that does not belong in each group.

1. Hasta mañana.
   Nos vemos.
   Buenos días.
   Hasta pronto.

   _____

2. ¿Qué tal?
   Regular.
   ¿Qué pasa?
   ¿Cómo estás?

   _____

3. Puerto Rico
   Washington
   México
   Estados Unidos

   _____

4. Muchas gracias.
   Muy bien, gracias.
   No muy bien.
   Regular.

   _____

5. ¿De dónde eres?
   ¿Cómo está usted?
   ¿De dónde es usted?
   ¿Cómo se llama usted?

   _____

6. Chau.
   Buenos días.
   Hola.
   ¿Qué tal?

   _____

estructura

1.1 Nouns and articles

1 **¿Masculino o femenino?** Write the correct definite article before each noun. Then write each article and noun in the correct column.

_____ hombre   _____ pasajero   _____ chico

_____ profesora   _____ mujer   _____ pasajera

_____ chica   _____ conductora   _____ profesor

Masculino   **Femenino**

_____   _____

_____   _____

_____   _____

_____   _____

_____   _____

2 **¿El, la, los o las?** Write the correct definite article before each noun.

1. _____ autobús   6. _____ mano

2. _____ maleta   7. _____ país

3. _____ lápices   8. _____ problema

4. _____ diccionario   9. _____ cosas

5. _____ palabras   10. _____ diarios

3 **Singular y plural** Give the plural form of each singular article and noun and the singular form of each plural article and noun.

1. unas fotografías _____   6. unas escuelas _____

2. un día _____   7. unos videos _____

3. un cuaderno _____   8. un programa _____

4. unos pasajeros _____   9. unos autobuses _____

5. una computadora _____   10. una palabra _____

4 **Las cosas** For each picture, provide the noun with its corresponding definite and indefinite articles.

1. _____   2. _____   3. _____   4. _____

Workbook

1.2 Numbers 0–30

1 **Los números** Solve the math problems to complete the crossword puzzle.

Horizontales

1. veinte más cinco
4. veintiséis menos quince
7. treinta menos catorce
10. veinticinco menos veintiuno
11. once más dos

Verticales

1. once más once
2. seis más tres
3. trece menos trece
5. doce más ocho

6. veintinueve menos diecinueve
8. veintitrés menos dieciséis
9. siete más uno

2 **¿Cuántos hay?** Write questions that ask how many items there are. Then write the answers. Write out the numbers.

> **modelo**
> 2 cuadernos
> ¿Cuántos cuadernos hay? Hay dos cuadernos.

1. 3 diccionarios _____

2. 12 estudiantes _____

3. 10 lápices _____

4. 7 maletas _____

5. 25 palabras _____

6. 21 países _____

7. 13 escuelas _____

8. 18 pasajeros _____

9. 15 computadoras _____

10. 27 fotografías _____

1.3 Present tense of **ser**

1 **Los pronombres** In the second column, write the subject pronouns that you would use when addressing the people listed in the first column. In the third column, write the pronouns you would use when talking about them. The first item has been done for you.

Personas	Addressing them	Talking about them
1. el señor Díaz	usted	él
2. Jimena y Marissa		
3. Maru y Miguel		
4. la profesora		
5. un estudiante		
6. el director de una escuela		
7. tres chicas		
8. un pasajero de autobús		
9. Juan Carlos y Felipe		
10. una turista		

2 **Nosotros somos...** Rewrite each sentence with the new subject. Change the verb **ser** as necessary.

> modelo
> Ustedes son profesores.
> Nosotros *somos profesores*.

1. Nosotros somos estudiantes. Ustedes _____.

2. Usted es de Puerto Rico. Ella _____.

3. Nosotros somos conductores. Ellos _____.

4. Yo soy turista. Tú _____.

5. Ustedes son de México. Nosotras _____.

6. Ella es profesora. Yo _____.

7. Tú eres de España. Él _____.

8. Ellos son pasajeros. Ellas _____.

3 **¡Todos a bordo! (All aboard!)** Complete Jorge's introduction of his travelling companions with the correct forms of **ser**.

Hola, me llamo Jorge y (1)_____ de Cuba. Pilar y Nati (2)_____ de España. Pedro, Juan y Paco (3)_____ de México. Todos (4)_____ estudiantes. La señorita Blasco (5)_____ de San Antonio. Ella (6)_____ la profesora. Luis (7)_____ el conductor. Él (8)_____ de Puerto Rico. Ellos (9)_____ de los Estados Unidos. El autobús (10)_____ de la agencia Marazul. Todos (11)_____ pasajeros de la agencia de viajes Marazul. Perdón, ¿de dónde (12)_____ tú, quién (13)_____ ella y de quién (14)_____ las maletas?

Lección 1 Workbook Activities **5**

4 **¿De quién es?** Use **ser** + **de** (or **del**) to indicate that the object belongs to the person or people listed.

> modelo
> nombre / el pasajero
> **Es el nombre del pasajero.**

1. diccionario / el estudiante _____

2. cuadernos / las chicas _____

3. mano / Sara _____

4. maletas / la turista _____

5. computadoras / los profesores _____

6. autobús / el conductor _____

7. lápices / la joven _____

8. fotografía / los chicos _____

9. computadora / la directora _____

10. país / David _____

5 **¿De dónde son?** Use **ser** + **de** to indicate where the people are from.

> modelo
> Ustedes / Costa Rica
> **Ustedes son de Costa Rica.**

1. Lina y María / Colombia _____

2. El profesor / México _____

3. Tú y los jóvenes / Argentina _____

4. Las estudiantes / Estados Unidos _____

5. Ellos / Canadá _____

6. La mujer / Puerto Rico _____

7. Los turistas / España _____

8. Él y yo / Chile _____

9. Nosotras / Cuba _____

10. Usted / Venezuela _____

6 **¿De quién?** Write questions for these answers using the correct interrogative words from the list.

> modelo
> **¿De dónde son ellos?**
> **Ellos son de España.**

cómo	dónde	de quién(es)	por qué
cuándo	de dónde	qué	quién(es)

1. _____
   Los lápices son de Alejandro.

2. _____
   Daniela es de Ecuador.

3. _____
   Es una foto.

4. _____
   Ellas son Claudia y Marta.

1.4 Telling time

1 **La hora** Give the time shown on each clock using complete sentences.

1. _____

2. _____

3. _____

4. _____

5. _____

6. _____

2 **¿Qué hora es?** Use complete sentences to tell the time.

1. 3:40 p. m. _____

2. 6:00 a. m. _____

3. 9:15 p. m. _____

4. 12:00 a. m. _____

5. 1:10 p. m. _____

6. 10:45 a. m. _____

7. 5:05 p. m. _____

8. 11:50 p. m. _____

9. 1:30 a. m. _____

10. 10:00 p. m. _____

Lección 1 Workbook Activities

3   **El día de Marta** Use the schedule to answer the questions in complete sentences.

8:45 a. m.	Biología
11:00 a. m.	Cálculo
12:00 p. m.	Almuerzo
2:00 p. m.	Literatura
4:15 p. m.	Yoga
10:30 p. m.	Programa especial

1. ¿A qué hora es la clase de biología? _____

2. ¿A qué hora es la clase de cálculo? _____

3. ¿A qué hora es el almuerzo (lunch)? _____

4. ¿A qué hora es la clase de literatura? _____

5. ¿A qué hora es la clase de yoga? _____

6. ¿A qué hora es el programa especial? _____

Síntesis

¿Y tú? Answer the questions about yourself and your class using complete sentences.

1. ¿Cómo te llamas? _____

2. ¿De dónde eres? _____

3. ¿Qué hay de nuevo? _____

4. ¿Qué hora es? _____

5. ¿A qué hora es la clase de español? _____

6. ¿Cuántos estudiantes hay en la clase de español? _____

7. ¿Hay estudiantes de México en la clase? _____

8. ¿A qué hora es tu (your) programa de televisión favorito? _____

panorama

Estados Unidos y Canadá

1 **¿Cierto o falso?** Indicate if each statement is **cierto** (*true*) or **falso** (*false*). Then correct the false statements.

1. La mayor parte de la población hispana de los Estados Unidos es de origen mexicano.

_____

2. Hay más (*more*) hispanos en Illinois que (*than*) en Texas.

_____

3. El estado con la mayor población hispana de los Estados Unidos es California.

_____

4. Muchos hispanos en Canadá tienen estudios universitarios.

_____

5. Muchos hispanos en Canadá hablan una de las lenguas oficiales: inglés o portugués.

_____

6. Hoy, uno de cada cuatro niños en los Estados Unidos es de origen hispano.

_____

7. Los tacos, las enchiladas y las quesadillas son platos cubanos.

_____

8. Las ciudades con más población hispana en Canadá son Montreal, Toronto y Vancouver.

_____

9. Un barrio cubanoamericano importante de Miami se llama la Pequeña Cuba.

_____

10. Los puertorriqueños de Nueva York celebran su origen con un desfile.

_____

2 **Completar** Complete the sentences with the correct information from **Panorama** about the Hispanic communities in Canada and the United States.

1. Se estima que en el año 2021 uno de cada tres _____ va a ser de origen hispano.

2. Los hispanos _____ activamente en la vida cotidiana y profesional de Canadá.

3. La Pequeña Habana es una _____ de Cuba en los Estados Unidos.

4. El desfile puertorriqueño es un gran espectáculo con carrozas y música _____,

   _____ y hip-hop.

5. La comida mexicana es muy _____ en los Estados Unidos.

Lección 1 Workbook Activities **9**

3   **Un mapa** Write the name of each state numbered on the map and provide its Hispanic population (round up population) in millions.

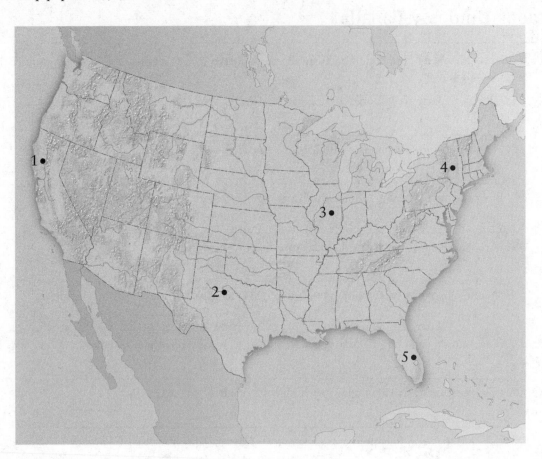

1. _____ (_____ millones de hispanos)

2. _____ (_____ millones de hispanos)

3. _____ (_____ millones de hispanos)

4. _____ (_____ millones de hispanos)

5. _____ (_____ millones de hispanos)

4   **¿De dónde es?** Write the origin of each item listed (**estadounidense, mexicano, cubano,** or **puertorriqueño**).

Origen

1. desfile en Nueva York _____

2. enchiladas, tacos y quesadillas _____

3. Pequeña Habana _____

4. comida tex-mex y cali-mex _____

5. mayor población hispana de EE.UU. _____

contextos

1 Categorías Read each group of items. Then write the word from the list that describes a category for the group.

cafetería	clase	laboratorio
ciencias	geografía	materias

1. sándwiches, tacos, sodas, bananas _____

2. mapas, capitales, países, nacionalidades _____

3. literatura, matemáticas, geografía, lenguas extranjeras _____

4. microscopios, experimentos, ciencias, elementos _____

5. física, química, biología, astronomía _____

6. pizarras, tiza, borrador, papelera, escritorios _____

2 Buscar (To search) Find school-related words in the grid, looking horizontally and vertically. Circle them in the puzzle, and write the words in the blanks with the correct accents.

```
S P F I S I C A B Q G Ñ E
O E S P A Ñ O L E U S B R
C X B E C O N O M I A I M
I A R T E G Q F A M F O I
O M C A C L O U R I V L N
L E P R U E B A A C D O G
O N U E O N E Z H A U G L
G Ñ D A M C L A S E T I E
I E J I L C I E N C I A S
A P E R I O D I S M O P I
D S T H O R A R I O Q X A
H U M A N I D A D E S M O
```

_____ _____
_____ _____
_____ _____
_____ _____
_____ _____

3 **El calendario** Use the calendar to answer these questions with complete sentences.

marzo

L	M	M	J	V	S	D
		1	2	3	4	5
6	7	8	9	10	11	12
13	14	15	16	17	18	19
20	21	22	23	24	25	26
27	28	29	30	31		

abril

L	M	M	J	V	S	D
					1	2
3	4	5	6	7	8	9
10	11	12	13	14	15	16
17	18	19	20	21	22	23
24	25	26	27	28	29	30

> *modelo*
>
> ¿Qué día de la semana es el 8 de abril (*April*)?
> El *8 de abril es sábado./Es sábado.*

1. ¿Qué día de la semana es el 21 de marzo (*March*)? _____

2. ¿Qué día de la semana es el 7 de abril? _____

3. ¿Qué día de la semana es el 2 de marzo? _____

4. ¿Qué día de la semana es el 28 de marzo? _____

5. ¿Qué día de la semana es el 19 de abril? _____

6. ¿Qué día de la semana es el 12 de marzo? _____

7. ¿Qué día de la semana es el 3 de abril? _____

8. ¿Qué día de la semana es el 22 de abril? _____

9. ¿Qué día de la semana es el 31 de marzo? _____

10. ¿Qué día de la semana es el 9 de abril? _____

4 **Completar** Complete these sentences using words from the word bank.

arte	ciencias	examen	horario	tarea
biblioteca	matemáticas	geografía	laboratorio	universidad

1. La biología, la química y la física son _____.

2. El _____ dice (*says*) a qué hora son las clases.

3. A las once hay un _____ de biología.

4. Martín es artista y toma (*takes*) una clase de _____.

5. Hay veinte calculadoras en la clase de _____.

6. Los experimentos se hacen (*are made*) en el _____.

7. Hay muchos libros en la _____.

8. Los mapas son importantes en el curso de _____.

estructura

2.1 Present tense of -ar verbs

1 Tabla (Chart) de verbos Write the missing forms of each verb.

Present tense					
Infinitivo	yo	tú	Ud., él, ella	nosotros/as	Uds., ellos
1. cantar	_____	_____	_____	_____	_____
2. _____	pregunto	_____	_____	_____	_____
3. _____		contestas	_____	_____	_____
4. _____	_____	_____	practica	_____	_____
5. _____	_____	_____		deseamos	_____
6. _____	_____	_____	_____		llevan

2 Completar Complete these sentences using the correct form of the verb in parentheses.

1. Los turistas _____ (viajar) en un autobús.
2. Elena y yo _____ (hablar) español en clase.
3. Los estudiantes _____ (llegar) a la residencia estudiantil.
4. Yo _____ (dibujar) un reloj en la pizarra.
5. La señora García _____ (comprar) libros en la librería de la universidad.
6. Francisco y tú _____ (regresar) de la biblioteca.
7. El semestre _____ (terminar) en mayo (May).
8. Tú _____ (buscar) a tus (your) compañeros de clase en la cafetería.

3 ¿Quién es? Complete these sentences with the correct verb form so that the sentence makes sense.

busco	conversas	esperan	regresamos	trabaja
compran	enseña	necesitas	toman	viajan

1. Nosotras _____ a las seis de la tarde.
2. Muchos estudiantes _____ el curso de periodismo.
3. Rosa y Laura no _____ a Manuel.
4. Tú _____ con los chicos en la residencia estudiantil.
5. El compañero de cuarto de Jaime _____ en el laboratorio.
6. Yo _____ un libro en la biblioteca.
7. Rebeca y tú _____ unas maletas para viajar.
8. La profesora Reyes _____ el curso de español.

4 Usar los verbos Form sentences using the words provided. Use the correct present tense or infinitive form of each verb.

1. una estudiante / desear / hablar / con su profesora de biología

_____

2. Mateo / desayunar / en la cafetería de la universidad

_____

3. (mí) / gustar / cantar y bailar

_____

4. los profesores / contestar / las preguntas (*questions*) de los estudiantes

_____

5. ¿(ti) / gustar / la clase de música?

_____

6. (nosotros) / esperar / viajar / a Madrid

_____

7. (yo) / necesitar / practicar / los verbos en español

_____

8. (mí) / no / gustar / los exámenes

_____

5 ¿Y tú? Use complete sentences to answer these yes or no questions.

> **modelo**
> ¿Bailas el tango?
> Sí, bailo el tango./No, no bailo el tango.

1. ¿Estudias ciencias en la universidad?

_____

2. ¿Conversas mucho con los compañeros de clase?

_____

3. ¿Esperas estudiar administración de empresas?

_____

4. ¿Necesitas descansar después de (*after*) los exámenes?

_____

5. ¿Compras los libros en la librería?

_____

6. ¿Te gusta viajar?

_____

2.2 Forming questions in Spanish

1 Las preguntas Make questions out of these statements by inverting the word order.

1. Ustedes son de Puerto Rico.

_____

2. El estudiante dibuja un mapa.

_____

3. Los turistas llegan en autobús.

_____

4. La clase termina a las dos de la tarde.

_____

5. Samuel trabaja en la biblioteca.

_____

6. Los chicos miran un programa.

_____

7. El profesor Miranda enseña la clase de humanidades.

_____

8. Isabel compra cinco libros de historia.

_____

9. Mariana y Javier preparan la tarea.

_____

10. Ellas conversan en la cafetería de la universidad.

_____

2 Seleccionar Choose an interrogative word from the list to write a question that corresponds with each response.

adónde	cuándo	de dónde	por qué	quién
cuáles	cuántos	dónde	qué	quiénes

1. _____

Ellos caminan a la biblioteca.

2. _____

El profesor de español es de México.

3. _____

Hay quince estudiantes en la clase.

4. _____

El compañero de cuarto de Jaime es Manuel.

5. _____

La clase de física es en el laboratorio.

6. _____

Julia lleva una computadora portátil.

7. _____

El programa de televisión termina en dos horas.

8. _____

Estudio biología porque hay un examen mañana.

Lección 2 Workbook Activities **15**

3 **Muchas preguntas** Form four different questions from each statement.

1. Mariana canta en el coro (*choir*) de la universidad.

_____
_____
_____
_____

2. Carlos busca el libro de arte.

_____
_____
_____
_____

3. La profesora Gutiérrez enseña contabilidad.

_____
_____
_____
_____

4. Ustedes necesitan hablar con el profesor de economía.

_____
_____
_____
_____

4 **¿Qué palabra?** Write the interrogative word or phrase that makes sense in each question.

1. ¿_____ es la clase de administración de empresas?
Es en la biblioteca.

2. ¿_____ preparas la tarea de matemáticas?
Preparo la tarea de matemáticas el lunes.

3. ¿_____ es el profesor de inglés?
Es de los Estados Unidos.

4. ¿_____ libros hay en la clase de biología?
Hay diez libros.

5. ¿_____ caminas con (*with*) Olga?
Camino a la clase de biología con Olga.

6. ¿_____ enseña el profesor Hernández en la universidad?
Enseña literatura.

7. ¿_____ llevas cinco libros en la mochila?
Porque regreso de la biblioteca.

8. ¿_____ es la profesora de física?
Es la señora Caballero.

2.3 Present tense of **estar**

1 **Están en...** Answer the questions based on the pictures. Write complete sentences.

1. ¿Dónde están Cristina y
   Bruno? _____

   _____

2. ¿Dónde están la profesora
   y el estudiante? _____

   _____

3. ¿Dónde está la puerta?

   _____

4. ¿Dónde está la mochila?

   _____

5. ¿Dónde está el pasajero?

   _____

6. ¿Dónde está José Miguel?

   _____

2 **¿Dónde están?** Use these cues and the correct form of **estar** to write complete sentences. Add any missing words.

1. libros / cerca / escritorio

   _____

2. ustedes / al lado / puerta

   _____

3. calculadora / entre / computadoras

   _____

4. lápices / sobre / cuaderno

   _____

5. estadio / lejos / residencias

   _____

6. mochilas / debajo / mesa

   _____

7. tú / en / clase de psicología

   _____

8. reloj / a la derecha / ventana

   _____

9. Rita / a la izquierda / Julio

   _____

Lección 2 Workbook Activities **17**

Workbook

Workbook

3 **¿Ser o estar?** Complete these sentences with the correct present-tense form of the verb **ser** or **estar**.

1. Sonia _____ muy bien hoy.

2. Las sillas _____ delante del escritorio.

3. Ellos _____ estudiantes de sociología.

4. Alma _____ de la capital de España.

5. _____ las diez y media de la mañana.

6. Nosotras _____ en la biblioteca.

4 **El libro** Complete this cell phone conversation with the correct forms of **estar**.

GUSTAVO Hola, Pablo. ¿(1)_____ en la residencia estudiantil?

PABLO Sí, (2)_____ en la residencia.

GUSTAVO Necesito el libro de física.

PABLO ¿Dónde (3)_____ el libro?

GUSTAVO El libro (4)_____ en mi cuarto (*room*), al lado de la computadora.

PABLO ¿Dónde (5)_____ la computadora?

GUSTAVO La computadora (6)_____ encima del escritorio.

PABLO ¡Aquí (*Here*) (7)_____ la computadora y... el libro de física!

5 **Conversación** Complete this conversation with the correct forms of **ser** and **estar**.

PILAR Hola, Irene. ¿Cómo (1)_____?

IRENE Muy bien, ¿y tú? ¿Qué tal?

PILAR Bien, gracias. Te presento a Pablo.

IRENE Encantada, Pablo.

PILAR Pablo (2)_____ de México.

IRENE ¿De qué parte de (*where in*) México (3)_____?

PABLO (4)_____ de Monterrey. Y tú, ¿de dónde (5)_____?

IRENE (6)_____ de San Juan, Puerto Rico.

PILAR ¿Dónde (7)_____ Claudia, tu (*your*) compañera de cuarto?

IRENE (8)_____ en la residencia estudiantil.

PABLO Nosotros vamos a (*are going to*) la librería ahora.

PILAR Necesitamos comprar el manual del laboratorio de física.

IRENE ¿A qué hora (9)_____ la clase de física?

PABLO (10)_____ a las doce del día. ¿Qué hora (11)_____ ahora?

PILAR (12)_____ las once y media.

IRENE ¡Menos mal que (*Fortunately*) la librería (13)_____ cerca del laboratorio!

PILAR Sí, no (14)_____ muy lejos de la clase. Nos vemos.

IRENE Hasta luego.

PABLO Chau.

2.4 Numbers 31 and higher

1 **Números de teléfono** Provide the words for these telephone numbers.

> **modelo**
> 968-3659
> nueve, sesenta y ocho, treinta y seis, cincuenta y nueve

1. 776-7799

_____

2. 543-3162

_____

3. 483-4745

_____

4. 352-5073

_____

5. 888-7540

_____

6. 566-3857

_____

2 **¿Cuántos hay?** Use the inventory list to answer these questions about the amount of items in stock at the school bookstore. Use complete sentences and write out the Spanish words for numbers.

Inventario			
libros	320	mochilas	31
cuadernos	276	diccionarios	43
plumas	125	mapas	66

1. ¿Cuántos mapas hay? _____

2. ¿Cuántas mochilas hay? _____

3. ¿Cuántos diccionarios hay? _____

4. ¿Cuántos cuadernos hay? _____

5. ¿Cuántas plumas hay? _____

6. ¿Cuántos libros hay? _____

3 **Mi universidad** Use the information provided to complete the paragraph about your university. Write out the Spanish words for numbers.

> 25.000 estudiantes en total   44 nacionalidades diferentes   1.432 computadoras
> 350 españoles   10.500 libros   126 especialidades

Mi universidad es muy grande, hay (1)_____ estudiantes en el campus. Hay personas de
(2)_____ países diferentes y (3)_____ son estudiantes de España. La biblioteca tiene
(4)_____ libros de (5)_____ especialidades diferentes. Hay mucha tecnología; hay
(6)_____ computadoras en el campus. ¡Me encanta mi universidad!

4 **Por ciento** Use the pie chart to complete these sentences. Write out the Spanish numbers in words.

física 17%

periodismo 18%

biología 18%

inglés 25%

español 22%

1. Un _____ por ciento de los estudiantes estudian las ciencias.

2. Un _____ por ciento de los estudiantes estudian inglés o periodismo.

3. Un _____ por ciento de los estudiantes no estudian las ciencias.

4. Un _____ por ciento de los estudiantes no estudian biología.

5. Un _____ por ciento de los estudiantes estudian inglés o español.

6. Un _____ por ciento de los estudiantes no estudian idiomas.

Síntesis

La universidad Imagine that a parent calls a college student during the second week of courses. Write questions that the parent might ask about the son or daughter's schedule, courses, and campus life. Use the cues provided. Then write possible answers.

> *modelo*
>
> ¿A qué hora termina la clase de español?
> La clase de español termina a las tres.

- ¿A qué hora…?
- ¿Dónde está…?
- ¿Qué cursos…?
- ¿Trabajas…?
- ¿Estudias…?
- ¿Qué días de la semana…?
- ¿Hay…?
- ¿Cuántos…?

_____

_____

_____

_____

_____

_____

_____

_____

panorama

España

1 **¿De qué ciudad es?** Write the city or town in Spain associated with each item.

1. el Museo del Prado _____
2. el baile flamenco _____
3. la Sagrada Familia _____
4. la Tomatina _____
5. segunda (*second*) ciudad en población _____

2 **¿Cierto o falso?** Indicate whether each statement is **cierto** or **falso**. Then correct the false statements.

1. Las islas Canarias y las islas Baleares son de España.

_____

2. Zaragoza es una de las ciudades principales de España.

_____

3. La moneda de España es el peso.

_____

4. En España hay más de un idioma.

_____

5. La Tomatina es uno de los platos más deliciosos de España.

_____

6. El chef José Andrés vive en Washington, D.C.

_____

3 **El mapa de España** Fill in the blanks with the name of the city or geographical feature.

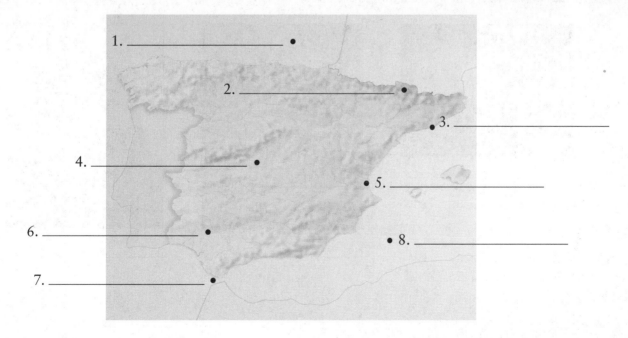

1. _____
2. _____
3. _____
4. _____
5. _____
6. _____
7. _____
8. _____

4 **Profesiones** Complete these sentences with the person's occupation.

1. Fernando Alonso es _____.

2. Rosa Montero es _____.

3. Pedro Almodóvar es _____.

4. Miguel de Cervantes es _____.

5. Paz Vega es _____.

6. Diego Velázquez es _____.

5 **Palabras cruzadas (crossed)** Write one letter on each blank. Then answer the final question, using the new word that is formed.

1. Islas españolas del Mar Mediterráneo

2. Español, catalán, gallego, valenciano y euskera

3. José Andrés es dueño (owner) de varios

4. Museo español famoso

5. Pintor español famoso

6. Obra más conocida de Diego Velázquez

El aeropuerto (airport) de Madrid se llama _____.

6 **Las fotos** Label the object shown in each photo.

1. _____

2. _____

3. _____

Workbook

contextos

Lección 3

1 **La familia** Look at the family tree and describe the relationships between these people.

modelo

Eduardo / Concha
Eduardo es el padre de Concha.

1. Juan Carlos y Sofía / Pilar

_____

2. Pilar / Ana María y Luis Miguel

_____

3. Eduardo / Raquel

_____

4. José Antonio y Ramón / Concha

_____

5. Raquel / Pilar

_____

6. Concha, José Antonio y Ramón / Pilar

_____

7. Ana María / Raquel

_____

8. Joaquín / Ana María y Luis Miguel

_____

2 **Diferente** Write the word that does not belong in each group.

1. ingeniera, médica, programadora, periodista, hijastra _____

2. cuñado, nieto, yerno, suegra, nuera _____

3. sobrina, prima, artista, tía, hermana _____

4. padre, hermano, hijo, novio, abuelo _____

5. muchachos, tíos, niños, chicos, hijos _____

6. amiga, hermanastra, media hermana, madrastra _____

3 **Crucigrama** Complete this crossword puzzle.

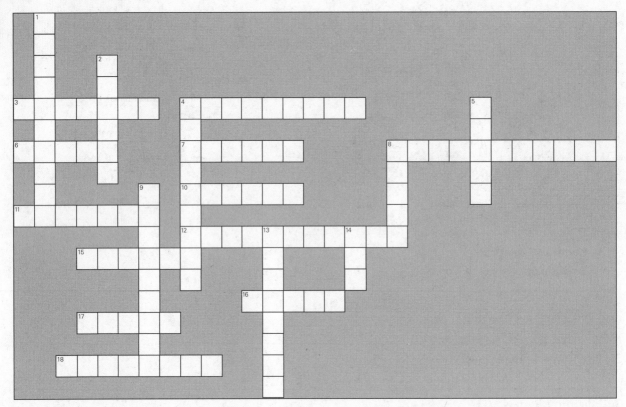

Horizontales

3. el hijo de mi hermano
4. la esposa de mi padre, pero no soy su hijo
6. el hijo de mi hija
7. el esposo de mi hermana
8. hombre que estudió (*studied*) computación
10. la madre de mi padre
11. padre, madre e (*and*) hijos
12. el hijo de mi madrastra, pero no de mi padre
15. doctor
16. tus nietos son los _____ de tus hijos
17. personas en general
18. la hija de mi esposa, pero no es mi hija

Verticales

1. mujer que escribe (*writes*) para el *New York Times*
2. compañeros inseparables
4. chicos
5. el esposo de mi madre es el _____ de mis abuelos
8. el hijo de mi tía
9. abuelos, primos, tíos, etc.
13. Pablo Picasso y Diego Velázquez
14. el hermano de mi madre

estructura

3.1 Descriptive adjectives

1 **¿Cómo son?** Use the adjective in parentheses that agrees with each subject to write descriptive sentences about them.

> **modelo**
> **(gordo, delgada)**
> Lidia: Lidia es delgada.
> el novio de Olga: El novio de Olga es gordo.

(simpático, guapos, alta)

1. la profesora de historia: _____

2. David y Simón: _____

3. el artista: _____

(trabajadora, viejo, delgadas)

4. esas (those) muchachas: _____

5. el abuelo de Alberto: _____

6. la programadora: _____

2 **Descripciones** Complete each sentence with the correct forms of the adjectives in parentheses.

1. Lupe, Rosa y Tomás son _____ (bueno) amigos.

2. Ignacio es _____ (alto) y _____ (guapo).

3. Lourdes y Virginia son _____ (bajo) y _____ (delgado).

4. Pedro y Vanessa son _____ (moreno), pero Diana es _____ (pelirrojo).

5. Nosotras somos _____ (inteligente) y _____ (trabajador).

6. Esos (Those) chicos son _____ (simpático), pero son _____ (tonto).

3 **No** Answer these questions using the adjective with the opposite meaning.

> **modelo**
> ¿Es alta Manuela?
> No, es baja.

1. ¿Es antipático don Antonio? _____

2. ¿Son morenas las hermanas de Lupe? _____

3. ¿Es fea la mamá de Carlos? _____

4. ¿Son viejos los primos de Sofía? _____

5. ¿Son malos los padres de Alejandro? _____

6. ¿Es guapo el tío de Andrés? _____

4 **Origen y nacionalidad** Read the names and origins of the people in this tour group. Then write sentences saying what city they are from and what their nationalities are.

> modelo
> Álvaro Estrada / Miami, Estados Unidos
> Álvaro Estrada es de Miami. Es estadounidense.

1. Lucy y Lee Hung / Pekín, China _____

2. Pierre y Marie Lebrun / Montreal, Canadá _____

3. Luigi Mazzini / Roma, Italia _____

4. Elizabeth Mitchell / Londres, Inglaterra (*England*) _____

5. Roberto Morales / Madrid, España _____

6. Andrés y Patricia Padilla / La Habana, Cuba _____

7. Paula y Cecilia Robles / San José, Costa Rica _____

8. Arnold Schmidt / Berlín, Alemania (*Germany*) _____

9. Antoinette y Marie Valois / París, Francia _____

10. Marta Zedillo / Guadalajara, México _____

5 **Completar** Complete each sentence with the correct form of each adjective in parentheses.

(bueno)

1. La clase de matemáticas es muy _____.

2. Rogelio es un _____ compañero de cuarto.

3. Agustina compra una _____ mochila para (*for*) los libros.

4. Andrés y Guillermo son muy _____ estudiantes.

(malo)

5. Federico es antipático y una _____ persona.

6. Ahora es un _____ momento para descansar.

7. La comida (*food*) de la cafetería es _____.

8. Son unas semanas _____ para viajar.

(grande)

9. Hay un _____ evento en el estadio hoy.

10. Los problemas en esa (*that*) familia son muy _____.

11. La biblioteca de la universidad es _____.

12. La prima de Irma es una _____ amiga.

3.2 Possessive adjectives

1 ¿De quién es? Answer each question affirmatively using the correct possessive adjective.

> modelo
> ¿Es tu maleta?
> Sí, es mi maleta.

1. ¿Es la calculadora de Adela? _____
2. ¿Es mi clase de español? _____
3. ¿Son los papeles de la profesora? _____
4. ¿Es el diccionario de tu compañera de cuarto? _____
5. ¿Es tu novia? _____
6. ¿Son los lápices de ustedes? _____

2 Familia Write the appropriate forms of the possessive adjectives indicated in parentheses.

1. _____ (My) cuñada, Christine, es francesa.
2. _____ (Their) parientes están en Costa Rica.
3. ¿Quién es _____ (your fam.) tío?
4. _____ (Our) padres regresan a las diez.
5. Es _____ (his) tarea de matemáticas.
6. Linda y María son _____ (my) hijas.
7. ¿Dónde trabaja _____ (your form.) esposa?
8. _____ (Our) familia es grande.

3 Clarificar Add a prepositional phrase that clarifies to whom the item(s) belongs.

> modelo
> ¿Es su libro? (ellos)
> ¿Es el libro de ellos?

1. ¿Cuál es su problema? (ella)
2. Trabajamos con su madre. (ellos)
3. ¿Dónde están sus papeles? (ustedes)
4. ¿Son sus plumas? (ella)
5. ¿Quiénes son sus compañeros de cuarto? (él)
6. ¿Cómo se llaman sus sobrinos? (usted)

4 **Posesiones** Write sentences using possessive adjectives to indicate who owns these items.

> *modelo*
> Yo compro un escritorio.
> Es mi *escritorio.*

1. Ustedes compran cuatro sillas. _____

2. Tú compras una mochila. _____

3. Nosotros compramos una mesa. _____

4. Yo compro una maleta. _____

5. Él compra unos lápices. _____

6. Ellos compran una calculadora. _____

5 **Mi familia** Paula is talking about her family. Complete her description with the correct possessive adjectives.

Somos cinco hermanos. Ricardo, José Luis y Alejandro son (1)_____

hermanos. Francisco es (2)_____ cuñado. Es el esposo de (3)_____

hermana mayor, Mercedes. Francisco es argentino. (4)_____ papás viven en

Mar del Plata. Vicente es el hijo de (5)_____ hermano mayor, Ricardo. Él es

(6)_____ sobrino favorito. (7)_____ mamá se llama Isabel y es española.

Ellos viven con (8)_____ familia en Sevilla. José Luis estudia en Monterrey y vive

con la tía Remedios y (9)_____ dos hijos, Carlos y Raquel, (10)_____

primos. Alejandro y yo vivimos con (11)_____ papás en Guadalajara. Los papás

de (12)_____ mamá viven también con nosotros. Alejandro y yo compartimos

(13)_____ problemas con (14)_____ abuelos. Ellos son muy buenos.

Y tú, ¿cómo es (15)_____ familia?

6 **Preguntas** Answer these questions using possessive adjectives and the words in parentheses.

> *modelo*
> ¿Dónde está tu amiga? (Barcelona)
> Mi amiga *está en Barcelona.*

1. ¿Cómo es tu padre? (alto y moreno)

_____

2. José, ¿dónde están mis papeles? (en el escritorio)

_____

3. ¿Cómo es la escuela de Felipe? (pequeña y vieja)

_____

4. ¿Son mexicanos los amigos de ustedes? (puertorriqueños)

_____

5. Mami, ¿dónde está mi tarea? (en la mesa)

_____

6. ¿Cómo son los hermanos de Pilar? (simpáticos)

_____

3.3 Present tense of -er and -ir verbs

1 **Conversaciones** Complete these conversations with the correct forms of the verbs in parentheses.

(leer)

1. —¿Qué _____, Ana?

2. —_____ un libro de historia.

(vivir)

3. —¿Dónde _____ ustedes?

4. —Nosotros _____ en Nueva York. ¿Y tú?

(comer)

5. —¿Qué _____ ustedes?

6. —Yo _____ un sándwich y Eduardo _____ pizza.

(deber)

7. —Profesora, ¿_____ abrir nuestros libros ahora?

8. —Sí, ustedes _____ abrir los libros en la página (*page*) 87.

(escribir)

9. —¿_____ un libro, Melinda?

10. —Sí, _____ un libro de ciencia ficción.

2 **Frases** Write complete sentences using the correct forms of the verbs in parentheses.

1. (nosotros) (Escribir) muchas composiciones en la clase de literatura.

_____

2. Esteban y Luisa (aprender) a bailar el tango.

_____

3. ¿Quién no (comprender) la lección de hoy?

_____

4. (tú) (Deber) comprar un mapa de Quito.

_____

5. Ellos no (recibir) muchos mensajes electrónicos (*e-mails*) de sus padres.

_____

6. (yo) (Buscar) unas fotos de mis primos.

_____

3 **¿Qué verbo es?** Choose the most logical verb to complete each sentence, and write the correct form.

1. Tú _____ (abrir, correr, decidir) en el parque (*park*), ¿no?

2. Yo _____ (asistir, compartir, leer) a conciertos de Juanes.

3. ¿_____ (aprender, creer, deber) a leer tu sobrino?

4. Yo no _____ (beber, vivir, comprender) la tarea de física.

5. Los estudiantes _____ (escribir, beber, comer) hamburguesas en la cafetería.

6. Mi esposo y yo _____ (decidir, leer, deber) el *Miami Herald*.

Nombre _____   Fecha _____

Workbook

4 **Tú y ellos** Rewrite each sentence using the subject in parentheses. Change the verb form and possessive adjectives as needed.

> modelo
> Carolina no lee sus libros. (nosotros)
> *Nosotros no leemos nuestros libros.*

1. Rubén cree que la lección 3 es fácil. (ellos)

_____

2. Mis hermanos aprenden alemán en la universidad. (mi tía)

_____

3. Aprendemos a hablar, leer y escribir en la clase de español. (yo)

_____

4. Sandra escribe en su diario todos los días (*everyday*). (tú)

_____

5. Comparto mis problemas con mis padres. (Víctor)

_____

6. Vives en una residencia interesante y bonita. (nosotras)

_____

5 **Descripciones** Look at the drawings and use these verbs to describe what the people are doing.

abrir   aprender   comer   leer

1. Nosotros _____   2. Yo _____

3. Mirta _____   4. Los estudiantes _____

30   **Lección 3** Workbook Activities

3.4 Present tense of **tener** and **venir**

1 **Completar** Complete these sentences with the correct forms of **tener** and **venir**.

1. ¿A qué hora _____ ustedes al estadio?

2. ¿_____ tú a la universidad en autobús?

3. Nosotros _____ una prueba de psicología mañana.

4. ¿Por qué no _____ Juan a la clase de literatura?

5. Yo _____ dos hermanos y mi prima _____ tres.

6. ¿_____ ustedes fotos de sus parientes?

7. Mis padres _____ unos amigos japoneses.

8. Inés _____ con su esposo y yo _____ con Ernesto.

9. Marta y yo no _____ al laboratorio los sábados.

10. ¿Cuántos nietos _____ tú?

11. Yo _____ una clase de contabilidad a las once de la mañana.

12. Mis amigos _____ a comer a la cafetería hoy.

2 **¿Qué tienen?** Rewrite each sentence, using the logical expression with **tener**.

1. Los estudiantes (tienen hambre, tienen miedo de) tomar el examen de química.

_____

2. Las turistas (tienen sueño, tienen prisa) por llegar al autobús.

_____

3. Mi madre (tiene cincuenta años, tiene razón) siempre (*always*).

_____

4. Vienes a la cafetería cuando (*when*) (tienes hambre, tienes frío).

_____

5. (Tengo razón, Tengo frío) en la biblioteca porque abren las ventanas.

_____

6. Rosaura y María (tienen calor, tienen ganas) de mirar la televisión.

_____

7. Nosotras (tenemos cuidado, no tenemos razón) con el sol (*sun*).

_____

8. David toma mucha agua cuando (*when*) (tiene miedo, tiene sed).

_____

3 **Expresiones con _tener_** Complete each sentence with the correct expression and the appropriate form of **tener**.

tener cuidado	tener miedo	tener mucha suerte	tener que
tener ganas	tener mucha hambre	tener prisa	tener razón

1. Mis sobrinos _____ del perro (_dog_) de mis abuelos.

2. Necesitas _____ con la computadora portátil (_laptop_).

3. Yo _____ practicar el vocabulario de español.

4. Lola y yo _____ de escuchar música latina.

5. Anita cree que (_that_) dos más dos son cinco. Ella no _____.

6. Ganas (_You win_) cien dólares en la lotería. Tú _____.

Síntesis

Tus parientes Choose an interesting relative of yours and write a description of that person. Answer these questions in your description.

- ¿Quién es?
- ¿Cómo es?
- ¿De dónde viene?
- ¿Cuántos hermanos/primos/hijos... tiene?
- ¿Cómo es su familia?
- ¿Dónde vive?
- ¿Cuántos años tiene?
- ¿De qué tiene miedo?

_____

_____

_____

_____

_____

_____

_____

_____

_____

_____

panorama

Ecuador

1 **¿Cierto o falso?** Indicate whether the statements are **cierto** or **falso**. Correct the false statements.

1. Ecuador tiene aproximadamente el área de Rhode Island.

_____

2. Panamá y Chile limitan con (*border*) Ecuador.

_____

3. Las islas Galápagos están en el océano Pacífico.

_____

4. Quito está en la cordillera de los Andes.

_____

5. Todos (*All*) los ecuatorianos hablan lenguas indígenas.

_____

6. Rosalía Arteaga es novelista y pintora.

_____

7. Hay volcanes activos en Ecuador.

_____

8. Oswaldo Guayasamín fue un novelista ecuatoriano famoso.

_____
_____

2 **El mapa de Ecuador** Fill in the blanks on this map with the correct geographical names.

1. _____

2. _____

3. _____

4. _____

5. _____

6. _____

7. _____

8. _____

9. _____

10. _____

3 **Fotos de Ecuador** Label the place shown in each photograph.

1. _____

2. _____

3. _____

4 **Descripción de Ecuador** Answer these questions using complete sentences.

1. ¿Cómo se llama la moneda de Ecuador?

_____

2. ¿Qué idiomas hablan los ecuatorianos?

_____

3. ¿Por qué son las islas Galápagos un verdadero tesoro ecológico?

_____

4. ¿Por qué vienen muchos turistas a Ecuador?

_____

5. ¿Cómo es el estilo artístico de Guayasamín?

_____

6. ¿Qué es la Mitad del Mundo?

_____

7. ¿Qué deportes puedes hacer (can you do) en los Andes?

_____

8. ¿Dónde viven las tortugas gigantes?

_____

repaso   **Lecciones 1-3**

Workbook

1 **¿Ser o estar?** Complete each sentence with the correct form of **ser** or **estar**.

1. Los abuelos de Maricarmen _____ de España.

2. La cafetería de la universidad _____ cerca del estadio.

3. Gerónimo y Daniel _____ estudiantes de sociología.

4. —Hola, Gabriel. _____ María. ¿Cómo _____?

5. El cuaderno de español _____ debajo del libro de química.

6. Victoria no viene a clase hoy porque _____ enferma.

2 **¿Quiénes son?** Read the clues and complete the chart. Write out the numbers.

1. La persona de los Estados Unidos tiene 32 años.
2. David es de Canadá.
3. La programadora no es la persona de Cuba.
4. El conductor tiene 45 años.
5. Gloria es artista.
6. La médica tiene 51 años.
7. La persona de España tiene ocho años menos que el conductor.
8. Ana es programadora.

Nombre	Profesión	Edad (*Age*)	Nacionalidad
Raúl	estudiante	diecinueve	mexicano
Carmen			
			estadounidense
David			
	programadora		

3 **Oraciones** Form complete sentences using the words provided. Write out the words for numbers.

1. ¿cómo / estar / usted, / señora Rodríguez?

_____

2. estudiante / llegar / grande / biblioteca / 5:30 p. m.

_____

3. hay / 15 / cuadernos / sobre / escritorio

_____

4. nieto / Inés / aprender / español / escuela

_____

5. conductora / autobús / no / ser / antipático

_____

6. abuelo / Lisa / tener / 72 / años

_____

4 **Preguntas** Write sentences with the words provided. Then make each statement into a question.

1. clase de contabilidad / ser / 11:45 a. m.

_____

_____

2. su tía / favorito / tener / 35 años

_____

_____

3. tu profesor / biología / ser / México

_____

_____

4. biblioteca / estar / cerca / residencia estudiantil

_____

_____

5 **Los países** Complete these sentences with information from the **Panorama** sections.

1. En Miami, hay un barrio cubano que se llama la _____.

2. Las personas de origen _____ son el grupo hispano más grande en los EE.UU.

3. Las islas Baleares y las islas Canarias son parte de _____.

4. La lengua indígena que más se habla en Ecuador es el _____.

6 **Tu familia** Imagine that these people are your relatives. Choose one and write several sentences about that person. First, say where the person is located in the photo. Include this information: name, relationship to you, profession, age, and place of origin. Describe the person and his or her activities using the adjectives and verbs you have learned.

_____

_____

_____

_____

_____

contextos

1   **Los deportes** Name the sport associated with each object. Include the definite article.

1. _____

2. _____

3. _____

4. _____

5. _____

6. _____

2   **Una es diferente** Write the word that does not belong in each group.

1. pasatiempo, diversión, ratos libres, trabajar _____

2. patinar, descansar, esquiar, nadar, bucear _____

3. baloncesto, películas, fútbol, tenis, vóleibol _____

4. museo, equipo, jugador, partido, aficionados _____

5. correo electrónico, revista, periódico, tenis _____

6. cine, deportivo, gimnasio, piscina, restaurante _____

3 **¿Qué son?** Write each of these words in the appropriate column in the chart.

andar en patineta	fútbol	montaña
baloncesto	gimnasio	natación
béisbol	jugar un videojuego	pasear
centro	leer una revista	restaurante

Deportes	Lugares	Actividades

4 **El fin de semana** Esteban is a very active young man. Complete the paragraph about his weekend with the appropriate words from the word bank.

Esteban

el cine	el monumento	una pelota
la ciudad	un museo	el periódico
deportes	la natación	la piscina
el gimnasio	el partido	un restaurante

Siempre leo (1)_____ los domingos por la mañana. Después, me gusta practicar

(2)_____. A veces, nado en (3)_____ que hay en el parque.

Cuando no nado, hago ejercicio (*exercise*) en (4)_____. Cuando hay mucho

tráfico en (5)_____, voy al gimnasio en bicicleta.

Cuando no como en casa, como en (6)_____ con mis amigos, y luego nosotros

podemos ver (7)_____ de béisbol. Algunos días, veo películas. Me gusta más ver

películas en (8)_____ que en mi casa.

estructura

4.1 Present tense of **ir**

1 Vamos a la universidad Complete the paragraph with the correct forms of **ir**.

Alina, Cristina y yo somos buenas amigas. (Nosotras) (1)_____ a la universidad a las

ocho de la mañana todos los días (*every day*). Ellas y yo (2)_____ al centro de

computación y leemos el correo electrónico. A las nueve Alina y Cristina (3)_____

a su clase de psicología y yo (4)_____ a mi clase de historia. A las diez y media yo

(5)_____ a la biblioteca a estudiar. A las doce (yo) (6)_____ a

la cafetería y como con ellas. Luego (*Afterwards*), Alina y yo (7)_____ a

practicar deportes. Yo (8)_____ a practicar fútbol y Alina (9)_____

a la piscina. Cristina (10)_____ a trabajar en la librería. Los fines de semana Alina,

Cristina y yo (11)_____ al cine.

2 Los planes Mr. Díaz wants to make sure he knows about everything that is going on. Answer his questions in complete sentences using the words in parentheses.

1. ¿Adónde van Marissa y Felipe? (pasear por la ciudad)

_____

2. ¿Cuándo van a correr los chicos? (noche)

_____

3. ¿A qué hora van al Bosque de Chapultepec? (a las dos y media)

_____

4. ¿Cuándo van a ir a la playa? (martes)

_____

5. ¿Qué va a hacer Jimena en el parque? (leer un libro)

_____

6. ¿Qué va a hacer Felipe en el parque? (jugar al fútbol)

_____

3 **Conversación** Complete this conversation with the correct forms of **ir**.

ELENA ¡Hola, Daniel! ¿Qué tal?

DANIEL Muy bien, gracias. ¿Y tú?

ELENA Muy bien. ¿Adónde (1)_____ ahora?

DANIEL (2)_____ al cine a ver una película. ¿Quieres (3)_____ conmigo?

ELENA No, gracias. Tengo mucha prisa ahora. (4)_____ al museo de arte.

DANIEL ¿Y adónde (5)_____ hoy por la noche?

ELENA Mi compañera de cuarto y yo (6)_____ a comer en un restaurante

italiano. ¿Quieres (7)_____ con nosotras?

DANIEL ¡Sí! ¿Cómo (8)_____ ustedes al restaurante?

ELENA (9)_____ en autobús. Hay un autobús que (10)_____

directamente al barrio (*neighborhood*) italiano.

DANIEL ¿A qué hora (11)_____ ustedes?

ELENA Creo que (12)_____ a llegar al restaurante a las nueve.

DANIEL ¿Desean (13)_____ a bailar luego (*afterwards*)?

ELENA ¡Sí!

DANIEL (14)_____ a invitar a nuestro amigo Pablo también. ¡Nos vemos a las nueve!

ELENA ¡Chau, Daniel!

4 **¡Vamos!** Víctor is planning a weekend out with his friends. Combine elements from each column to describe what everyone is going to do. Use the correct verb forms.

ustedes	ver películas	el domingo
nosotros	ir al estadio de fútbol	el fin de semana
Víctor	tomar el sol	al mediodía
Claudio y su primo	visitar monumentos	a las tres
tú	pasear por el parque	por la noche
yo	comer en el restaurante	por la mañana

_____

_____

_____

_____

_____

_____

_____

_____

4.2 Stem-changing verbs: e→ie, o→ue

1 **¿Qué hacen?** Write complete sentences using the cues provided.

1. Vicente y Francisco / jugar / al vóleibol los domingos

   _____

2. Adela y yo / empezar / a tomar clases de tenis

   _____

3. ustedes / volver / de Cancún el viernes

   _____

4. los jugadores de béisbol / recordar / el partido importante

   _____

5. la profesora / mostrar / las palabras del vocabulario

   _____

6. Adán / preferir / escalar la montaña de noche

   _____

7. (yo) / entender / el plan de estudios

   _____

8. (tú) / cerrar / los libros y te vas a dormir

   _____

2 **Quiero ir** Alejandro wants to go on a hike with his friends, but Gabriela says he doesn't have time. Write the correct forms of the verbs in parentheses.

ALEJANDRO ¿(1)_____ (poder) ir a la excursión con ustedes? Aunque (*Although*) tengo que volver a mi casa a las tres.

GABRIELA No, no (2)_____ (poder) venir. Nosotros (3)_____ (pensar) salir a las doce.

ALEJANDRO Yo (4)_____ (querer) ir. ¿(5)_____ (poder) ustedes volver a las dos?

GABRIELA No, tú tienes que comprender: Nosotros no (6)_____ (volver) a las dos. Nosotros (7)_____ (preferir) estar más tiempo en el pueblo.

ALEJANDRO Bueno, ¿a qué hora (8)_____ (pensar) regresar?

GABRIELA Yo no (9)_____ (pensar) volver hasta las nueve o las diez de la noche.

3 **No, no quiero** Answer these questions negatively, using complete sentences.

> **modelo**
>
> ¿Puedes ir a la biblioteca a las once?
> No, no puedo ir a la biblioteca a las once.

1. ¿Quieren ustedes patinar en línea con nosotros?

   _____

2. ¿Recuerdan ellas los libros que necesitan?

   _____

3. ¿Prefieres jugar al fútbol a nadar en la piscina?

   _____

4. ¿Duermen tus sobrinos en casa de tu abuela?

   _____

5. ¿Juegan ustedes al baloncesto en la universidad?

   _____

6. ¿Piensas que la clase de química orgánica es difícil?

   _____

7. ¿Encuentras el programa de computadoras en la librería?

   _____

8. ¿Vuelven ustedes a casa los fines de semana?

   _____

9. ¿Puedo tomar el autobús a las once de la noche?

   _____

10. ¿Entendemos la tarea de psicología?

    _____

4 **Mensaje electrónico** Complete this e-mail message with the correct form of the logical verb. Use each verb once.

dormir
empezar
entender
jugar
pensar
poder
preferir
querer
volver

Para Daniel Moncada	De Paco	Asunto Saludo

Hola, Daniel. Estoy con Mario en la biblioteca. Los exámenes
(1)_____ mañana. Por las noches Mario y yo no (2)_____
mucho porque tenemos que estudiar. Tú (3)_____ cómo estamos,
¿no? Yo (4)_____ que los exámenes serán (*will be*) muy difíciles.
Tengo muchas ganas de volver al pueblo. Cuando (5)_____ al
pueblo puedo descansar. Yo (6)_____ el pueblo a la ciudad.
(7)_____ volver pronto.
Si (*If*) Mario y yo compramos pasajes (*tickets*) de autobús, (8)_____
pasar el fin de semana contigo. En casa (*At home*) mis hermanos y yo
(9)_____ al fútbol en nuestros ratos libres.

Nos vemos,
Paco

4.3 Stem-changing verbs: e→i

1 En el cine Amalia and her brothers are going to the movies. Complete the story using the correct form of the verb provided.

1. Al entrar al cine, mis hermanos _____ (pedir) una soda.

2. Mis hermanos _____ (decir) que prefieren las películas de acción.

3. Nosotros _____ (pedir) ver la película de las seis y media.

4. Mis hermanos y yo _____ (conseguir) entradas (*tickets*) para estudiantes.

5. Yo _____ (repetir) el diálogo para mis hermanos.

6. Mis hermanos son pequeños y no _____ (seguir) bien la trama (*plot*) de la película.

2 Conversaciones Complete these conversations with the correct form of the verbs in parentheses.

(pedir)

1. —¿Qué _____ en la biblioteca, José?

2. — _____ un libro que necesito para el examen.

(conseguir)

3. —¿Dónde _____ ustedes las entradas (*tickets*) para los partidos de fútbol?

4. —Nosotros _____ las entradas en una oficina de la escuela.

(repetir)

5. —¿Quién _____ la excursión?

6. —Yo _____, me gusta mucho ese pueblo.

(seguir)

7. —¿Qué equipo _____ Manuel y Pedro?

8. —Pedro _____ a los Red Sox y Manuel _____ a los Yankees de Nueva York.

3 ¿Qué haces? Imagine that you are writing in your diary. Choose at least five of these phrases and describe what you do on any given day. You should add any details you feel are necessary.

conseguir hablar español	pedir una pizza
conseguir el periódico	repetir una pregunta
pedir un libro	seguir las instrucciones

_____

_____

_____

_____

4 **La película** Read the paragraph. Then answer the questions using complete sentences.

Gastón y Lucía leen el periódico y deciden ir al cine. Un crítico dice que *Una noche en el centro* es buena. Ellos siguen la recomendación. Quieren conseguir entradas (*tickets*) para estudiantes, que son más baratas. Para conseguir entradas para estudiantes, deben ir a la oficina de la escuela antes de las seis de la tarde. La oficina cierra a las seis. Ellos corren para llegar a tiempo. Cuando ellos llegan, la oficina está cerrada y la secretaria está afuera (*outside*). Ellos le piden un favor a la secretaria. Explican que no tienen mucho dinero y necesitan entradas para estudiantes. La secretaria sonríe (*smiles*) y dice: "Está bien, pero es la última vez (*last time*)".

1. ¿Qué deciden hacer Gastón y Lucía?

_____

2. ¿Siguen la recomendación de quién?

_____

3. ¿Por qué Gastón y Lucía quieren conseguir entradas para estudiantes?

_____

4. ¿Cómo y cuándo pueden conseguir entradas para estudiantes?

_____

5. ¿Qué ocurre cuando llegan a la oficina de la escuela?

_____

_____

6. ¿Qué le piden a la secretaria? ¿Crees que ellos consiguen las entradas?

_____

_____

5 **Preguntas** Answer these questions, using complete sentences.

1. ¿Cómo consigues buenas calificaciones (*grades*)?

_____

2. ¿Dónde pides pizza?

_____

3. ¿Sigues a algún (*any*) equipo deportivo?

_____

4. ¿Qué dicen tus padres si no consigues buenas calificaciones?

_____

5. ¿Qué programas repiten en la televisión?

_____

4.4 Verbs with irregular **yo** forms

1 **Hago muchas cosas** Complete each sentence by choosing the best verb and writing its correct form.

1. (Yo) _____ un disco de música latina. (oír, suponer, salir)

2. (Yo) _____ la hamburguesa y la soda sobre la mesa. (poner, oír, suponer)

3. (Yo) _____ la tarea porque hay un examen mañana. (salir, hacer, suponer)

4. (Yo) _____ a mi sobrina a mi clase de baile. (traer, salir, hacer)

5. (Yo) _____ una película sobre un gran equipo de béisbol. (salir, suponer, ver)

6. (Yo) _____ a bailar los jueves por la noche. (ver, salir, traer)

7. (Yo) _____ que la película es buena, pero no estoy seguro (*sure*). (hacer, poner, suponer)

8. (Yo) _____ mi computadora portátil (*laptop*) a clase en la mochila. (traer, salir, hacer)

2 **Completar** Complete these sentences with the correct verb. Use each verb in the **yo** form once.

hacer	suponer
oír	traer
salir	ver

1. _____ para la clase a las dos.

2. Los fines de semana _____ mi computadora a casa.

3. _____ que me gusta trabajar los sábados por la mañana.

4. Por las mañanas, _____ música en la radio.

5. Cuando tengo hambre, _____ un sándwich.

6. Para descansar, _____ películas en la televisión.

3 **Preguntas** Answer these questions, using complete sentences.

1. ¿Adónde sales a bailar con tus amigos?

_____

2. ¿Ves partidos de béisbol todos los fines de semana?

_____

3. ¿Oyes música clásica?

_____

4. ¿Traes una computadora portátil (*laptop*) a clase?

_____

5. ¿Cómo supones que va a ser el examen de español?

_____

6. ¿Cuándo sales a comer?

_____

Lección 4 Workbook Activities   **45**

Workbook

4 **La descripción** Read this description of Marisol. Then imagine that you are Marisol, and write a description of yourself based on the information you read. The first sentence has been done for you.

Marisol es estudiante de biología en la universidad. Hace sus tareas todas (*every*) las tardes y sale por las noches a bailar o a comer en un restaurante cerca de la universidad. Los fines de semana, Marisol va a su casa a descansar, pero (*but*) trae sus libros. En los ratos libres, oye música o ve una película en el cine. Si hay un partido de fútbol, Marisol pone la televisión y ve los partidos con su papá. Hace algo (*something*) de comer y pone la mesa (*sets the table*).

Soy estudiante de biología en la universidad. _____

_____

_____

_____

_____

_____

_____

_____

_____

_____

Síntesis

Interview a classmate about his or her pastimes, weekend activities, and favorite sports. Use these questions as guidelines, and prepare several more before the interview. Then, write up the interview in a question-and-answer format, faithfully reporting your classmate's responses.

- ¿Cuáles son tus pasatiempos? ¿Dónde los practicas?

- ¿Cuál es tu deporte favorito? ¿Practicas ese (*that*) deporte? ¿Eres un(a) gran aficionado/a? ¿Tu equipo favorito pierde muchas veces? ¿Quién es tu jugador(a) favorito/a?

- ¿Adónde vas los fines de semana? ¿Qué piensas hacer este (*this*) viernes?

- ¿Duermes mucho los fines de semana? ¿Vuelves a casa muy tarde (*late*)?

_____

_____

_____

_____

_____

_____

_____

panorama

México

1 **Palabras** Use the clues to put the letters in order, spelling words in **Panorama**.

1. MGEÓINARIC _____
   resultado de la proximidad geográfica de México y los EE.UU.

2. ÍAD ED RMOTESU _____
   celebración en honor a las personas muertas

3. ALUJDAAAGRA _____
   ciudad número dos de México en población

4. ONETBI RZUEÁJ _____
   héroe nacional de México

5. CÁUNYAT _____
   península mexicana

6. ARSISTUT _____
   el D.F. atrae a miles de ellos

7. RADIF OKLAH _____
   la esposa de Diego Rivera

8. NGADORU _____
   estado mexicano que produce mucha plata

2 **¿Cierto o falso?** Indicate if each statement is **cierto** or **falso**. Then correct the false statements.

1. El área de México es casi dos veces el área de Texas.
   _____

2. Octavio Paz era un célebre periodista y narrador mexicano.
   _____

3. La geografía de México influye en aspectos económicos y sociales.
   _____

4. No hay mucho crecimiento en la población del D.F.
   _____

5. Frida Kahlo y Diego Rivera eran escritores.
   _____

6. El fin del imperio azteca comenzó (*started*) con la llegada (*arrival*) de los españoles en 1519.
   _____

7. Los turistas van a Guadalajara a ver las ruinas de Tenochtitlán.
   _____

8. México es el mayor productor de plata en el mundo.
   _____

Lección 4 Workbook Activities **47**

3 **Completar** Complete these sentences with the correct words.

1. México está localizado geográficamente al _____ de los Estados Unidos.

2. Hoy en día hay _____ de personas de ascendencia mexicana en los Estados Unidos.

3. Los idiomas que se hablan en México son el español, el _____ y _____.

4. Frida Kahlo, esposa del artista _____, es conocida por sus autorretratos (*self-portraits*).

5. El imperio _____ dominó México del siglo XIV al siglo XVI.

6. Se celebra el Día de Muertos en los _____.

4 **¿Qué hacen?** Write sentences using these cues and adding what you learned in **Panorama**.

1. la tercera (*third*) ciudad de México en población / ser / ¿?

_____

2. la moneda mexicana / ser / ¿?

_____

3. el Distrito Federal / atraer (*to attract*) / ¿?

_____

4. muchos turistas / ir a ver las ruinas de / ¿?

_____

5. el D.F. / tener una población mayor que las de / ¿?

_____

6. tú / poder / ver / las obras de Diego Rivera y Frida Kahlo en / ¿?

_____

5 **Preguntas** Answer these questions in complete sentences.

1. ¿Cuáles son las cinco ciudades más importantes de México?

_____

2. ¿Quiénes son seis mexicanos célebres?

_____

3. ¿Qué países hacen frontera (*border*) con México?

_____

4. ¿Cuál es un río importante de México?

_____

5. ¿Cuáles son dos sierras importantes de México?

_____

6. ¿Qué ciudad mexicana importante está en la frontera con los EE.UU.?

_____

7. ¿En qué siglo (*century*) fue (*was*) fundada la Ciudad de México?

_____

contextos

1   **Viajes**   Complete these sentences with the logical words.

1. Una persona que tiene una habitación en un hotel es _____.

2. El lugar donde los pasajeros esperan el tren es _____.

3. Para viajar en avión, tienes que ir _____.

4. Antes de entrar (*enter*) en el avión, tienes que mostrar _____.

5. La persona que lleva el equipaje a la habitación del hotel es _____.

6. Para planear (*plan*) tus vacaciones, puedes ir a _____.

7. El/la agente de viajes puede confirmar _____.

8. Para subir a tu habitación, tomas _____.

9. Para abrir la puerta de la habitación, necesitas _____.

10. Cuando una persona entra a otro país, tiene que mostrar _____.

2   **De vacaciones**   Complete this conversation with the logical words.

aeropuerto	equipaje	llegada	playa
agente de viajes	habitación	pasajes	sacar fotos
cama	hotel	pasaportes	salida
confirmar	llave	pasear	taxi

ANTONIO ¿Llevas todo (*everything*) lo que vamos a necesitar para el viaje, Ana?

ANA Sí. Llevo los (1)_____ de avión. También llevo

los (2)_____ para entrar (*enter*) a Costa Rica.

ANTONIO Y yo tengo el (3)_____ con todas (*all*) nuestras cosas.

ANA ¿Tienes la cámara para (4)_____?

ANTONIO Sí, está en mi mochila.

ANA ¿Vamos al (5)_____ en metro?

ANTONIO No, vamos a llamar un (6)_____. Nos lleva directamente al aeropuerto.

ANA Voy a llamar al aeropuerto para (7)_____ la reservación.

ANTONIO La (8)_____ dice que está confirmada ya (*already*).

ANA Muy bien. Tengo muchas ganas de (9)_____ por Puntarenas.

ANTONIO Yo también. Quiero ir a la (10)_____ y nadar en el mar.

ANA ¿Cuál es la hora de (11)_____ al aeropuerto de San José?

ANTONIO Llegamos a las tres de la tarde y vamos directamente al (12)_____.

    Lección 5 Workbook Activities   **49**

3 **Los meses** Write the appropriate month next to each description or event.

1. el Día de San Valentín _____   4. el Día de las Madres _____

2. el tercer mes del año _____   5. el séptimo mes del año _____

3. Hannukah _____   6. el Día de Año Nuevo (*New*) _____

4 **Las estaciones** Answer these questions using complete sentences.

1. ¿Qué estación sigue al invierno? _____

2. ¿En qué estación va mucha gente a la playa? _____

3. ¿En qué estación empiezan las clases? _____

5 **El tiempo** Answer these questions with complete sentences based on the weather map.

EL TIEMPO ESPAÑA HOY

☼ Soleado
🌤 Variable
☁ Nublado
🌥 Llueve
🌦 Tormenta
≋ Viento
❋ Nieva

1. ¿Hace buen tiempo en Soria? _____

2. ¿Llueve en Teruel? _____

3. ¿Hace sol en Girona? _____

4. ¿Está nublado en Murcia? _____

5. ¿Nieva en Cáceres? _____

6. ¿Qué tiempo hace en Salamanca? _____

7. ¿Hace viento cerca de Castellón? _____

8. ¿Qué tiempo hace en Almería? _____

9. ¿Está nublado en Las Palmas? _____

10. ¿Hace buen tiempo en Lleida? _____

estructura

5.1 **Estar** with conditions and emotions

1 **¿Por qué?** Choose the best phrase to complete each sentence.

1. José Miguel está cansado porque...
   a. trabaja mucho.
   b. su familia lo quiere.
   c. quiere ir al cine.

2. Los viajeros están preocupados porque...
   a. es la hora de comer.
   b. va a pasar un huracán (*hurricane*).
   c. estudian matemáticas.

3. Maribel y Claudia están tristes porque...
   a. nieva mucho y no pueden salir.
   b. van a salir a bailar.
   c. sus amigos son simpáticos.

4. Los estudiantes están equivocados porque...
   a. estudian mucho.
   b. pasean en bicicleta.
   c. su respuesta es incorrecta.

5. Laura está enamorada porque...
   a. tiene que ir a la biblioteca.
   b. su novio es simpático, inteligente y guapo.
   c. sus amigas ven una película.

6. Mis abuelos están felices porque...
   a. vamos a pasar el verano con ellos.
   b. mucha gente toma el sol.
   c. el autobús no llega.

2 **Completar** Complete these sentences with the correct forms of **estar** and the conditions or emotions from the list.

abierto	cerrado	desordenado	sucio
abierto	cómodo	equivocado	triste
aburrido	contento	feliz	
cansado			

1. No tenemos nada que hacer; _____ muy _____.

2. Humberto _____ muy _____ en su gran cama nueva (*new*).

3. Los estudiantes de filosofía no _____ _____; ellos tienen razón.

4. Cuando Estela llega a casa a las tres de la mañana, _____ muy _____.

5. La habitación _____ _____ porque no tengo tiempo (*time*) de organizar los libros y papeles.

6. Son las once de la noche; no puedo ir a la biblioteca ahora porque _____ _____.

7. El auto de mi tío _____ muy _____ por la nieve y el lodo (*mud*) de esta semana.

8. Mi papá canta en la casa cuando _____ _____.

9. Alberto _____ _____ porque sus amigos están muy lejos.

10. Las ventanas _____ _____ porque hace calor.

3 Marta y Juan Complete this letter using **estar** + the correct forms of the emotions and conditions. Use each term once.

abierto	cómodo	enamorado	nervioso
aburrido	confundido	enojado	ocupado
avergonzado	contento	equivocado	seguro
cansado	desordenado	feliz	triste

Querida Marta:

¿Cómo estás? Yo (1)_____ porque mañana vuelvo a Puerto Rico y te voy a ver. Sé (I know) que tú (2)_____ porque tenemos que estar separados durante el semestre, pero (3)_____ de que (that) te van a aceptar en la universidad y que vas a venir en septiembre. La habitación en la residencia estudiantil no es grande, pero mi compañero de cuarto y yo (4)_____ aquí. Las ventanas son grandes y (5)_____ porque el tiempo es muy bueno en California. El cuarto no (6)_____ porque mi compañero de cuarto es muy ordenado. En la semana mis amigos y yo (7)_____ porque trabajamos y estudiamos muchas horas al día. Cuando llego a la residencia estudiantil por la noche, (8)_____ y me voy a dormir. Los fines de semana no (9)_____ porque hay muchas cosas que hacer en San Diego. Ahora (10)_____ porque mañana tengo que llegar al aeropuerto a las cinco de la mañana y está lejos de la universidad. Pero tengo ganas de estar contigo porque (11)_____ de ti (you) y (12)_____ porque te voy a ver mañana.

Te quiero mucho,
Juan

4 ¿Cómo están? Read each sentence, then write a new one for each, using **estar** + an emotion or condition to tell how these people are doing or feeling.

modelo
Pepe tiene que trabajar muchas horas.
Pepe está ocupado.

1. Vicente y Mónica tienen sueño. _____
2. No tenemos razón. _____
3. El pasajero tiene miedo. _____
4. Paloma se quiere casar con (*marry*) su novio. _____
5. Los abuelos de Irene van de vacaciones a Puerto Rico. _____
6. No sé (*I don't know*) si el examen va a ser fácil o difícil. _____

5.2 The present progressive

1 **Completar** Complete these sentences with the correct form of **estar** + the present participle of the verbs in parentheses.

1. Ana _____ (buscar) un apartamento en el centro de la ciudad.

2. Vamos a ver a mis primos que _____ (comer) en el café de la esquina.

3. (Yo) _____ (empezar) a entender muy bien el español.

4. Miguel y Elena _____ (vivir) en un apartamento en la playa.

5. El amigo de Antonio _____ (trabajar) en la oficina hoy.

6. (Tú) _____ (jugar) al *Monopolio* con tu sobrina y su amiga.

7. Las familias _____ (tener) muchos problemas con los hijos adolescentes.

8. El inspector de aduanas _____ (abrir) las maletas de Ramón.

9. (Nosotros) _____ (pensar) en ir de vacaciones a Costa Rica.

10. Mi compañera de cuarto _____ (estudiar) en la biblioteca esta tarde.

2 **Están haciendo muchas cosas** Look at the illustration and label what each person is doing. Use the present progressive.

1. El señor Rodríguez _____

_____ .

2. Pepe y Martita _____

_____ .

3. Paquito _____

_____ .

4. Kim _____

_____ .

5. Tus abuelos _____

_____ .

6. (Yo) _____

_____ .

7. La madre de David _____

_____ .

8. (Tú) _____

_____ .

Lección 5 Workbook Activities

Workbook

5.3 Ser and estar

1 **Usos de *ser* y *estar*** Complete these sentences with **ser** and **estar**. Then write the letter that corresponds to the correct use of the verb in the blank at the end of each sentence.

Uses of *ser*	**Uses of *estar***
a. Nationality and place of origin	i. Location or spatial relationships
b. Profession or occupation	j. Health
c. Characteristics of people and things	k. Physical states or conditions
d. Generalizations	l. Emotional states
e. Possession	m. Certain weather expressions
f. What something is made of	n. Ongoing actions (progressive tenses)
g. Time and date	
h. Where an event takes place	

1. El concierto de jazz _____ a las ocho de la noche. _____

2. Inés y Pancho _____ preocupados porque el examen va a ser difícil. _____

3. La playa _____ sucia porque hay muchos turistas. _____

4. No puedo salir a tomar el sol porque _____ nublado. _____

5. En el verano, Tito _____ empleado del hotel Brisas de Loíza. _____

6. Rita no puede venir al trabajo hoy porque _____ enferma. _____

7. La motocicleta nueva _____ de David. _____

8. (Yo) _____ estudiando en la biblioteca porque tengo un examen mañana. _____

9. La piscina del hotel _____ grande y bonita. _____

10. _____ importante estudiar, pero también tienes que descansar. _____

2 **¿Ser o estar?** In each of the following pairs, complete one sentence with the correct form of **ser** and the other with the correct form of **estar**.

1. Irene todavía no _____ lista para salir.

   Ricardo _____ el chico más listo de la clase.

2. Tomás no es un buen amigo porque _____ muy aburrido.

   Quiero ir al cine porque _____ muy aburrida.

3. Mi mamá está en cama (*in bed*) porque _____ mala del estómago (*stomach*).

   El restaurante chino que está cerca del laboratorio _____ muy malo.

4. La mochila de Javier _____ verde (*green*).

   No me gustan las bananas cuando _____ verdes.

5. Elena _____ más rubia por tomar el sol.

   La hija de mi profesor _____ rubia.

6. Gabriela _____ muy delgada porque está enferma (*sick*).

   Mi hermano _____ muy delgado.

3 En el hotel Describe the Hotel San Juan using these cues and either **ser** or **estar** as appropriate.

1. la habitación / limpio y ordenado

_____

2. el restaurante del hotel / excelente

_____

3. la puerta del ascensor / abierta

_____

4. los otros huéspedes / franceses

_____

5. (yo) / cansada de viajar

_____

6. Paula y yo / buscando al botones

_____

7. la empleada / muy simpática

_____

8. el botones / ocupado

_____

9. ustedes / en la ciudad de San Juan

_____

10. (tú) / José Javier Fernández

_____

4 La familia Piñero Complete this paragraph with the correct forms of **ser** and **estar**.

Los Piñero (1)_____ de Nueva York, pero (2)_____ de vacaciones

en Puerto Rico. (3)_____ en un hotel grande en el pueblo de Dorado. Los padres

(4)_____ Elena y Manuel, y ahora (5)_____ comiendo en el

restaurante del hotel. Los hijos (6)_____ Cristina y Luis, y (7)_____

nadando en la piscina. Ahora mismo (8)_____ lloviendo, pero el sol va a salir

muy pronto (*soon*). Hoy (9)_____ lunes y la familia (10)_____

muy contenta porque puede descansar. El señor Piñero (11)_____ profesor

y la señora Piñero (12)_____ doctora. Los Piñero dicen: "¡Cuando

no (13)_____ de vacaciones, (14)_____ todo el tiempo

muy ocupados!".

Lección 5 Workbook Activities **55**

5.4 Direct object nouns and pronouns

1   **Monólogo de un viajero** Complete this monologue with the correct direct object pronouns.

Hoy es lunes. El sábado voy de viaje. Tengo cinco días, ¿no? Sí, (1)_____ tengo. Tengo que conseguir un pasaje de ida y vuelta. ¡Imprescindible! Mi hermano trabaja en una agencia de viajes; él me (2)_____ consigue fácilmente. Tengo que buscar un buen mapa de la ciudad. En Internet (3)_____ puedo encontrar. Y en la biblioteca puedo encontrar libros sobre el país; libros sobre su historia, su arquitectura, su geografía, su gente... (4)_____ voy a leer en el avión. También quiero comprar una mochila nueva. Pero (5)_____ quiero muy grande. ¿Y dónde está mi vieja cámara de fotos? (6)_____ tengo que buscar esta noche. Voy a tomar muchas fotos; mi familia (7)_____ quiere ver. Y... ¿cuándo voy a hacer las maletas? (8)_____ tengo que hacer el miércoles. Y eso es todo, ¿verdad? No, no es todo. Necesito encontrar un compañero o una compañera de viaje. Pero, hay un pequeño problema: ¿dónde (9)_____ encuentro o (10)_____ encuentro?

Síntesis

On another sheet of paper, describe the room and the people in the illustration. Use complete sentences. Explain what the people are doing and feeling, and why. Then choose one of the groups of people and write a conversation that they could be having. They should discuss a vacation that they are planning, the arrangements they are making for it, and the things that they will need to take.

panorama

Puerto Rico

1 **¿Cierto o falso?** Indicate if each statement is **cierto** or **falso**. Then correct the false statements.

1. El área de Puerto Rico es menor que (*smaller than*) la de Connecticut.

_____

2. Todos (*All*) los puertorriqueños hablan inglés y español.

_____

3. La fortaleza del Morro protegía (*protected*) la bahía de Mayagüez.

_____

4. La música salsa tiene raíces españolas.

_____

5. Los científicos detectan emisiones de radio desde (*from*) el Observatorio de Arecibo.

_____

6. Los puertorriqueños no votan en las elecciones presidenciales de los Estados Unidos.

_____

2 **Datos de Puerto Rico** Complete these sentences with words and expressions from **Panorama**.

1. Aproximadamente la mitad de la población de Puerto Rico vive en _____.

2. El uso del inglés es obligatorio en los documentos _____.

3. _____ fue (*was*) un beisbolista puertorriqueño famoso.

4. Hoy día _____ es el centro internacional de la salsa.

5. El Observatorio de Arecibo tiene uno de los _____ más grandes del mundo.

6. Puerto Rico se hizo parte de los EE.UU. en 1898 y se hizo un _____ en 1952.

3 **Cosas puertorriqueñas** Fill in each category with information from **Panorama**.

Ciudades puertorriqueñas	Ríos puertorriqueños	Islas puertorriqueñas	Puertorriqueños célebres

Lección 5 Workbook Activities **57**

4 **¿Lo hacen?** Answer these questions correctly using a direct object pronoun in each answer.

> **modelo**
> ¿Lees el artículo de Puerto Rico?
> Sí, lo leo./ No, no lo leo.

1. ¿Usan los pesos como moneda los puertorriqueños?

   _____

2. ¿Habla el idioma inglés la cuarta parte de la población puertorriqueña?

   _____

3. ¿Sacan fotografías del Morro muchas personas?

   _____

4. ¿Tocan música salsa Felipe Rodríguez, El Gran Combo y Héctor Lavoe?

   _____

5. ¿Estudian las montañas los científicos del Observatorio de Arecibo?

   _____

6. ¿Pagan impuestos federales los puertorriqueños?

   _____

5 **Fotos de Puerto Rico** Write the name of what is shown in each picture.

1. _____   2. _____

3. _____   4. _____

contextos

Lección 6

1 El almacén Look at the department store directory. Then complete the sentences with terms from the word list.

Almacén Gema

PRIMER PISO   Departamento de caballeros
SEGUNDO PISO   Ropa de invierno y zapatos
TERCER PISO   Departamento de damas y óptica
CUARTO PISO   Ropa interior, ropa de verano y trajes de baño

abrigos	corbatas	sandalias
blusas	faldas	trajes de baño
bolsas	gafas de sol	trajes de hombre
botas	guantes	vestidos
calcetines	medias	zapatos de tenis
cinturones	pantalones de hombre	

1. En el primer piso puedes encontrar _____

_____

2. En el segundo piso puedes encontrar _____

_____

3. En el tercer piso puedes encontrar _____

_____

4. En el cuarto piso puedes encontrar _____

_____

5. Quiero unos pantalones cortos. Voy al _____ piso.

6. Buscas unos lentes. Vas al _____ piso.

7. Arturo ve una chaqueta en el _____ piso.

8. Ana ve los jeans en el _____ piso.

2 Necesito muchas cosas Complete these sentences with the correct terms.

1. Voy a nadar en la piscina. Necesito _____.

2. Está lloviendo mucho. Necesito _____.

3. No puedo ver bien porque hace sol. Necesito _____.

4. Voy a correr por el parque. Necesito _____.

5. Queremos entrar en muchas tiendas diferentes. Vamos al _____.

6. No tengo dinero en la cartera. Voy a pagar con la _____.

3 **Los colores** Answer these questions in complete sentences.

1. ¿De qué color es el chocolate?

_____

2. ¿De qué color son las bananas?

_____

3. ¿De qué color son las naranjas (*oranges*)?

_____

4. ¿De qué colores es la bandera (*flag*) de los Estados Unidos?

_____

5. ¿De qué color son las nubes (*clouds*) cuando está nublado?

_____

6. ¿De qué color son los bluejeans?

_____

7. ¿De qué color son muchos aviones?

_____

8. ¿De qué color son las palabras de este libro?

_____

4 **¿Qué lleva?** Look at the illustration and fill in the blanks with the names of the numbered items.

estructura

6.1 Saber and conocer

1 **¿Saber o conocer?** Complete the sentences, using **saber** and **conocer**.

1. (yo) No _____ a los padres de Juan Carlos.

2. Marissa _____ las ciudades de Canadá.

3. ¿(Maru, tú) _____ dónde estamos?

4. Yo _____ hablar italiano y francés.

5. La señora Díaz _____ bien la capital de México.

6. Jimena y yo no _____ a los otros turistas.

2 **¿Qué hacen?** Complete the sentences, using the verbs from the word bank. Use each verb only once.

conducir	ofrecer	saber
conocer	parecer	traducir

1. El señor Díaz _____ su automóvil todos los días.

2. Miguel _____ usar su computadora muy bien.

3. Jimena _____ ser una estudiante excelente.

4. Miguel y Maru no _____ bien al vendedor.

5. La Universidad del Mar _____ cursos muy interesantes.

6. Nosotros _____ libros a diferentes lenguas extranjeras.

3 **Oraciones completas** Create sentences, using the elements and **saber** or **conocer**.

1. Eugenia / mi amiga Frances

_____

2. Pamela / hablar español muy bien

_____

3. el sobrino de Rosa / leer y escribir

_____

4. José y Laura / la ciudad de Barcelona

_____

5. nosotros no / llegar a la residencia estudiantil

_____

6. yo / el profesor de literatura

_____

7. Elena y María Victoria / patinar en línea

_____

     Lección 6 Workbook Activities   **61**

6.2 Indirect object pronouns

1 **¿A quién?** Complete these sentences with the correct indirect object pronouns.

1. _____ pido a la profesora los libros de español.

2. Amelia _____ pregunta a nosotras adónde queremos ir.

3. El empleado _____ busca trabajo a sus primas en el almacén.

4. Julio _____ quiere dar un televisor nuevo a sus padres.

5. Los clientes _____ piden rebajas a nosotros todos los años.

6. Tu hermano no _____ presta la ropa a ti (*you*).

7. La empleada de la tienda _____ cerró la puerta a mi tía.

8. La mamá no _____ hace la tarea a sus hijos.

9. _____ deben pagar mucho dinero a ti, porque llevas ropa muy cara.

10. Las dependientas _____ traen el vestido rosado a mí.

2 **Planes** Complete this paragraph with the correct indirect object pronouns and find out Sara's plans for this summer.

Mis amigos Loles, Antonio y Karen (1)_____ preguntan a mí si quiero ir a Italia con ellos

este verano. Yo (2)_____ digo: "¡Sí, síí, síííííí!" Ellos (3)_____ quieren pedir un libro

o dos a la profesora de historia del arte. Yo (4)_____ quiero dar a ellos un álbum de fotos

muy interesante. El novio de mi hermana es italiano. Él tiene una colección con dos mil cuatrocientas

sesenta y tres fotos de muchas ciudades y museos de su país. (5)_____ voy a preguntar a mi

hermana dónde lo tiene y a mis padres (6)_____ voy a decir: "¡Mamá, papá, en agosto voy

a Italia con unos amigos! La señorita Casanova (7)_____ va a prestar un par de libros y el

novio de Ángeles (8)_____ va a prestar su maravilloso álbum de fotos".

Loles tiene suerte. Su tía (9)_____ va a pagar el pasaje. Antonio y Karen van a trabajar en el

centro comercial los meses de junio y julio. ¿Y yo qué hago? ¿Quién (10)_____ va a pagar

el pasaje a mí? ¿A quién (11)_____ pido dinero yo? ¿A papá?... Pero él (12)_____

dice: "Sarita, hija, lo siento, pero yo no (13)_____ puedo pagar tu pasaje. Tu prima

(14)_____ puede dar trabajo de dependienta en su tienda de ropa". ¡¡¿Trabajo?!!

3 **Delante o detrás** Rewrite these sentences, using an alternate placement for the indirect object pronouns.

> **modelo**
>
> Me quiero comprar un coche nuevo.
> *Quiero comprarme un coche nuevo.*

1. Les vas a dar muchos regalos a tus padres.

   _____

2. Quiero comprarles unos guantes a mis sobrinos.

   _____

3. Clara va a venderle sus libros de literatura francesa a su amiga.

   _____

4. Los clientes nos pueden pagar con tarjeta de crédito.

   _____

4 **De compras** Complete the paragraph with the correct indirect object pronouns.

Isabel y yo vamos de compras al centro comercial. Yo (1)_____ tengo que comprar unas cosas a mis parientes porque voy a viajar a mi ciudad este fin de semana. A mi hermana Laura (2)_____ quiero comprar unas gafas de sol, pero ella (3)_____ tiene que comprar un traje de baño a mí. A mis dos sobrinos (4)_____ voy a comprar una pelota de béisbol. A mi padre (5)_____ llevo un libro y a mi madre (6)_____ tengo que conseguir una blusa. (7)_____ quiero llevar camisetas con el nombre de mi universidad a todos.

5 **Respuestas** Answer these questions negatively. Use indirect object pronouns in the answer.

> **modelo**
>
> ¿Le compras una camisa a tu novio?
> *No, no le compro una camisa.*

1. ¿Le escribe Rolando un mensaje electrónico a Miguel?

   _____

2. ¿Nos trae el botones las maletas a la habitación?

   _____

3. ¿Les dan gafas de sol los vendedores a los turistas?

   _____

4. ¿Te compra botas en el invierno tu mamá?

   _____

5. ¿Les muestra el traje a ustedes el dependiente?

   _____

6. ¿Me vas a buscar la revista en la librería?

   _____

6.3 Preterite tense of regular verbs

1 **El pretérito** Complete these sentences with the preterite tense of the indicated verb.

1. Marcela _____ (encontrar) las sandalias debajo de la cama.

2. Gustavo _____ (recibir) un regalo muy bonito.

3. Sara y Viviana _____ (terminar) el libro al mismo tiempo.

4. La agente de viajes _____ (preparar) un itinerario muy interesante.

5. (yo) _____ (visitar) la ciudad en invierno.

6. Los dependientes _____ (escuchar) el partido por la radio.

7. Patricia y tú _____ (viajar) a México el verano pasado.

8. (nosotras) _____ (escribir) una carta al empleado del almacén.

9. (tú) _____ (regresar) del centro comercial a las cinco de la tarde.

10. Ustedes _____ (vivir) en casa de sus padres.

2 **Ahora y en el pasado** Rewrite these sentences in the preterite tense.

1. Ramón escribe una carta al director del programa.

_____

2. Mi tía trabaja de dependienta en un gran almacén.

_____

3. Comprendo el trabajo de la clase de biología.

_____

4. La familia de Daniel vive en Argentina.

_____

5. Virginia y sus amigos comen en el café de la librería.

_____

6. Los ingenieros terminan la construcción de la tienda en junio.

_____

7. Cada día llevas ropa muy elegante.

_____

8. Los turistas caminan, compran y descansan.

_____

9. Corremos cada día en el parque.

_____

3 **Confundido** Your friend Mario has a terrible memory. Answer his questions negatively, indicating that what he asks already happened.

> **modelo**
> ¿Va a comprar ropa Silvia en el centro comercial?
> No, Silvia ya *compró ropa en el centro comercial.*

1. ¿Va a viajar a Perú tu primo Andrés?

   _____

2. ¿Vas a buscar una tienda de computadoras en el centro comercial?

   _____

3. ¿Vamos a encontrar muchas rebajas en el centro?

   _____

4. ¿Va María a pagar las sandalias en la caja?

   _____

5. ¿Van a regatear con el vendedor Mónica y Carlos?

   _____

6. ¿Va a pasear por la playa tu abuela?

   _____

4 **La semana pasada** Now Mario wants to know what you did last week. Write his question, then answer it affirmatively or negatively.

> **modelo**
> sacar fotos de los amigos
> —¿Sacaste fotos de los amigos?
> —Sí, saqué fotos de los amigos./No, no saqué fotos de los amigos.

1. pagar el abrigo con la tarjeta de crédito

   _____

   _____

2. jugar al tenis

   _____

   _____

3. buscar un libro en la biblioteca

   _____

   _____

4. llegar tarde a clase

   _____

   _____

5. empezar a escribir una carta

   _____

   _____

Lección 6 Workbook Activities   **65**

6.4 Demonstrative adjectives and pronouns

1 **De compras** Complete these sentences with the correct form of the adjective in parentheses.

1. Me quiero comprar _____ (*these*) zapatos porque me gustan mucho.

2. Comimos en _____ (*that*) centro comercial la semana pasada.

3. _____ (*that over there*) tienda vende las gafas de sol a un precio muy alto.

4. Las rebajas en _____ (*this*) almacén son legendarias.

5. _____ (*those*) botas hacen juego con tus pantalones negros.

6. Voy a llevar _____ (*these*) pantalones con la blusa roja.

2 **Claro que no** Your friend Mario hates shopping, and can't keep anything straight. Answer his questions negatively, using the cues in parentheses and the corresponding demonstrative adjectives.

> **modelo**
> ¿Compró esas medias Sonia? (cartera)
> No, compró esa cartera.

1. ¿Va a comprar ese suéter Gloria? (pantalones)

_____

2. ¿Llevaste estas sandalias? (zapatos de tenis)

_____

3. ¿Quieres ver esta ropa interior? (medias)

_____

4. ¿Usa aquel traje David? (chaqueta negra)

_____

5. ¿Decidió Silvia comprar esas gafas de sol? (sombrero)

_____

6. ¿Te mostró el vestido aquella vendedora? (dependiente)

_____

3 **Ésos no** Complete these sentences using demonstrative pronouns. Choose a pronoun for each sentence, paying attention to agreement.

1. Aquellas sandalias son muy cómodas, pero _____ son más elegantes.

2. Esos vestidos largos son muy caros; voy a comprar _____.

3. No puedo usar esta tarjeta de crédito; tengo que usar _____.

4. Esos zapatos tienen buen precio, pero _____ no.

5. Prefiero este sombrero porque _____ es muy grande.

6. Estas medias son buenas; las prefiero a _____.

Workbook

Nombre _____

Fecha _____

Nombre _____   Fecha _____

4   Éstas y aquéllas Look at the illustration and complete this conversation with the appropriate demonstrative adjectives and pronouns.

CLAUDIA   ¿Quieres comprar (1)_____ corbata, Gerardo?

GERARDO   No, no quiero comprar (2)_____. Prefiero (3)_____ del escaparate (*display case*).

CLAUDIA   (4)_____ es bonita, pero no hace juego con tu chaqueta.

GERARDO   Mira (5)_____ chaqueta. Es muy elegante y está a buen precio. Sí, puedo usar (6)_____ y darle a mi hermano ésta.

CLAUDIA   ¿Y (7)_____ cinturón?

GERARDO   (8)_____ es muy elegante. ¿Es caro?

CLAUDIA   Es más barato que (9)_____ tres del escaparate.

5   Más compras Pilar and Marta are at the mall trying to get a new outfit for a special occasion. Write the conversation in which they talk about different clothing. Use at least six expressions from the list.

aquel vendedor	esa camisa	esos colores	esta falda
aquellas botas	ese precio	esos zapatos	este vestido

_____

_____

_____

_____

_____

_____

_____

Workbook

Workbook

Síntesis

Imagine that you went with your brother to an open-air market last weekend. This weekend you take a friend there. Write a conversation between you and your friend, using as many different verbs as you can from those you have learned.

• Indicate to your friend the items you saw last weekend, what you liked and didn't like, the items that you bought, how much you paid for them, and for whom you bought the items.

• Suggest items that your friend might buy and for whom he or she might buy them.

_____

_____

_____

_____

_____

_____

_____

_____

_____

_____

_____

_____

_____

_____

_____

_____

_____

_____

_____

_____

_____

_____

_____

panorama

Cuba

1   **Crucigrama (*Crossword*)** Complete this crossword puzzle with the correct terms.

Horizontales
4. Nombre de la bailarina que fundó el Ballet Nacional de Cuba
5. Especie cubana de colibrí
6. Calle de la Habana Vieja frecuentada por Hemingway
9. Apellido de una escritora cubana célebre
10. Uno de los productos agrícolas más importantes en Cuba

Verticales
1. Esta organización declaró a la Habana Vieja Patrimonio Cultural de la Humanidad.
2. Apellido del ex líder del gobierno de Cuba
3. El azúcar se saca (*is extracted*) de esta planta.
7. Alicia Alonso practicaba (*practiced*) este baile.
8. Moneda cubana

2   **Preguntas de Cuba** Answer these questions about Cuba in complete sentences.

1. ¿De dónde son los antepasados de muchos cubanos de hoy en día?

_____

2. ¿De qué colores es la bandera cubana?

_____

3. ¿Cuál es un medio de transporte muy popular en Cuba?

_____

4. ¿Qué es *Buena Vista Social Club*?

_____

    Lección 6 Workbook Activities   **69**

3 **Datos de Cuba** Complete these sentences with information from **Panorama**.

1. El _____ en la Plaza de Armas de la Habana Vieja es ahora un museo.

2. En Cuba se encuentran la Cordillera de los _____ y la Sierra _____.

3. Una isla que forma parte de Cuba es la _____.

4. Alicia Alonso fundó el _____ en 1948.

5. La _____ es un producto de exportación muy importante para Cuba.

6. El tabaco se usa para fabricar los famosos _____.

7. La inmigración fue muy importante en Cuba desde la _____ hasta mediados del siglo XX.

8. *Buena Vista Social Club* interpreta canciones clásicas del _____.

4 **Cubanos célebres** Write the name of the famous Cuban who might have said each of these quotations.

1. "Nací en 1927 y mi música es famosa."

_____

2. "Me convertí en una estrella internacional con el Ballet de Nueva York."

_____

3. "Soy el ex jefe de las fuerzas armadas de Cuba."

_____

4. "Viví en el siglo (*century*) diecinueve y escribí poemas."

_____

5. "Tengo más de cuarenta años, soy cubana y escribo libros."

_____

6. "Curé a muchas personas enfermas y estudié las ciencias."

_____

5 **Números cubanos** Write out the numbers in Spanish that complete these sentences about Cuba.

1. Hay _____ habitantes en la isla de Cuba.

2. Hay _____ habitantes en la Habana.

3. En el año _____ la Habana Vieja fue declarada Patrimonio Cultural de la Humanidad.

4. El área de Cuba es de _____ millas cuadradas.

5. El colibrí abeja de Cuba es una de las más de _____ especies de colibrí del mundo.

6. En el año _____ nació Fidel Castro.

repaso

1

No lo hago Answer these questions affirmatively or negatively as indicated, replacing the direct object with a direct object pronoun.

> **modelo**
> ¿Traes la computadora a clase? (no)
> No, no la traigo.

1. ¿Haces la tarea de economía en tu habitación? (sí) _____

2. ¿Pones esos libros sobre el escritorio? (no) _____

3. ¿Traes los pasajes y el pasaporte al aeropuerto? (sí) _____

4. ¿Oyes ese programa de radio a veces (*sometimes*)? (no) _____

5. ¿Conoces a aquellas chicas que están tomando el sol? (sí) _____

6. ¿Pones la televisión mientras (*while*) estudias? (no) _____

2

El tiempo Complete these sentences with the most logical verbs from the list. Use each verb once.

cerrar	pedir	poder	querer
comenzar	pensar	preferir	volver

1. Está empezando a hacer frío. Mi mamá _____ comprar un abrigo.

2. Hace mucho sol. (Tú) _____ a buscar tus gafas de sol.

3. Hace fresco. Melissa _____ salir a pasear en bicicleta.

4. Está nevando. (Yo) _____ estar en casa hoy.

5. Está lloviendo. Luis y Pilar _____ las ventanas del auto.

6. Hace mucho calor. Ustedes _____ ir a nadar en la piscina.

7. Está nublado. Los chicos _____ temprano de la playa.

8. Llueve. Los turistas _____ un impermeable en el hotel.

3

No son éstos Answer these questions negatively using demonstrative pronouns.

> **modelo**
> ¿Les vas a prestar esos programas a ellos? (*those over there*)
> No, les voy a prestar aquéllos./No, voy a prestarles aquéllos.

1. ¿Me vas a vender esa calculadora? (*this one*)

_____

2. ¿Van ustedes a abrirle ese auto al cliente? (*that one over there*)

_____

3. ¿Va a llevarles estas maletas Marisol? (*those ones*)

_____

4. ¿Les van a enseñar esos verbos a los estudiantes? (*these ones*)

_____

Lecciones 4–6 Workbook Activities **71**

Workbook

4 **¿Son o están?** Form complete sentences using the words provided and **ser** or **estar**.

1. Paloma y Carlos / inteligentes y trabajadores

_____

2. Mariela / cantando una canción bonita

_____

3. (tú) / conductor de taxi en la ciudad

_____

4. (nosotros) / en un hotel en la playa

_____

5. Gilberto / preocupado porque tiene mucho trabajo

_____

6. Roberto y yo / puertorriqueños, de San Juan

_____

5 **La compra** Look at the photo and imagine everything that led up to the woman's purchase. What did she need? Why did she need it? What kind of weather is it for? Where did she decide to go buy it? Where did she go looking for it? Who helped her, and what did she ask them? Did she bargain with anyone? Was she undecided about anything? How did she pay for the purchase? Who did she pay? Answer these questions in a paragraph, using the preterite of the verbs that you know.

_____
_____
_____
_____
_____
_____
_____
_____
_____
_____
_____
_____
_____

contextos

1   **Las rutinas** Complete each sentence with a word from **Contextos**.

1. Susana se lava el pelo con _____.

2. La ducha y el lavabo están en el _____.

3. Manuel se lava las manos con _____.

4. Después de lavarse las manos, usa la _____.

5. Luis tiene un _____ para levantarse temprano.

6. Elena usa el _____ para maquillarse.

2   **¿En el baño o en la habitación?** Write **en el baño** or **en la habitación** to indicate where each activity takes place.

1. bañarse _____

2. levantarse _____

3. ducharse _____

4. lavarse la cara _____

5. acostarse _____

6. afeitarse _____

7. cepillarse los dientes _____

8. dormirse _____

3   **Ángel y Lupe** Look at the drawings, and choose the appropriate phrase to describe what Ángel or Lupe are doing. Use complete sentences.

| afeitarse por la mañana | cepillarse los dientes después de comer |
| bañarse por la tarde | ducharse antes de salir |

1. _____

_____

2. _____

_____

Lección 7 Workbook Activities

3. _____   4. _____

_____   _____

_____

4 **La palabra diferente** Fill in each blank with the word that doesn't belong in each group.

1. luego, después, más tarde, entonces, antes _____

2. maquillarse, cepillarse el pelo, despertarse, peinarse, afeitarse _____

3. bailar, despertarse, acostarse, levantarse, dormirse _____

4. champú, despertador, jabón, maquillaje, crema de afeitar _____

5. entonces, bañarse, lavarse las manos, cepillarse los dientes, ducharse _____

6. pelo, vestirse, dientes, manos, cara _____

5 **La rutina de Silvia** Rewrite this paragraph, selecting the correct sequencing words from the parentheses.

(Por la mañana, Durante el día) Silvia se prepara para salir. (Primero, Antes de) se levanta y se ducha. (Después, Antes) de ducharse, se viste. (Entonces, Durante) se maquilla. (Primero, Antes) de salir, come algo y bebe un café. (Durante, Por último) se peina y se pone una chaqueta. (Durante el día, Antes de) Silvia no tiene tiempo (*time*) de volver a su casa. (Más tarde, Antes de) come algo en la cafetería de la universidad y estudia en la biblioteca. (Por la tarde, Por último), Silvia trabaja en el centro comercial. (Por la noche, Primero) llega a su casa y está cansada. (Más tarde, Después de) prepara algo de comer y mira la televisión un rato. (Antes de, Después de) acostarse a dormir siempre estudia un rato.

_____

_____

_____

_____

_____

_____

_____

_____

_____

_____

Workbook

estructura

7.1 Reflexive verbs

1 **Completar** Complete each sentence with the correct present tense forms of the verb in parentheses.

1. Marcos y Gustavo _____ (enojarse) con Javier.

2. Mariela _____ (despedirse) de su amiga en la estación de tren.

3. (yo) _____ (acostarse) temprano porque tengo clase por la mañana.

4. Los jugadores _____ (secarse) con toallas nuevas.

5. (tú) _____ (preocuparse) por tu novio porque siempre pierde las cosas.

6. Usted _____ (lavarse) la cara con un jabón especial.

7. Mi mamá _____ (ponerse) muy contenta cuando llego temprano a casa.

2 **Lo hiciste** Answer the questions positively, using complete sentences.

1. ¿Te cepillaste los dientes después de comer?

_____

2. ¿Se maquilla Julia antes de salir a bailar?

_____

3. ¿Se duchan ustedes antes de nadar en la piscina?

_____

4. ¿Se ponen sombreros los turistas cuando van a la playa?

_____

5. ¿Nos ponemos las pantuflas cuando llegamos a casa?

_____

3 **Terminar** Complete each sentence with the correct reflexive verbs. You may use some verbs more than once.

acordarse	cepillarse	enojarse	maquillarse
acostarse	dormirse	levantarse	quedarse

1. Mi mamá _____ porque no queremos _____ temprano.

2. La profesora _____ con nosotros cuando no _____ de los verbos.

3. Mi hermano _____ los dientes cuando _____.

4. Mis amigas y yo _____ estudiando en la biblioteca por la noche y por la mañana

_____ muy cansada.

5. Muchas noches _____ delante del televisor, porque no quiero _____.

Lección 7 Workbook Activities

4 **Escoger** Choose the correct verb from the parentheses, then fill in the blank with its correct form.

1. (lavar/lavarse)

Josefina _____ las manos en el lavabo.

Josefina _____ la ropa en casa de su madre.

2. (peinar/peinarse)

(yo) _____ a mi hermana todas las mañanas.

(yo) _____ en el baño, delante del espejo.

3. (poner/ponerse)

(nosotros) _____ nerviosos antes de un examen.

(nosotros) _____ la toalla al lado de la ducha.

4. (levantar/levantarse)

Los estudiantes _____ muy temprano.

Los estudiantes _____ la mano y hacen preguntas.

5 **El incidente** Complete the paragraph with reflexive verbs from the word bank. Use each verb only once.

acordarse	irse	maquillarse	quedarse
afeitarse	lavarse	ponerse	secarse
despertarse	levantarse	preocuparse	sentarse
enojarse	llamarse	probarse	vestirse

Luis (1) _____ todos los días a las seis de la mañana. Luego entra en la

ducha y (2) _____ el pelo con champú. Cuando sale de la ducha, usa la crema de

afeitar para (3) _____ delante del espejo. Come algo con su familia y él y sus

hermanos (4) _____ hablando un rato.

Cuando sale tarde, Luis (5) _____ porque no quiere llegar tarde a la clase de

español. Los estudiantes (6) _____ nerviosos porque a veces (*sometimes*) tienen

pruebas sorpresa en la clase.

Ayer por la mañana, Luis (7) _____ con su hermana Marina porque ella

(8) _____ tarde y pasó mucho tiempo en el cuarto de baño con la puerta cerrada.

—¿Cuándo sales, Marina?— le preguntó Luis.

—¡Tengo que (9) _____ porque voy a salir con mi novio y quiero estar bonita!—,

dijo Marina.

—¡Tengo que (10) _____ ya, Marina! ¿Cuándo terminas?

—Ahora salgo, Luis. Tengo que (11) _____. Me voy a poner mi vestido favorito.

—Tienes que (12) _____ de que viven muchas personas en esta casa, Marina.

7.2 Indefinite and negative words

1 **Alguno o ninguno** Complete the sentences with indefinite and negative words from the word bank.

alguien	algunas	ninguna
alguna	ningún	tampoco

1. No tengo ganas de ir a _____ lugar hoy.

2. ¿Tienes _____ ideas para mejorar (*to improve*) la economía?

3. ¿Viene _____ a la fiesta de mañana?

4. No voy a _____ estadio nunca.

5. ¿Te gusta _____ de estas corbatas?

6. Jorge, tú no eres el único. Yo _____ puedo ir de vacaciones.

2 **Estoy de mal humor** Your classmate Jaime is in a terrible mood. Complete his complaints with negative words.

1. No me gustan estas gafas. _____ quiero comprar _____ de ellas.

2. Estoy muy cansado. _____ quiero ir a _____ restaurante.

3. No tengo hambre. _____ quiero comer _____.

4. A mí no me gusta la playa. _____ quiero ir a la playa _____.

5. Soy muy tímido. _____ hablo con _____ _____.

6. No me gusta el color rojo, _____ el color rosado _____.

3 **¡Amalia!** Your friend Amalia is chronically mistaken. Change her statements as necessary to correct her; each statement should be negative.

> **modelo**
> Buscaste algunos vestidos en la tienda.
> *No busqué ningún vestido en la tienda.*

1. Las dependientas venden algunas blusas.

_____

2. Alguien va de compras al centro comercial.

_____

3. Siempre me cepillo los dientes antes de salir.

_____

4. Te voy a traer algún programa de computadora.

_____

5. Mi hermano prepara algo de comer.

_____

6. Quiero tomar algo en el café de la librería.

_____

Lección 7 Workbook Activities   **77**

4 **No, no es cierto** Now your friend Amalia realizes that she's usually wrong and is asking you for the correct information. Answer her questions negatively.

> **modelo**
> ¿Comes siempre en casa?
> No, nunca como en casa./No, no como en casa nunca.

1. ¿Tienes alguna falda?

_____

2. ¿Sales siempre los fines de semana?

_____

3. ¿Quieres comer algo ahora?

_____

4. ¿Le prestaste algunos discos de jazz a César?

_____

5. ¿Podemos ir a la playa o nadar en la piscina?

_____

6. ¿Encontraste algún cinturón barato en la tienda?

_____

7. ¿Buscaron ustedes a alguien en la playa?

_____

8. ¿Te gusta alguno de estos trajes?

_____

5 **Lo opuesto** Rodrigo's good reading habits have changed since this description was written. Rewrite the paragraph, changing the positive words to negative ones.

Rodrigo siempre está leyendo algún libro. También lee el periódico. Siempre lee algo. Alguien le pregunta si leyó alguna novela de Mario Vargas Llosa. Leyó algunos libros de Vargas Llosa el año pasado. También leyó algunas novelas de Gabriel García Márquez. Siempre quiere leer o libros de misterio o novelas fantásticas.

_____

_____

_____

_____

_____

_____

_____

_____

_____

7.3 Preterite of **ser** and **ir**

1 **¿Ser o ir?** Complete the sentences with the preterite of **ser** or **ir**. Then write the infinitive form of the verb you used.

1. Ayer María y Javier _____ a la playa con sus amigos. _____

2. La película del sábado por la tarde _____ muy bonita. _____

3. El fin de semana pasado (nosotros) _____ al centro comercial. _____

4. La abuela y la tía de Maricarmen _____ doctoras. _____

5. (nosotros) _____ muy simpáticos con la familia de Claribel. _____

6. Manuel _____ a la universidad en septiembre. _____

7. Los vendedores _____ al almacén muy temprano. _____

8. Lima _____ la primera parada (*stop*) de nuestro viaje. _____

9. (yo) _____ a buscarte a la cafetería, pero no te encontré. _____

10. Mi compañera de cuarto _____ a la tienda a comprar champú. _____

2 **Viaje a Perú** Complete the paragraph with the preterite of **ser** and **ir**. Then fill in the chart with the infinitive form of the verbs you used.

El mes pasado mi amiga Clara y yo (1) _____ de vacaciones a Perú. El vuelo

(*flight*) (2) _____ un miércoles por la mañana y (3) _____

cómodo. Primero Clara y yo (4) _____ a Lima y (5) _____

a comer a un restaurante de comida peruana. La comida (6) _____ muy buena.

Luego (7) _____ al hotel y nos (8) _____ a dormir. El

jueves (9) _____ un día nublado. Nos (10) _____ a Cuzco,

y el viaje en autobús (11) _____ largo. Yo (12) _____

la primera en despertarse y ver la ciudad de Cuzco. Aquella mañana, el paisaje

(13) _____ impresionante. Luego Clara y yo (14) _____

de excursión a Machu Picchu. El cuarto día nos levantamos muy temprano y

(15) _____ a la ciudad inca. El amanecer sobre Machu Picchu

(16) _____ hermoso. La excursión (17) _____ una

experiencia inolvidable (*unforgettable*). ¿(18) _____ tú a Perú el año pasado?

1. _____	7. _____	13. _____
2. _____	8. _____	14. _____
3. _____	9. _____	15. _____
4. _____	10. _____	16. _____
5. _____	11. _____	17. _____
6. _____	12. _____	18. _____

Lección 7 Workbook Activities **79**

7.4 Verbs like **gustar**

1 **La fotonovela** Rewrite each sentence, choosing the correct form of the verb in parentheses.

1. Maru, te (quedan, queda) bien las faldas y los vestidos.

_____

2. A Jimena y a Juan Carlos no les (molesta, molestan) la lluvia.

_____

3. A los chicos no les (importa, importan) ir de compras.

_____

4. A don Diego y a Felipe les (aburre, aburren) probarse ropa en las tiendas.

_____

5. A Jimena le (fascina, fascinan) las tiendas y los almacenes.

_____

6. A Felipe le (falta, faltan) dos años para terminar la carrera (*degree*).

_____

7. A los chicos les (encanta, encantan) pescar y nadar en el mar.

_____

8. A Miguel le (interesan, interesa) el arte.

_____

2 **Nos gusta el fútbol** Complete the paragraph with the correct forms of the verbs in parentheses.

A mi familia le (1) _____ (fascinar) el fútbol. A mis hermanas les

(2) _____ (encantar) los jugadores porque son muy guapos. También les

(3) _____ (gustar) la emoción (*excitement*) de los partidos. A mi papá le

(4) _____ (interesar) mucho los partidos y, cuando puede, los ve por

Internet. A mi mamá le (5) _____ (molestar) nuestra afición porque no hacemos

las tareas de la casa cuando hay partidos. A ella generalmente le (6) _____

(aburrir) los partidos. Pero cuando al equipo argentino le (7) _____ (faltar) un

gol para ganar, le (8) _____ (encantar) los minutos finales del partido.

3 **El viaje** You and your friend are packing and planning your upcoming vacation to the Caribbean. Rewrite her sentences, replacing the subject with the one in parentheses. Make all the necessary changes.

> **modelo**
>
> A mis amigos les fascinan los partidos de béisbol. (la comida peruana)
> A mis amigos les fascina la comida peruana.

1. Te quedan bien los vestidos largos. (la blusa cara)

_____

2. Les molesta la música estadounidense. (las canciones populares)

_____

3. ¿No te interesa aprender a bailar salsa? (nadar)

_____

4. Les encantan las tiendas. (el centro comercial)

_____

5. Nos falta practicar el español. (unas semanas de clase)

_____

6. No les importa esperar un rato. (buscar unos libros nuestros)

_____

4 **¿Qué piensan?** Complete the sentences with the correct pronouns and forms of the verbs in parentheses.

1. A mí _____ (encantar) las películas de misterio.

2. A Gregorio _____ (molestar) mucho la nieve y el frío.

3. A ustedes _____ (faltar) un libro de esa colección.

4. ¿_____ (quedar) bien los sombreros a ti?

5. A ella no _____ (importar) las apariencias (*appearances*).

6. A mí los deportes por televisión _____ (aburrir) mucho.

5 **Mi rutina diaria** Answer these questions using verbs like **gustar** in complete sentences.

1. ¿Te molesta levantarte temprano durante la semana?

_____

2. ¿Qué te interesa hacer por las mañanas?

_____

3. ¿Te importa despertarte temprano los fines de semana?

_____

4. ¿Qué te encanta hacer los domingos?

Síntesis

Interview a friend or relative about an interesting vacation he or she took. Then gather the answers into a report. Answer the following questions:

- What did he or she like or love about the vacation? What interested him or her?
- Where did he or she stay, what were the accommodations like, and what was his or her daily routine like during the trip?
- Where did he or she go, what were the tours like, what were the tour guides like, and what were his or her travelling companions like?
- What bothered or angered him or her? What bored him or her during the vacation?

Be sure to address both the negative and positive aspects of the vacation.

_____

_____

_____

_____

_____

_____

_____

_____

_____

_____

_____

_____

_____

_____

_____

_____

_____

_____

_____

_____

_____

panorama

Perú

1 **Datos de Perú** Complete the sentences with the correct words.

1. _____ es la capital de Perú y _____ es la segunda ciudad más poblada.

2. _____ es un puerto muy importante en el río Amazonas.

3. El barrio bohemio de la ciudad de Lima se llama _____.

4. Hiram Bingham descubrió las ruinas de _____ en los Andes.

5. Las llamas, alpacas, guanacos y vicuñas son parientes del _____.

6. Las Líneas de _____ son uno de los grandes misterios de la humanidad.

2 **Perú** Fill in the blanks with the names and places described. Then use the word in the vertical box to answer the final question.

1. barrio bohemio de Lima
2. animales que se usan para carga y transporte
3. en Perú se habla este idioma
4. capital de Perú
5. montañas de Perú
6. dirección de Machu Picchu desde Cuzco

7. puerto en el río Amazonas
8. animales que dan lana
9. esta civilización peruana dibujó líneas
10. profesión de César Vallejo

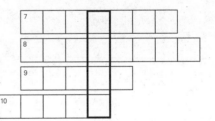

¿Por dónde se llega caminando a Machu Picchu?

Se llega por el _____.

3 **Ciudades peruanas** Fill in the blanks with the names of the appropriate cities in Peru.

1. ciudad al sureste de Cuzco _____

2. se envían productos por el Amazonas _____

3. Museo Oro del Perú _____

4. está a 80 km de Machu Picchu _____

5. ciudad antigua del Imperio inca _____

Lección 7 Workbook Activities   **83**

Workbook

4 **¿Cierto o falso?** Indicate whether each statement is **cierto** or **falso**. Correct the false statements.

1. Trujillo es un destino popular para los ecoturistas que visitan la selva.

_____

2. Mario Vargas Llosa es un novelista peruano famoso.

_____

3. La Iglesia de San Francisco es notable por la influencia de la arquitectura árabe.

_____

4. Las ruinas de Machu Picchu están en la cordillera de los Andes.

_____

5. Las llamas se usan para la carga y el transporte en Perú.

_____

6. La civilización inca hizo dibujos que sólo son descifrables desde el aire.

_____

5 **El mapa de Perú** Label the map of Peru.

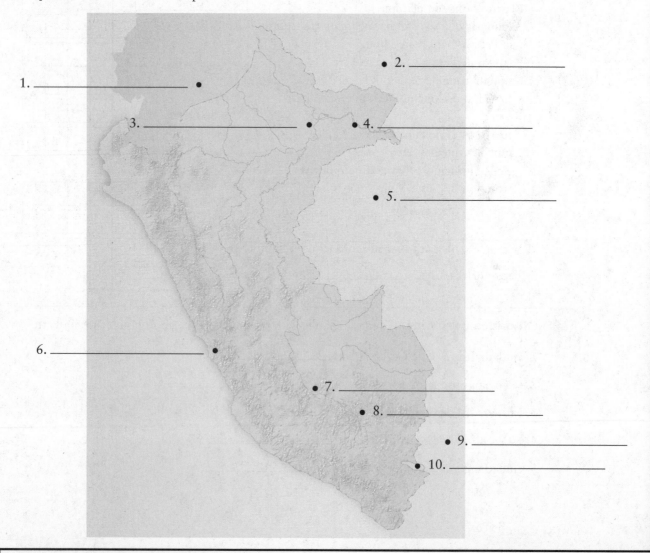

1. _____

2. _____

3. _____

4. _____

5. _____

6. _____

7. _____

8. _____

9. _____

10. _____

contextos

1 **¿Qué comida es?** Read the descriptions and write the names of the food in the blanks.

1. Son rojos y se sirven (*they are served*) en las ensaladas. _____

2. Se come (*It is eaten*) antes del plato principal; es líquida y caliente (*hot*). _____

3. Son unas verduras anaranjadas, largas y delgadas. _____

4. Hay de naranja y de manzana; se bebe en el desayuno. _____

5. Son dos rebanadas (*slices*) de pan con queso y jamón. _____

6. Es comida rápida; se sirven con hamburguesas y se les pone sal. _____

7. Son pequeños y rosados; viven en el mar. _____

8. Son frutas amarillas; con ellas, agua y azúcar se hace una bebida de verano. _____

2 **Categorías** Categorize the foods listed in the word bank.

aceite, arvejas, atún, azúcar, bananas, bistec, camarones, cebollas, champiñones, chuletas de cerdo, espárragos, hamburguesas, jamón, langosta, leche, lechuga, limones, maíz, mantequilla, manzanas, mayonesa, melocotones, naranjas, papas, peras, pimienta, pollo, queso, sal, salchichas, salmón, tomates, uvas, vinagre, yogur, zanahorias

Verduras	Productos lácteos (*dairy*)	Condimentos	Carnes y aves (*poultry*)	Pescados y mariscos	Frutas

3   **¿Qué es?** Label the food item shown in each drawing.

1. _____   2. _____

3. _____   4. _____

4   **¿Cuándo lo comes?** Read the lists of meals, then categorize when the meals would be eaten.

1. un sándwich de jamón y queso, unas chuletas de cerdo con arroz y frijoles, un yogur y un café con leche

Desayuno _____

Almuerzo _____

Cena _____

2. una langosta con papas y espárragos, huevos fritos y jugo de naranja, una hamburguesa y un refresco

Desayuno _____

Almuerzo _____

Cena _____

3. pan tostado con mantequilla, un sándwich de atún y un té helado, un bistec con cebolla y arroz

Desayuno _____

Almuerzo _____

Cena _____

4. una sopa y una ensalada, cereales con leche, pollo asado con ajo y champiñones

Desayuno _____

Almuerzo _____

Cena _____

estructura

8.1 Preterite of stem-changing verbs

1 **En el pasado** Rewrite each sentence, conjugating the verbs into the preterite tense.

1. Ana y Enrique piden unos resfrescos fríos.

_____

2. Mi mamá nos sirve arroz con frijoles y carne.

_____

3. Tina y Linda duermen en un hotel de Lima.

_____

4. Las flores (*flowers*) de mi tía mueren durante el otoño.

_____

5. Ustedes se sienten bien porque ayudan a las personas.

_____
_____

2 **¿Qué hicieron?** For each sentence, choose the correct verb from those in parentheses. Then complete the sentence by writing the preterite form of the verb.

1. Rosana y Héctor _____ las palabras del profesor. (repetir, dormir, morir)

2. El abuelo de Luis _____ el año pasado. (despedirse, morir, servir)

3. (yo) _____ camarones y salmón de cena en mi casa. (morir, conseguir, servir)

4. Lisa y tú _____ pan tostado con queso y huevos. (sentirse, seguir, pedir)

5. Elena _____ en casa de su prima el sábado. (dormir, pedir, repetir)

6. Gilberto y su familia _____ ir al restaurante francés. (servir, preferir, vestirse)

3 **No pasó así** Your brother is very confused today. Correct his mistakes by rewriting each sentence, replacing the subject with the one given in parentheses.

1. Anoche nos despedimos de nuestros abuelos en el aeropuerto. (mis primos)

_____

2. Melinda y Juan siguieron a Camelia por la ciudad en el auto. (yo)

_____

3. Alejandro prefirió quedarse en casa. (ustedes)

_____

4. Pedí un plato de langosta con salsa de mantequilla. (ellas)

_____

5. Los camareros les sirvieron una ensalada con atún y espárragos. (tu esposo)

_____

4 **En el restaurante** Create sentences from the elements provided. Use the preterite form of the verbs.

1. (nosotros) / preferir / este restaurante al restaurante italiano

_____

2. mis amigos / seguir / a Gustavo para encontrar el restaurante

_____

3. la camarera / servirte / huevos fritos y café con leche

_____

4. ustedes / pedir / ensalada de mariscos y vino blanco

_____

5. Carlos / preferir / las papas fritas

_____

6. (yo) / conseguir / el menú del restaurante

_____

5 **La planta de la abuela** Complete this message with the preterite form of the verbs from the word bank. Use each verb only once.

conseguir	dormir	pedir	repetir	servir
despedirse	morir	preferir	seguir	vestirse

Querida mamá:

El fin de semana pasado fui a visitar a mi abuela Lilia en el campo. (Yo) Le

(1)_____ unos libros en la librería de la universidad porque ella me

los (2)_____. Cuando llegué, mi abuela me (3)_____

un plato sabroso de arroz con frijoles. La encontré triste porque la semana pasada su

planta de tomates (4)_____ y ahora tiene que comprar los tomates en el

mercado. Me invitó a quedarme, y yo (5)_____ en su casa. Por la

mañana, abuela Lilia se despertó temprano, (6)_____ y salió a

comprar huevos para el desayuno. Me levanté inmediatamente y la

(7)_____ porque quería ir con ella al mercado. En el mercado, ella me

(8)_____ que estaba triste por la planta de tomates. Le pregunté:

¿Debemos comprar otra planta de tomates?, pero ella (9)_____

esperar hasta el verano. Después del desayuno (10)_____ de ella y

volví a la universidad. Quiero mucho a la abuela. ¿Cuándo la vas a visitar?

Chau,

Mónica

8.2 Double object pronouns

1 **Buena gente** Rewrite each sentence, replacing the direct objects with direct object pronouns.

1. La camarera te sirvió el plato de pasta con mariscos.

_____

2. Isabel nos trajo la sal y la pimienta a la mesa.

_____

3. Javier me pidió el aceite y el vinagre anoche.

_____

4. El dueño nos busca una mesa para seis personas.

_____

5. Tu madre me consigue unos melocotones deliciosos.

_____

6. ¿Te recomendaron este restaurante Lola y Paco?

_____

2 **En el restaurante** Last night, you and some friends ate in a popular new restaurant. Rewrite what happened there, using double object pronouns in each sentence.

1. La dueña nos abrió la sección de no fumar.

_____

2. Le pidieron los menús al camarero.

_____

3. Nos buscaron un lugar cómodo y nos sentamos.

_____

4. Les sirvieron papas fritas con el pescado a los clientes.

_____

5. Le llevaron unos entremeses a la mesa a Marcos.

_____

6. Me trajeron una ensalada de lechuga y tomate.

_____

7. El dueño le compró la carne al señor Gutiérrez.

_____

8. Ellos te mostraron los vinos antes de servirlos.

_____

Lección 8 Workbook Activities **89**

3 **¿Quiénes son?** Answer the questions, using double object pronouns.

1. ¿A quiénes les escribiste las postales? (a ellos) _____

2. ¿Quién le recomendó ese plato? (su tío) _____

3. ¿Quién nos va a abrir la puerta a esta hora? (Sonia) _____

4. ¿Quién les sirvió el pescado asado? (Miguel) _____

5. ¿Quién te llevó los entremeses? (mis amigas) _____

6. ¿A quién le ofrece frutas Roberto? (a su familia) _____

4 **La cena** Read the two conversations. Then answer the questions, using double object pronouns.

CELIA *(A Tito)* Rosalía me recomendó este restaurante.
DUEÑO Buenas noches, señores. Les traigo unos entremeses, cortesía del restaurante.
CAMARERO Buenas noches. ¿Quieren ver el menú?
TITO Sí, por favor. ¿Está buena la langosta?
CAMARERO Sí, es la especialidad del restaurante.
CELIA ¿Cuánto vale la langosta?
CAMARERO Vale treinta dólares.
TITO Entonces queremos pedir dos.
CELIA Y yo quiero una copa *(glass)* de vino tinto, por favor.

CAMARERO Tenemos flan y fruta de postre *(for dessert)*.
CELIA Perdón, ¿me lo puede repetir?
CAMARERO Tenemos flan y fruta.
CELIA Yo no quiero nada de postre, gracias.
DUEÑO ¿Les gustó la cena?
TITO Sí, nos encantó. Muchas gracias. Fue una cena deliciosa.

1. ¿Quién le recomendó el restaurante a Celia? _____

2. ¿Quién les sirvió los entremeses a Celia y a Tito? _____

3. ¿Quién les trajo los menús a Celia y a Tito? _____

4. ¿A quién le preguntó Celia el precio de la langosta? _____

5. ¿Quién le pidió las langostas al camarero? _____

6. ¿Quién le pidió un vino tinto al camarero? _____

7. ¿Quién le repitió a Celia la lista de postres? _____

8. ¿A quién le dio las gracias Tito cuando se fueron? _____

8.3 Comparisons

1 ¿Cómo se comparan? Complete the sentences with the Spanish of the comparison in parentheses.

1. Puerto Rico es _____ (*smaller than*) Guatemala.

2. Felipe corre _____ (*faster than*) su amigo Juan Carlos.

3. Los champiñones son _____ (*as tasty as*) los espárragos.

4. Los jugadores de baloncesto son _____ (*taller than*) los otros estudiantes.

5. Laura es _____ (*more hard-working than*) su novio Pablo.

6. Marisol es _____ (*less intelligent than*) su hermana mayor.

7. La nueva novela de ese escritor es _____ (*as bad as*) su primera novela.

8. Agustín y Mario están _____ (*less fat than*) antes.

2 Lo obvio Your friend Francisco is always sharing his opinions with you, even though his comparisons are always painfully obvious. Write sentences that express his opinions, using the adjectives in parentheses.

> **modelo**
> (inteligente) Albert Einstein / Homer Simpson
> *Albert Einstein es más inteligente que Homer Simpson.*

1. (famoso) Nelly Furtado / mi hermana

_____

2. (difícil) estudiar química orgánica / leer una novela

_____

3. (malo) el tiempo en Boston / el tiempo en Florida

_____

4. (barato) los restaurantes elegantes / los restaurantes de comida rápida

_____

5. (viejo) mi abuelo / mi sobrino

_____

3 ¿Por qué? Complete the sentences with the correct comparisons.

> **modelo**
> Darío juega mejor al fútbol que tú.
> Es porque Darío *practica más que tú.*

1. Mi hermano es más gordo que mi padre. Es porque mi hermano come _____.

2. Natalia conoce más países que tú. Es porque Natalia viaja _____.

3. Estoy más cansado que David. Es porque duermo _____.

4. Rolando tiene más hambre que yo. Va a comer _____.

5. Mi vestido favorito es más barato que el tuyo. Voy a pagar _____.

6. Julia gana más dinero que Lorna. Es porque Julia trabaja _____.

4   **Comparaciones** Form complete sentences using one word from each column.

la carne	bueno	el aceite
la comida rápida	caro	el almuerzo
el desayuno	malo	las chuletas de cerdo
la fruta	pequeño	la ensalada
la mantequilla	rico	los entremeses
el pollo	sabroso	el pescado

> *modelo*
> La carne es más cara que el pescado.

1. _____   4. _____

2. _____   5. _____

3. _____   6. _____

5   **Tan... como** Compare Jorge and Marcos using comparisons of equality and the following words. Be creative in your answers.

alto	delgado	inteligente
bueno	guapo	joven

Marcos

Jorge

> *modelo*
> Marcos no es tan inteligente como Jorge.

1. _____   4. _____

2. _____   5. _____

3. _____   6. _____

6   **¿Más o menos?** Read the pairs of sentences. Then write a new sentence comparing the first item to the second one.

> *modelo*
> Ese hotel tiene cien habitaciones. El otro hotel tiene cuarenta habitaciones.
> Ese hotel tiene más habitaciones que el otro.

1. La biblioteca tiene ciento cincuenta sillas. El laboratorio de lenguas tiene treinta sillas.

_____

2. Ramón compró tres corbatas. Roberto compró tres corbatas.

_____

3. Yo comí un plato de pasta. Mi hermano comió dos platos de pasta.

_____

4. Anabel durmió ocho horas. Amelia durmió ocho horas.

_____

5. Mi primo toma seis clases. Mi amiga Tere toma ocho clases.

_____

8.4 Superlatives

1 **El mejor...** Complete with the appropriate information in each case. Form complete sentences using the superlatives.

> **modelo**
> el restaurante _____ / bueno / ciudad
> **El restaurante Dalí es el mejor restaurante de mi ciudad**

1. la película _____ / mala / la historia del cine

   _____

2. la comida _____ / sabrosa / todas

   _____

3. mi _____ / joven / mi familia

   _____

4. el libro _____ / interesante / biblioteca

   _____

5. las vacaciones de _____ / buenas / año

   _____

2 **Facilísimo** Rewrite each sentence, using absolute superlatives.

1. Miguel y Maru están muy cansados. _____

2. Felipe es muy joven. _____

3. Jimena es muy inteligente. _____

4. La madre de Marissa está muy contenta. _____

5. Estoy muy aburrido. _____

3 **Compárate** Compare yourself with the members of your family and the students in your class. Write at least two complete sentences using comparisons of equality and inequality, superlatives, and absolute superlatives.

> **modelo**
> **En mi familia, yo soy más bajo que mi hermano.**

_____

_____

_____

> **modelo**
> **En mi clase, mi amigo Evan es tan inteligente como yo.**

_____

_____

_____

Workbook

Síntesis

Interview a friend or a relative and ask him or her to describe two restaurants where he or she recently ate.

- How was the quality of the food at each restaurant?
- How was the quality of the service at each restaurant?
- How did the prices of the two restaurants compare?
- What did his or her dining companions think about the restaurants?
- How was the ambience different at each restaurant?
- How convenient are the restaurants? Are they centrally located? Are they accessible by public transportation? Do they have parking?

When you are finished with the interview, write up a comparison of the two restaurants based on the information you collected. Use as many different types of comparisons and superlative phrases as possible in your report.

_____

_____

_____

_____

_____

_____

_____

_____

_____

_____

_____

_____

_____

_____

_____

panorama

Guatemala

1 **Guatemala** Complete the sentences with the correct words.

1. La _____ de Guatemala recibe su nombre de un pájaro que simboliza la libertad.

2. Un _____ por ciento de la población guatemalteca tiene una lengua materna diferente del español.

3. El _____ y los colores de cada *huipil* indican el pueblo de origen de la persona que lo lleva.

4. El _____ es un pájaro en peligro de extinción.

5. La civilización maya inventó un _____ complejo y preciso.

6. La ropa tradicional refleja el amor de la cultura maya por la _____.

2 **Preguntas** Answer the questions with complete sentences.

1. ¿Cuál es un cultivo de mucha importancia en la cultura maya? _____

_____

2. ¿Quién es Miguel Ángel Asturias? _____

_____

3. ¿Qué países limitan con (*border*) Guatemala? _____

_____

4. ¿Hasta cuándo fue la Antigua Guatemala una capital importante? ¿Qué pasó? _____

_____

5. ¿Por qué simbolizó el quetzal la libertad para los mayas? _____

_____

6. ¿Qué hace el gobierno para proteger al quetzal? _____

_____

3 **Fotos de Guatemala** Label each photo.

1. _____   2. _____

4 **Comparar** Read the sentences about Guatemala. Then rewrite them, using comparisons and superlatives. Do not change the meaning.

> modelo
> La Ciudad de Guatemala no es una ciudad pequeña.
> La Ciudad de Guatemala es la más grande del país.

1. El área de Guatemala no es más grande que la de Tennessee.

_____

2. Un ingrediente muy interesante de las telas (*fabrics*) de Guatemala es el mosquito.

_____

3. Las lenguas mayas no se hablan tanto como el español.

_____

4. Rigoberta Menchú no es mayor que Margarita Carrera.

_____

5. La celebración de la Semana Santa en la Antigua Guatemala es importantísima para muchas personas.

_____

5 **¿Cierto o falso?** Indicate whether the statements about Guatemala are **cierto** or **falso**. Correct the false statements.

1. Rigoberta Menchú ganó el premio Nobel de la Paz en 1992.

_____

2. La lengua materna de muchos guatemaltecos es una lengua inca.

_____

3. La civilización de los mayas no era avanzada.

_____

4. Guatemala es un país que tiene costas en dos océanos.

_____

5. Hay muchísimos quetzales en los bosques de Guatemala.

_____

6. La civilización maya descubrió y usó el cero antes que los europeos.

_____

contextos   **Lección 9**

1 **Identificar** Label the following terms as **estado civil**, **fiesta**, or **etapa de la vida**.

1. casada _____

2. adolescencia _____

3. viudo _____

4. juventud _____

5. Navidad _____

6. niñez _____

7. vejez _____

8. aniversario de bodas _____

9. divorciado _____

10. madurez _____

11. cumpleaños _____

12. soltera _____

2 **Las etapas de la vida** Label the stages of life on the timeline.

1. _____

2. _____

3. _____

4. _____

5. _____

6. _____

3 **Escribir** Fill in the blanks with the stage of life in which these events would normally occur.

1. jubilarse _____

2. graduarse en la universidad _____

3. cumplir nueve años _____

4. conseguir el primer trabajo _____

5. graduarse de la escuela secundaria _____

6. morir o quedar viudo _____

7. casarse (por primera vez) _____

8. tener un hijo _____

9. celebrar el aniversario de bodas número cincuenta _____

10. tener la primera cita _____

4 **Información personal** Read the descriptions and answer the questions.

"Me llamo Jorge Rosas. Nací el 26 de enero de 1952. Mi esposa murió el año pasado. Tengo dos hijos: Marina y Daniel. Terminé mis estudios de sociología en la Universidad Interamericana en 1974. Me voy a jubilar este año. Voy a celebrar este evento con una botella de champán."

1. ¿Cuál es la fecha de nacimiento de Jorge? _____

2. ¿Cuál es el estado civil de Jorge? _____

3. ¿En qué etapa de la vida está Jorge? _____

4. ¿Cuándo es el cumpleaños de Jorge? _____

5. ¿Cuándo se graduó Jorge? _____

6. ¿Cómo va a celebrar la jubilación (*retirement*) Jorge? _____

"Soy Julia Jiménez. Nací el 11 de marzo de 1982. Me comprometí a los veinte años, pero rompí con mi novio antes de casarme. Ahora estoy saliendo con un músico cubano. Soy historiadora del arte desde que terminé mi carrera (*degree*) en la Universidad de Salamanca en 2004. Mi postre favorito es el flan de caramelo."

7. ¿Cuál es la fecha de nacimiento de Julia? _____

8. ¿Cuál es el estado civil de Julia? _____

9. ¿En qué etapa de la vida está Julia? _____

10. ¿Cuándo es el cumpleaños de Julia? _____

11. ¿Cuándo se graduó Julia? _____

12. ¿Qué postre le gusta a Julia? _____

"Me llamo Manuel Blanco y vivo en Caracas. Mi esposa y yo nos comprometimos a los veintiséis años, y la boda fue dos años después. Pasaron quince años y tuvimos tres hijos. Me gustan mucho los dulces."

13. ¿Dónde vive Manuel? _____

14. ¿En qué etapa de la vida se comprometió Manuel? _____

15. ¿A qué edad se casó Manuel? _____

16. ¿Cuál es el estado civil de Manuel? _____

17. ¿Cuántos hijos tiene Manuel? _____

18. ¿Qué postre le gusta a Manuel? _____

estructura

9.1 Irregular preterites

1 **¿Hay o hubo?** Complete these sentences with the correct tense of **haber**.

1. Ahora _____ una fiesta de graduación en el patio de la universidad.

2. _____ muchos invitados en la fiesta de aniversario anoche.

3. Ya _____ una muerte en su familia el año pasado.

4. Siempre _____ galletas y dulces en esas conferencias.

5. _____ varios entremeses en la cena de ayer.

6. Por las mañanas _____ unos postres deliciosos en esa tienda.

2 **¿Cómo fue?** Complete these sentences with the preterite of the verb in parentheses.

1. Cristina y Lara _____ (estar) en la fiesta anoche.

2. (yo) _____ (Tener) un problema con mi pasaporte y lo pasé mal en la aduana.

3. Rafaela _____ (venir) temprano a la fiesta y conoció a Humberto.

4. El padre de la novia _____ (hacer) un brindis por los novios.

5. Román _____ (poner) las maletas en el auto antes de salir.

3 **¿Qué hicieron?** Complete these sentences, using the preterite of **decir, conducir, traducir,** and **traer**.

1. Felipe y Silvia _____ que no les gusta ir a la playa.

2. Claudia le _____ unos papeles al inglés a su hermano.

3. David _____ su motocicleta nueva durante el fin de semana.

4. Rosario y Pepe me _____ un pastel de chocolate de regalo.

5. Cristina y yo les _____ a nuestras amigas que vamos a bailar.

4 **Es mejor dar...** Rewrite these sentences in the preterite tense.

1. Antonio le da un beso a su madre.

_____

2. Los invitados le dan las gracias a la familia.

_____

3. Tú les traes una sorpresa a tus padres.

_____

4. Rosa y yo le damos un regalo al profesor.

_____

5. Carla nos trae mucha comida para el viaje.

_____

Lección 9 Workbook Activities **99**

5 **Combinar** Create logical sentences in the preterite using one element from each column. Notice that, using each word once, there is only one correct match between second and third columns.

Rita y Sara	decir	una cámara
ellos	estar	a este lugar
tú	hacer	un examen
mi tía	poner	galletas
ustedes	producir	una película
Rosa	tener	en Perú
nosotras	traer	la televisión
yo	venir	la verdad

1. _____

2. _____

3. _____

4. _____

5. _____

6. _____

7. _____

8. _____

6 **Ya lo hizo** Your friend Miguel is very forgetful. Answer his questions negatively, indicating that the action has already occurred. Use the verbs in parentheses.

> *modelo*
> ¿Quiere Pepe cenar en el restaurante japonés? (restaurante chino)
> *No, Pepe ya cenó en el restaurante chino.*

1. ¿Vas a estar en la biblioteca hoy? (ayer)

_____

2. ¿Quieren dar una fiesta Elena y Miguel este fin de semana? (el sábado pasado)

_____

3. ¿Debe la profesora traducir esa novela este semestre? (el año pasado)

_____

4. ¿Va a haber pastel de limón en la cena de hoy? (anoche)

_____

5. ¿Deseas poner los abrigos en la silla? (sobre la cama)

_____

6. ¿Van ustedes a tener un hijo? (tres hijos)

_____

9.2 Verbs that change meaning in the preterite

1 Completar Complete these sentences with the preterite tense of the verbs in parentheses.

1. Liliana no _____ (poder) llegar a la fiesta de cumpleaños de Esteban.

2. Las chicas _____ (conocer) a muchos estudiantes en la biblioteca.

3. Raúl y Marta no _____ (querer) invitar al padre de Raúl a la boda.

4. Lina _____ (saber) ayer que sus tíos se van a divorciar.

5. (nosotros) _____ (poder) regalarle una bicicleta a Marina.

6. María _____ (querer) cortar con su novio antes del verano.

2 Traducir Use these verbs to translate the sentences into Spanish.

conocer	querer
poder	saber

1. I failed to finish the book on Wednesday.

_____

2. Inés found out last week that Vicente is divorced.

_____

3. Her girlfriends tried to call her, but they failed to.

_____

4. Susana met Alberto's parents last night.

_____

5. The waiters managed to serve dinner at eight.

_____

6. Your mother refused to go to your brother's house.

_____

3 Raquel y Ronaldo Complete the paragraph with the preterite of the verbs in the word bank.

conocer	querer
poder	saber

El año pasado Raquel (1) _____ al muchacho que ahora es su esposo, Ronaldo.

Primero, Raquel no (2) _____ salir con él porque él vivía (*was living*) en una ciudad

muy lejos de ella. Ronaldo (3) _____ convencerla durante muchos meses, pero no

(4) _____ hacerlo. Finalmente, Raquel decidió darle una oportunidad a Ronaldo.

Cuando empezaron a salir, Raquel y Ronaldo (5) _____ inmediatamente que eran el

uno para el otro (*they were made for each other*). Raquel y Ronaldo (6) _____ comprar

una casa en la misma ciudad y se casaron ese verano.

9.3 ¿Qué? and ¿cuál?

1 **¿Qué o cuál?** Complete these sentences with **qué**, **cuál**, or **cuáles**.

1. ¿_____ estás haciendo ahora?

2. ¿_____ gafas te gustan más?

3. ¿_____ prefieres, el vestido largo o el corto?

4. ¿Sabes _____ de éstos es mi disco favorito?

5. ¿_____ es un departamento de hacienda?

6. ¿_____ trajiste, las de chocolate o las de limón?

7. ¿_____ auto compraste este año?

8. ¿_____ es la tienda más elegante del centro?

2 **¿Cuál es la pregunta?** Write questions that correspond to these responses. Use each word or phrase from the word bank only once.

¿a qué hora?	¿cuál?	¿cuándo?	¿de dónde?	¿qué?
¿adónde?	¿cuáles?	¿cuántos?	¿dónde?	¿quién?

1. _____

La camisa que más me gusta es ésa.

2. _____

Hoy quiero descansar durante el día.

3. _____

Mi profesora de matemáticas es la señora Aponte.

4. _____

Soy de Buenos Aires, Argentina.

5. _____

Mis gafas favoritas son las azules.

6. _____

El pastel de cumpleaños está en el refrigerador.

7. _____

La fiesta sorpresa empieza a las ocho en punto de la noche.

8. _____

El restaurante cierra los lunes.

9. _____

Hay ciento cincuenta invitados en la lista.

10. _____

Vamos a la fiesta de cumpleaños de Inés.

9.4 Pronouns after prepositions

1 **Antes de la fiesta** Choose and write the correct pronouns to complete the paragraph.

Hoy voy al mercado al aire libre cerca de mi casa con mi tía Carmen. Me gusta ir con

(1) _____ (usted, ella) porque sabe escoger las mejores frutas y verduras del mercado.

Y a ella le gusta ir (2) _____ (contigo, conmigo) porque sé regatear mejor que nadie.

  —Entre (3) _____ (tú, ellas) y yo, debes saber que a (4) _____ (ella, mí) no me

gusta gastar mucho dinero. Me gusta venir (5) _____ (con usted, contigo) porque me ayudas a

ahorrar (*save*) dinero —me confesó un día en el mercado. Hoy la vienen a visitar sus hijos porque es su

cumpleaños, y ella quiere hacer una ensalada de frutas para (6) _____ (ellos, nosotros).

  —Estas peras son para (7) _____ (mí, ti), por venir conmigo al mercado. También me

llevo unos hermosos melocotones para el novio de Verónica, que viene con (8) _____

(ella, nosotras). Siempre compro frutas para (9) _____ (mí, él) porque le encantan y no

consigue muchas frutas en el lugar donde vive —dice (*says*) mi tía.

  —¿Voy a conocer al novio de Verónica?

  —Sí, ¡queremos invitarte a (10) _____ (ti, él) a la fiesta de cumpleaños!

2 **El pastel de Carlota** Some friends are having Carlota's birthday cake. Complete the conversation with the correct pronouns.

SR. MARTÍNEZ Chicos, voy a buscar a mi esposa, en un momento estoy con

  (1) _____.

TOMÁS Sí, señor Martínez, no se preocupe por (2) _____.

YOLANDA ¡Qué rico está el pastel! A (3)_____ me encantan los pasteles.

  Tomás, ¿quieres compartir un pedazo (*slice*) (4) _____?

TOMÁS ¡Claro! Para (5) _____ el chocolate es lo más delicioso.

CARLOTA Pero no se lo terminen... Víctor, quiero compartir el último (*last*) pedazo

  (6) _____.

VÍCTOR Mmmh, está bien; sólo por (7) _____ hago este sacrificio.

CARLOTA Toma, Víctor, este pedazo es especial para (8) _____.

TOMÁS ¡Oh, no! Mira, Yolanda, ¡hay más miel (*honey*) en (9) _____

  que en cien pasteles!

Síntesis

Research the life of a famous person who has had a stormy personal life, such as Elizabeth Taylor or Henry VIII. Write a brief biography of the person, including the following information:

- When was the person born?
- What was that person's childhood like?
- With whom did the person fall in love?
- Who did the person marry?
- Did he or she have children?

- Did the person get divorced?
- Did the person go to school, and did he or she graduate?
- How did his or her career or lifestyle vary as the person went through different stages in life?

_____

_____

_____

_____

_____

_____

_____

_____

_____

_____

_____

_____

_____

_____

_____

_____

_____

_____

_____

_____

panorama

Chile

1 **Datos chilenos** Complete the chart with the correct information about Chile.

Ciudades más grandes	Deportes de invierno	Países fronterizos (*bordering*)	Escritores

2 **¿Cierto o falso?** Indicate whether the sentences are **cierto** or **falso**. Correct the false sentences.

1. Una quinta parte de los chilenos vive en Santiago de Chile.

_____

2. En Chile se hablan el idioma español y el mapuche.

_____

3. La mayoría (*most*) de las playas de Chile están en la costa del océano Atlántico.

_____

4. El desierto de Atacama es el más seco del mundo.

_____

5. La isla de Pascua es famosa por sus observatorios astronómicos.

_____

6. El Parque Nacional Villarica está situado al pie de un volcán y junto a un lago.

_____

7. Se practican deportes de invierno en los Andes chilenos.

_____

8. La exportación de vinos chilenos se redujo (*decreased*) en los últimos años.

_____

3 **Información de Chile** Complete the sentences with the correct words.

1. La moneda de Chile es el _____.

2. Bernardo O'Higgins fue un militar y _____ nacional de Chile.

3. Los exploradores _____ descubrieron la isla de Pascua.

4. Desde los _____ chilenos de los Andes, los científicos estudian las estrellas.

5. La producción de _____ es una parte importante de la actividad agrícola de Chile.

6. El país al este de Chile es _____.

Lección 9 Workbook Activities   **105**

4   **Fotos de Chile**   Label the photos.

1. _____   2. _____

5   **El pasado de Chile**   Complete the sentences with the preterite of the correct verbs from the word bank.

> comenzar   escribir
> decidir   recibir

1. Pablo Neruda _____ muchos poemas románticos durante su vida.

2. La isla de Pascua _____ su nombre porque la descubrieron el Día de Pascua.

3. No se sabe por qué los *rapa nui* _____ abandonar la isla de Pascua.

4. La producción de vino en Chile _____ en el siglo XVI.

6   **Preguntas chilenas**   Write questions that correspond to the answers below. Vary the interrogative words you use.

1. _____

Hay más de diecisiete millones de habitantes en Chile.

2. _____

Santiago de Chile es la capital chilena.

3. _____

Los idiomas que se hablan en Chile son el español y el mapuche.

4. _____

Los exploradores holandeses descubrieron la isla de Pascua.

5. _____

El centro de esquí Valle Nevado organiza excursiones de heliesquí.

6. _____

La producción de vino en Chile comenzó en el siglo XVI.

repaso

1 **¿Te importa?** Complete the sentences with the correct indirect object pronoun and the form of the verb in parentheses.

1. A nosotros _____ (gustar) ir de excursión y acampar.

2. A mí _____ (encantar) las novelas históricas.

3. A mi hermano _____ (molestar) la radio cuando está estudiando.

4. A ustedes no _____ (importar) esperar un rato para sentarse, ¿no?

5. Ese vestido largo _____ (quedar) muy bien (a ti) con las sandalias.

6. A ellos _____ (faltar) dos clases para graduarse de la universidad.

2 **No quiero nada** Answer the questions negatively, using negative words.

1. ¿Debo ponerme algo elegante esta noche?

_____

2. ¿Te enojaste con alguien en el restaurante?

_____

3. ¿Se probó algún vestido Ana en la tienda?

_____

4. ¿Quiere Raúl quedarse en las fiestas siempre?

_____

3 **La fiesta** Complete the paragraph with the correct preterite forms of the verbs in parentheses.

Ignacio y yo (1) _____ (ir) a la fiesta de cumpleaños de un amigo el sábado.

(2) _____ (Ir) juntos en mi auto, pero Ignacio (3) _____ (conducir). La fiesta

(4) _____ (ser) en el salón de fiestas del Hotel Condado. En la fiesta (5) _____

(haber) un pastel enorme y muchísimos invitados. (Yo) (6) _____ (Saber) en la fiesta que mi

amiga Dora (7) _____ (romper) con su novio. Ignacio y yo (8) _____ (querer)

hacerla sentir mejor, pero no (9) _____ (ser) fácil. Primero Ignacio (10) _____ (pedir)

una botella de vino. Luego le (11) _____ (decir) a su amigo Marc: "Ven (*Come*) a sentarte

con nosotros". Ignacio le (12) _____ (servir) algo de vino a Marc y todos (13) _____

(brindar). Nosotros les (14) _____ (dar) la oportunidad a Dora y a Marc de conocerse. Marc

es francés, y por mucho rato ellos no (15) _____ (poder) entenderse. Luego yo (16) _____

(traducir) sus palabras un rato. Dora (17) _____ (repetir) las palabras hasta decirlas bien. Dora

y Marc (18) _____ (estar) hablando toda (*all*) la noche. Ignacio les (19) _____ (traer)

entremeses y él y yo nos (20) _____ (ir) a bailar. Marc le (21) _____ (pedir) el número

a Dora cuando ellos (22) _____ (despedirse). Dora (23) _____ (ponerse) feliz. ¡Lo

(24) _____ (conseguir)!

4   Te lo dije Rewrite these sentences in the preterite. Use double object pronouns in the new sentences.

> *modelo*
>
> Carlos le traduce los documentos a su hermano. *Carlos se los tradujo.*

1. Rebeca quiere comprarle un regalo a Jorge. _____
2. Les hago una cena deliciosa. _____
3. Los López le dicen unos chistes (*jokes*). _____
4. Francisco no puede prestarnos el auto. _____
5. Les debes decir tu apellido a los dueños. _____
6. Te traigo unas cosas importantes. _____

5   Los países Compare the items listed, using information from the **Panorama** sections.

1. Guatemala / pequeño / Perú

_____

2. líneas de Nazca / misteriosas / los *moái* de la isla de Pascua

_____

3. habitantes de Guatemala / hablar idiomas / habitantes de Chile

_____

4. Ciudad de Guatemala / grande / puerto de Iquitos

_____

5. peruanos / usar las llamas / chilenos

_____

6   La boda Imagine that you know the couple in the photo. Write some background about their wedding. How and when did the couple meet? When did they become engaged? Do they get along well? Do they really love each other? Next, talk about the food and drinks served at the wedding and whether you enjoyed the event.

_____
_____
_____
_____
_____
_____
_____
_____
_____

contextos

1   **El cuerpo humano**   Label the parts of the body.

1. _____

2. _____

3. _____

4. _____

5. _____

6. _____

7. _____

8. _____

2   **¿Adónde vas?**   Indicate where you would go in each of the following situations.

la clínica	el dentista	el hospital
el consultorio	la farmacia	la sala de emergencia

1. tienes que comprar aspirinas _____

2. te duele un diente _____

3. te rompes una pierna _____

4. te debes hacer un examen médico _____

5. te van a hacer una operación _____

6. te van a poner una inyección _____

3   **Las categorías**   List these terms under the appropriate category.

antibiótico	gripe	receta
aspirina	operación	resfriado
estornudos	pastilla	tomar la temperatura
fiebre	radiografía	tos

Síntoma: _____

Enfermedad: _____

Diagnóstico: _____

Tratamiento (*Treatment*): _____

_____

4 **En el consultorio** Complete the sentences with the correct words.

1. La señora Gandía va a tener un hijo en septiembre. Está _____.

2. Manuel tiene la temperatura muy alta. Tiene _____.

3. A Rosita le recetaron un antibiótico y le van a poner una _____.

4. A Pedro le cayó una mesa en el pie. El pie le _____ mucho.

5. Durante la primavera, mi tía estornuda mucho y está muy _____.

6. Tienes que llevar la _____ a la farmacia para que te vendan (*in order for them to sell you*) la medicina.

7. Le tomaron una _____ de la pierna para ver si se le rompió.

8. Los _____ de un resfriado son los estornudos y la tos.

5 **Doctora y paciente** Choose the logical sentences to complete the conversation between Doctora Pérez and José Luis.

DOCTORA ¿Qué síntomas tiene?

JOSÉ LUIS (1) _____
a. Tengo tos y me duele la cabeza.
b. Soy muy saludable.
c. Me recetaron un antibiótico.

DOCTORA (2) _____
a. ¿Cuándo fue el accidente?
b. ¿Le dio fiebre ayer?
c. ¿Dónde está la sala de emergencia?

JOSÉ LUIS (3) _____
a. Fue a la farmacia.
b. Me torcí el tobillo.
c. Sí, mi esposa me tomó la temperatura.

DOCTORA (4) _____
a. ¿Está muy congestionado?
b. ¿Está embarazada?
c. ¿Le duele el dedo del pie?

JOSÉ LUIS (5) _____
a. Sí, me hicieron una operación.
b. Sí, estoy mareado.
c. Sí, y también me duele la garganta.

DOCTORA (6) _____
a. Tiene que ir al consultorio.
b. Es una infección de garganta.
c. La farmacia está muy cerca.

JOSÉ LUIS (7) _____
a. ¿Tengo que tomar un antibiótico?
b. ¿Debo ir al dentista?
c. ¿Qué indican las radiografías?

DOCTORA (8) _____
a. Sí, es usted una persona saludable.
b. Sí, se lastimó el pie.
c. Sí, ahora se lo voy a recetar.

estructura

10.1 The imperfect tense

1 **¿Cómo eran las cosas?** Complete the sentences with the imperfect forms of the verbs in parentheses.

1. Antes, la familia Álvarez _____ (cenar) a las ocho de la noche.

2. De niña, yo _____ (cantar) en el Coro de Niños de San Juan.

3. Cuando vivían en la costa, ustedes _____ (nadar) por las mañanas.

4. Mis hermanas y yo _____ (jugar) en un equipo de béisbol.

5. La novia de Raúl _____ (tener) el pelo rubio en ese tiempo.

6. Antes de tener la computadora, (tú) _____ (escribir) a mano (*by hand*).

7. (nosotros) _____ (creer) que el concierto era el miércoles.

8. Mientras ellos lo _____ (buscar) en su casa, él se fue a la universidad.

2 **Oraciones imperfectas** Create sentences with the elements provided and the imperfect tense.

1. mi abuela / ser / muy trabajadora y amable

   _____

2. tú / ir / al teatro / cuando vivías en Nueva York

   _____

3. ayer / haber / muchísimos pacientes en el consultorio

   _____

4. (nosotros) / ver / tu casa desde allí

   _____

5. ser / las cinco de la tarde / cuando llegamos a San José

   _____

6. ella / estar / muy nerviosa durante la operación

   _____

3 **No, pero antes...** Your nosy friend Cristina is asking you many questions. Answer her questions negatively, using the imperfect tense.

> **modelo**
> ¿Juega Daniel al fútbol?
> *No, pero antes jugaba.*

1. ¿Hablas por teléfono? _____

2. ¿Fue a la playa Susana? _____

3. ¿Come carne Benito? _____

4. ¿Te trajo muchos regalos tu novio? _____

5. ¿Conduce tu mamá? _____

4   **¿Qué hacían?** Write sentences that describe what the people in the drawings were doing yesterday at three o'clock in the afternoon. Use the subjects provided and the imperfect tense.

  1. Tú

_____
_____
_____

  2. Rolando

_____
_____
_____

  3. Pablo y Elena

_____
_____
_____

  4. Lilia y yo

_____
_____
_____

5   **Antes y ahora** Javier is thinking about his childhood—how things were then and how they are now. Write two sentences comparing what Javier used to do and what he does now.

> **modelo**
>
> vivir en casa / vivir en la residencia estudiantil
>
> *Antes vivía en casa.*
>
> *Ahora vivo en la residencia estudiantil.*

1. jugar al fútbol con mis primos / jugar en el equipo de la universidad

_____
_____

2. escribir las cartas a mano / escribir el correo electrónico con la computadora

_____
_____

3. ser gordito (*chubby*) / ser delgado

_____
_____

4. tener a mi familia cerca / tener a mi familia lejos

_____
_____

5. estudiar en mi habitación / estudiar en la biblioteca

_____
_____

6. conocer a personas de mi ciudad / conocer a personas de todo el (*the whole*) país

_____
_____

10.2 The preterite and the imperfect

1 **Los accidentes** Complete the sentences correctly with imperfect or preterite forms of the verbs in parentheses.

1. Claudia _____ (celebrar) su cumpleaños cuando se torció el tobillo.

2. Ramiro tenía fiebre cuando _____ (llegar) a la clínica.

3. Mientras el doctor _____ (mirar) la radiografía, yo llamé por teléfono a mi novia.

4. (yo) _____ (estar) mirando la televisión cuando mi mamá se lastimó la mano con la puerta.

5. Cuando Sandra llegó a la universidad, _____ (tener) un dolor de cabeza terrible.

6. ¿De niño (tú) _____ (enfermarse) con frecuencia?

7. El verano pasado, Luis y Olivia _____ (sufrir) una enfermedad exótica.

8. Anoche, mi primo y yo _____ (perder) la receta de mi tía.

2 **Antes y ayer** Complete each pair of sentences by using the imperfect and preterite forms of the verbs in parentheses.

(bailar)

1. Cuando era pequeña, Sara _____ ballet todos los lunes y miércoles.

2. Ayer Sara _____ ballet en el recital de la universidad.

(escribir)

3. La semana pasada, (yo) le _____ un mensaje electrónico a mi papá.

4. Antes (yo) _____ las cartas a mano o con una máquina de escribir (*typewriter*).

(ser)

5. El novio de María _____ delgado y deportista.

6. El viaje de novios _____ una experiencia inolvidable (*unforgettable*).

(haber)

7. _____ una fiesta en casa de Maritere el viernes pasado.

8. Cuando llegamos a la fiesta, _____ mucha gente.

(ver)

9. El lunes (yo) _____ a mi prima Lisa en el centro comercial.

10. De niña, yo _____ a Lisa todos los días.

3 **¿Qué pasaba?** Look at the drawings, then complete the sentences, using the preterite or imperfect.

1. Cuando llegué a casa anoche, las

niñas _____

_____ .

2. Cuando empezó a llover, Sara

_____

_____ .

3. Antes de irse de vacaciones, la señora

García _____

_____ .

4. Cada verano, las chicas

_____

_____ .

4 **El pasado** Decide whether the verbs in parentheses should be in the preterite or the imperfect. Then rewrite the sentences.

1. Ayer Clara (ir) a casa de sus primos, (saludar) a su tía y (comer) con ellos.

_____

2. Cuando Manuel (vivir) en San José, (conducir) muchos kilómetros todos los días.

_____

3. Mientras Carlos (leer) las traducciones (*translations*), Blanca (traducir) otros textos.

_____

4. El doctor (terminar) el examen médico y me (recetar) un antibiótico.

_____

5. La niña (tener) ocho años y (ser) inteligente y alegre.

_____

6. Rafael (cerrar) todos los programas, (apagar) la computadora y (irse).

_____

5 **¡Qué diferencia!** Complete this paragraph with the preterite or the imperfect of the verbs in parentheses.

La semana pasada (yo) (1) _____ (llegar) a la universidad y me di cuenta (*realized*) de que este año iba a ser muy diferente a los anteriores. Todos los años Laura y yo (2) _____ (vivir) con Regina, pero la semana pasada (nosotras) (3) _____ (conocer) a nuestra nueva compañera de cuarto, Gisela. Antes Laura, Regina y yo (4) _____ (tener) un apartamento muy pequeño, pero al llegar la semana pasada, (nosotras) (5) _____ (ver) el apartamento nuevo: es enorme y tiene mucha luz. Antes de vivir con Gisela, Laura y yo no (6) _____ (poder) leer el correo electrónico desde la casa, pero ayer Gisela (7) _____ (conectar) su computadora a Internet y todas (8) _____ (mirar) nuestros mensajes. Antes (nosotras) siempre (9) _____ (caminar) hasta la biblioteca para ver el correo, pero anoche Gisela nos (10) _____ (decir) que podemos compartir su computadora. ¡Qué diferencia!

6 **¿Dónde estabas?** Write questions and answers with the words provided. Ask where these people were when something happened.

> **modelo**
> Jimena ⟶ Marissa / salir a bailar // cuarto / dormir la siesta
> ¿Dónde estaba Jimena cuando Marissa salió a bailar?
> Jimena estaba en el cuarto. Dormía la siesta.

1. Miguel ⟶ (yo) / llamar por teléfono // cocina / lavar los platos

_____

_____

2. (tú) ⟶ Juan Carlos y yo / ir al cine // casa / leer una revista

_____

_____

3. tu hermano ⟶ empezar a llover // calle / pasear en bicicleta

_____

_____

4. ustedes ⟶ Felipe / venir a casa // estadio / jugar al fútbol

_____

_____

5. Jimena y Felipe ⟶ (tú) / saludarlos // supermercado / hacer la compra

_____

_____

7 **El diario de Laura** Laura has just found a page from her old diary. Rewrite the page in the past tense, using the preterite and imperfect forms of the verbs as appropriate.

Querido diario:

Estoy pasando el verano en Alajuela, y es un lugar muy divertido. Salgo con mis amigas todas las noches hasta tarde. Bailamos con nuestros amigos y nos divertimos mucho. Durante la semana trabajo: doy clases de inglés. Los estudiantes son alegres y se interesan mucho por aprender. El día de mi cumpleaños conocí a un chico muy simpático que se llama Francisco. Me llamó al día siguiente (*next*) y nos vemos todos los días. Me siento enamorada de él.

_____

_____

_____

_____

_____

_____

_____

_____

_____

_____

8 **Un día en la playa** Laura is still reading her old diary. Rewrite this paragraph, using the preterite or imperfect forms of the verbs in parentheses as appropriate.

Querido diario:

Ayer mi hermana y yo (ir) a la playa. Cuando llegamos, (ser) un día despejado con mucho sol, y nosotras (estar) muy contentas. A las doce (comer) unos sándwiches de almuerzo. Los sándwiches (ser) de jamón y queso. Luego (descansar) y entonces (nadar) en el mar. Mientras (nadar), (ver) a las personas que (practicar) el esquí acuático. (Parecer) muy divertido, así que (decidir) probarlo. Mi hermana (ir) primero, mientras yo la (mirar). Luego (ser) mi turno. Las dos (divertirse) mucho esa tarde.

_____

_____

_____

_____

_____

_____

_____

_____

10.3 Constructions with **se**

1 **¿Qué se hace?** Complete the sentences with verbs from the word bank. Use impersonal constructions with **se** in the present tense.

caer	hablar	recetar	vender
dañar	poder	servir	vivir

1. En Costa Rica _____ español.

2. En las librerías _____ libros y revistas.

3. En los restaurantes _____ comida.

4. En los consultorios _____ medicinas.

5. En el campo _____ muy bien.

6. En el mar _____ nadar y pescar.

2 **Los anuncios** Write advertisements or signs for the situations described. Use impersonal constructions with **se**.

1. "Está prohibido fumar."

2. "Vendemos periódicos."

3. "Hablamos español."

4. "Necesitamos enfermeras."

5. "No debes nadar."

6. "Estamos buscando un auto usado."

3 **¿Qué les pasó?** Complete the sentences with the correct indirect object pronouns.

1. Se _____ perdieron las maletas a Roberto.

2. A mis hermanas se _____ cayó la mesa.

3. A ti se _____ olvidó venir a buscarme ayer.

4. A mí se _____ quedó la ropa nueva en mi casa.

5. A las tías de Ana se _____ rompieron los vasos.

6. A Isabel y a mí se _____ dañó el auto.

Lección 10 Workbook Activities

Workbook

4 **Los accidentes** Your classmates are very unlucky. Rewrite what happened to them, using the correct form of the verb in parentheses.

1. A Marina se le (cayó, cayeron) la bolsa.

_____

2. A ti se te (olvidó, olvidaron) comprarme la medicina.

_____

3. A nosotros se nos (quedó, quedaron) los libros en el auto.

_____

4. A Ramón y a Pedro se les (dañó, dañaron) el proyecto.

_____

5 **Mala suerte** You and your friends are trying to go on vacation, but everything is going wrong. Use the elements provided, the preterite tense, and constructions with **se** to write sentences.

> **modelo**
> (a Raquel) / olvidar / traer su pasaporte
> *Se le olvidó traer su pasaporte.*

1. (a nosotros) / perder / las llaves del auto

_____

2. (a ustedes) / olvidar / ponerse las inyecciones

_____

3. (a ti) / caer / los papeles del médico

_____

4. (a Marcos) / romper / la pierna cuando esquiaba

_____

5. (a mí) / dañar / la cámara durante el viaje

_____

6 **¿Qué pasó?** As the vacation goes on, you and your friends have more bad luck. Answer the questions, using the phrases in parentheses and the preterite tense.

> **modelo**
> ¿Qué le pasó a Roberto? (quedar la cámara nueva en casa)
> *Se le quedó la cámara nueva en casa.*

1. ¿Qué les pasó a Pilar y a Luis? (dañar el coche)

_____

2. ¿Qué les pasó a los padres de Sara? (romper la botella de vino)

_____

3. ¿Qué te pasó a ti? (perder las llaves del hotel)

_____

4. ¿Qué les pasó a ustedes? (quedar las toallas en la playa)

_____

5. ¿Qué le pasó a Hugo? (olvidar estudiar para el examen en el avión)

_____

10.4 Adverbs

1 **En mi ciudad** Complete the sentences by changing the adjectives in the first sentences into adverbs in the second.

1. Los conductores son lentos. Conducen _____.

2. Esa doctora es amable. Siempre nos saluda _____.

3. Los autobuses de mi ciudad son frecuentes. Pasan por la parada _____.

4. Rosa y Julia son chicas muy alegres. Les encanta bailar y cantar _____.

5. Mario y tú hablan un español perfecto. Hablan español _____.

6. Los pacientes visitan al doctor de manera constante. Lo visitan _____.

7. Llegar tarde es normal para David. Llega tarde _____.

8. Me gusta trabajar de manera independiente. Trabajo _____.

2 **Completar** Complete the sentences with adverbs and adverbial expressions from the word bank. Use each term once.

a menudo	así	por lo menos
a tiempo	bastante	pronto
apenas	casi	

1. Tito no es un niño muy sano. Se enferma _____.

2. El doctor Garrido es muy puntual. Siempre llega al consultorio _____.

3. Mi madre visita al doctor con frecuencia. Se chequea _____ una vez cada año.

4. Fui al doctor el año pasado. Tengo que volver _____.

5. Llegué tarde al autobús y _____ tengo que ir al centro caminando.

6. El examen fue _____ difícil.

3 **Traducir** Complete the sentences with the adverbs or adverbial phrases that correspond to the words in parentheses.

1. Llegaron temprano al concierto; _____ (*so*), consiguieron asientos muy buenos.

2. El accidente fue _____ (*rather*) grave, pero al conductor no se le rompió ningún hueso.

3. Irene y Vicente van a comer _____ (*less*) porque quieren estar más delgados.

4. Silvia y David _____ (*almost*) se cayeron de la motocicleta cerca de su casa.

5. Para aprobar (*pass*) el examen, tienes que contestar _____ (*at least*) el 75 por ciento de las preguntas.

6. Mi mamá _____ (*sometimes*) se tuerce el tobillo cuando camina mucho.

4 **Háblame de ti** Answer the questions using the adverbs and adverbial phrases that you learned in this lesson. Do not repeat the adverb or adverbial phrase of the question. Then, say how long ago you last did each activity.

> **modelo**
>
> ¿Vas a la playa siempre?
> No, voy a la playa a veces. Hace cuatro meses que no voy a la playa.

1. ¿Tú y tus amigos van al cine con frecuencia?

_____

2. ¿Comes comida china?

_____

3. ¿Llegas tarde a tu clase de español?

_____

4. ¿Te enfermas con frecuencia?

_____

5. ¿Comes carne?

_____

Síntesis

Think of a summer in which you did a lot of different things on vacation or at home. State exceptional situations or activities that you did just once. Then state the activities that you used to do during that summer; mention which of those things you still do in the present. How often did you do those activities then? How often do you do them now? How long ago did you do some of those things? Create a "photo album" of that summer, using actual photographs if you have them, or drawings that you make. Use your writing about the summer as captions for the photo album.

_____

_____

_____

_____

_____

_____

_____

_____

_____

panorama

Costa Rica

1   **El mapa de Costa Rica**   Label the map of Costa Rica.

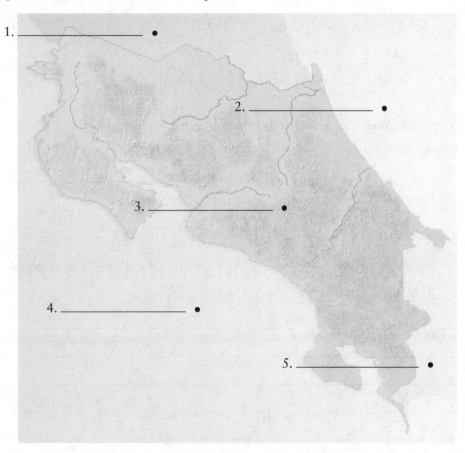

1. _____ •

2. _____ •

3. _____ •

4. _____ •

5. _____ •

2   **¿Cierto o falso?**   Indicate whether the statements are **cierto** or **falso**. Correct the false statements.

1. Los parques nacionales costarricenses se establecieron para el turismo.

_____

2. Costa Rica fue el primer país centroamericano en desarrollar la industria del café.

_____

3. El café representa más del 50% de las exportaciones anuales de Costa Rica.

_____

4. Costa Rica tiene un nivel de alfabetización del 96%.

_____

5. El ejército de Costa Rica es uno de los más grandes y preparados de Latinoamérica.

_____

6. En Costa Rica se eliminó la educación gratuita para los costarricenses.

_____

3 **Costa Rica** Complete the sentences with the correct words.

1. Costa Rica es el país de Centroamérica con la población más _____.

2. La moneda que se usa en Costa Rica es _____.

3. Costa Rica es el único país latinoamericano que no tiene _____.

4. En el siglo XIX los costarricenses empezaron a exportar su café a _____.

5. Hoy día más de 50.000 costarricenses trabajan _____ café.

6. El edificio del Museo Nacional de Costa Rica es el antiguo _____.

4 **Datos costarricenses** Fill in the blanks with the correct information.

En los parques nacionales de Costa Rica los ecoturistas pueden ver:

1. _____   5. _____

2. _____   6. _____

3. _____   7. _____

4. _____   8. _____

Costa Rica es uno de los países más progresistas del mundo porque:

9. _____

10. _____

11. _____

12. _____

5 **Completar** Use impersonal constructions with **se** to complete the sentences. Be sure to use the correct tense of the verbs in the word bank.

> modelo
> En Costa Rica ahora *se pone* más dinero en la educación y las artes.

comprar	establecer	eliminar	poder
empezar	invertir	ofrecer	proveer

1. En Costa Rica _____ y se vende en colones.

2. El sistema de parques nacionales _____ para la protección de los ecosistemas.

3. En los parques, los animales _____ ver en su hábitat natural.

4. En el siglo XIX _____ a exportar el café costarricense.

5. En Costa Rica _____ educación gratuita a todos los ciudadanos.

6. En 1870 _____ la pena de muerte en Costa Rica.

contextos

1 **La tecnología** Fill in the blanks with the correct terms.

1. Para navegar en la red sin cables (*wires*) necesitas _____.

2. Para hacer videos de tu familia puedes usar _____.

3. Cuando vas a un sitio web, lo primero (*the first thing*) que ves es _____.

4. Si alguien te llama a tu celular y no respondes, te puede dejar un mensaje en _____.

5. La red de computadoras y servidores más importante del mundo es _____.

6. Para poder ver muchos canales, tienes que tener _____.

2 **Eso hacían** Match a subject from the word bank to each verb phrase. Then write complete sentences for the pairs using the imperfect.

| muchos jóvenes estadounidenses | el conductor del autobús | el mecánico de Jorge |
| el carro viejo | la impresora nueva | el teléfono celular |

1. manejar lentamente por la nieve

_____

2. imprimir los documentos muy rápido

_____

3. revisarle el aceite al auto todos los meses

_____

4. sonar insistentemente, pero nadie responder

_____

5. no arrancar cuando llover

_____

6. navegar en Internet cuando eran niños

_____

3 **La computadora** Label the drawing with the correct terms.

1. _____
2. _____
3. _____
4. _____
5. _____
6. _____
7. _____

Lección 11 Workbook Activities **123**

4   **Preguntas** Answer the questions with complete sentences.

1. ¿Para qué se usa la impresora?

_____

2. ¿Para qué se usan los frenos (*brakes*) del coche?

_____

3. ¿Qué se usa para conducir por carreteras que no conoces?

_____

4. ¿Qué se usa para llevar el carro a la derecha o a la izquierda?

_____

5. ¿Qué se usa para cambiar los canales del televisor?

_____

6. ¿Para qué se usa la llave del carro?

_____

_____

5   **Mi primer día en la carretera** Complete the paragraph with terms from the word bank.

accidente	estacionar	policía
aceite	lento	revisar
arrancar	licencia de conducir	subir
autopista	llanta	taller mecánico
calle	lleno	tráfico
descargar	parar	velocidad máxima

Después de dos exámenes, conseguí mi (1) _____ para poder manejar legalmente

por primera vez. Estaba muy emocionado cuando (2) _____ al carro de mi papá.

El tanque estaba (3) _____ y el (4) _____ lo revisaron el día

anterior (*previous*) en el (5) _____. El carro y yo estábamos listos para

(6) _____. Primero salí por la (7) _____ en donde está mi

casa. Luego llegué a un área de la ciudad donde había mucha gente y también mucho

(8) _____. Se me olvidó (9) _____ en el semáforo (*light*), que

estaba amarillo, y estuve cerca de tener un (10) _____. Sin saberlo, entré en la

(11) _____ interestatal (*interstate*). La (12) _____ era de 70

millas (*miles*) por hora, pero yo estaba tan nervioso que iba mucho más (13) _____,

a 10 millas por hora. Vi un carro de la (14) _____ y tuve miedo. Por eso volví a

casa y (15) _____ el carro en la calle. ¡Qué aventura!

Nombre _____ Fecha _____

Workbook

estructura

11.1 Familiar commands

1 Cosas por hacer Read the list of things to do. Then use familiar commands to finish the e-mail from Ana to her husband, Eduardo, about the things that he has to do before their vacation.

> comprar un paquete de papel para la impresora
> ir al sitio web de la agencia de viajes y pedir la información sobre nuestro hotel
> imprimir la información
> terminar de hacer las maletas
>
> revisar el aceite del carro
> comprobar que tenemos una llanta extra
> limpiar el parabrisas
> llenar el tanque de gasolina
> venir a buscarme a la oficina

| Para Eduardo | De Ana | Asunto Cosas por hacer |

Hola mi amor, éstas son las cosas por hacer antes de salir para Mar del Plata:

_____

_____

_____

_____

_____

_____

2 Díselo You are feeling bossy today. Give your friends instructions based on the cues provided using familiar commands.

> **modelo**
> Ramón / comprarte un disco compacto en Mendoza
> *Ramón, cómprame un disco compacto en Mendoza.*

1. Mario / traerte la cámara digital que le regaló Gema

_____

2. Natalia / escribirle un mensaje de texto a su hermana

_____

3. Martín / llamarlos por teléfono celular

_____

4. Gloria / hacer la cama antes de salir

_____

5. Carmen / no revisar el aceite hasta la semana que viene

_____

6. Lilia / enseñarte a manejar

_____

© by Vista Higher Learning. All rights reserved. **Lección 11** Workbook Activities **125**

3 **Planes para el invierno** Rewrite this paragraph from a travel website. Use familiar commands instead of the infinitives you see.

Este invierno, (decir) adiós al frío y a la nieve. (Descubrir) una de las más grandes maravillas (*marvels*) naturales del mundo (*world*). (Ir) al Parque Nacional Iguazú en Argentina y (visitar) las hermosas cascadas. (Explorar) el parque y (mirar) las más de 400 especies de pájaros y animales que viven ahí. (Visitar) este santuario de la naturaleza en los meses de enero a marzo y (disfrutar) de una temperatura promedio de 77° F. Para unas vacaciones de aventura, (hacer) un safari por la selva (*jungle*) o (reservar) una excursión por el río Iguazú. De noche, (dormir) en uno de nuestros exclusivos hoteles en medio de la selva. (Respirar) el aire puro y (probar) la deliciosa comida de la región.

Invierno en Argentina

_____
_____
_____
_____
_____
_____
_____
_____

4 **¿Qué hago?** Clara's brother Manuel is giving her a driving lesson, and Clara has a lot of questions. Write Manuel's answers to her questions in the form of positive or negative familiar commands.

> **modelo**
> ¿Tengo que comprar gasolina?
> *Sí, compra gasolina./No, no compres gasolina.*

1. ¿Puedo hablar por teléfono celular con mis amigos?
_____

2. ¿Puedo manejar en la autopista?
_____

3. ¿Debo estacionar por aquí?
_____

4. ¿Debo sacar mi licencia de conducir?
_____

5. ¿Puedo bajar por esta calle?
_____

6. ¿Tengo que seguir el tráfico?
_____

11.2 Por and para

1   **Para éste o por aquello** Complete the sentences with **por** or **para** as appropriate.

1. Pudieron terminar el trabajo _____ haber empezado (*having begun*) a tiempo.

2. Ese *fax* es _____ enviar y recibir documentos de la compañía.

3. Elsa vivió en esa ciudad _____ algunos meses hace diez años.

4. Mi mamá compró esta computadora portátil _____ mi papá.

5. Sales _____ Argentina mañana a las ocho y media.

6. Rosaura cambió el estéreo _____ el reproductor de MP3.

7. El señor López necesita el informe _____ el 2 de agosto.

8. Estuve estudiando toda la noche _____ el examen.

9. Los turistas fueron de excursión _____ las montañas.

10. Mis amigos siempre me escriben _____ correo electrónico.

2   **Por muchas razones** Complete the sentences with the expressions in the word bank. Note that you will use two of them twice.

> por aquí   por eso
> por ejemplo   por fin

1. Ramón y Sara no pudieron ir a la fiesta anoche; _____ no los viste.

2. Buscaron el vestido perfecto por mucho tiempo, y _____ lo encontraron en esa tienda.

3. Creo que va a ser difícil encontrar un teclado y un monitor _____.

4. Pídele ayuda a uno de tus amigos, _____, Miguel, Carlos o Francisco.

5. Miguel y David no saben si podemos pasar _____ en bicicleta.

6. El monitor no está conectado, _____ no funciona.

3   **Por y para** Complete the sentences with **por** or **para**.

1. Fui a comprar frutas _____ (*instead of*) mi madre.

2. Fui a comprar frutas _____ (*to give to*) mi madre.

3. Rita le dio dinero _____ (*in order to buy*) la computadora portátil.

4. Rita le dio dinero _____ (*in exchange for*) la computadora portátil.

5. La familia los llevó _____ (*through*) los Andes.

6. La familia los llevó _____ (*to*) los Andes.

Lección 11 Workbook Activities   **127**

Workbook

4 **Escribir oraciones** Write sentences in the preterite, using the elements provided and **por** or **para**.

> *modelo*
> (tú) / salir en el auto / ¿? / Córdoba
> *Saliste en el auto para Córdoba.*

1. Ricardo y Emilia / traer un pastel / ¿? / su prima

   _____

2. los turistas / llegar a las ruinas / ¿? / barco

   _____

3. (yo) / tener un resfriado / ¿? / el frío

   _____

4. mis amigas / ganar dinero / ¿? / viajar a Suramérica

   _____

5. ustedes / buscar a Teresa / ¿? / toda la playa

   _____

6. el avión / salir a las doce / ¿? / Buenos Aires

   _____

5 **Para Silvia** Complete the paragraph with **por** and **para**.

Fui a la agencia de viajes porque quería ir (1) _____ Mendoza

(2) _____ visitar a mi novia, Silvia. Entré (3) _____ la

puerta y Marta, la agente de viajes, me dijo: "¡Tengo una oferta excelente (4) _____

ti!". Me explicó que podía viajar en avión (5) _____ Buenos Aires

(6) _____ seiscientos dólares. Podía salir un día de semana,

(7) _____ ejemplo lunes o martes. Me podía quedar en un hotel en Buenos Aires

(8) _____ quince dólares (9) _____ noche. Luego viajaría

(10) _____ tren a Mendoza (11) _____ encontrarme con

Silvia. "Debes comprar el pasaje (12) _____ el fin de mes", me recomendó

Marta. Fue la oferta perfecta (13) _____ mí. Llegué a Mendoza y Silvia fue a la

estación (14) _____ mí. Llevé unas flores (15) _____ ella.

Estuve en Mendoza (16) _____ un mes y (17) _____ fin

Silvia y yo nos comprometimos. Estoy loco (18) _____ ella.

11.3 Reciprocal reflexives

1 **Se conocen** Complete the sentences with the reciprocal reflexives of the verbs in parentheses. Use the present tense.

1. Andrea y Daniel _____ (ver) todos los días.

2. Los amigos _____ (encontrar) en el centro de la ciudad.

3. El padre y la madre de Lisa _____ (querer) mucho.

4. Javier y yo _____ (saludar) por las mañanas.

5. Los compañeros de clase _____ (ayudar) con las tareas.

6. Paula y su mamá _____ (llamar) por teléfono todos los días.

2 **Nos vemos** Complete the sentences with the reciprocal reflexives of the verbs in the word bank.

abrazar	besar	encontrar	mirar	saludar
ayudar	despedir	llamar	querer	ver

1. Cuando los estudiantes llegan a clase, todos _____.

2. Hace seis meses que Ricardo no ve a su padre. Cuando se ven, _____.

3. Los buenos amigos _____ cuando tienen problemas.

4. Es el final de la boda. El novio y la novia _____.

5. Mi novia y yo nos vamos a casar porque _____ mucho.

6. Antes de irse a sus casas, todos los amigos de Irene y Vicente _____.

7. Hablo todos los días con mi hermana. Nosotras _____ todos los días.

8. Cuando Sandra sale a comer con sus amigas, ellas _____ en el restaurante.

3 **Así fue** Write sentences from the elements provided. Use reciprocal reflexives and the preterite of the verbs.

1. ayer / Felipe y Lola / enviar / mensajes por correo electrónico

_____

2. Raúl y yo / encontrar / en el centro de computación

_____

3. mis abuelos / querer / mucho toda la vida

_____

4. los protagonistas de la película / abrazar y besar / al final

_____

5. esos hermanos / ayudar / a conseguir trabajo

_____

Workbook

4 **Noticias (News) de Alma** Read the letter from Alma, then complete the sentences about the letter with reciprocal reflexive forms of the correct verbs.

> Querida Claudia:
>
> Conocí a Manolo el mes pasado en Buenos Aires. Desde el día en que lo conocí, lo veo todos los días. Cuando salgo de la universidad me encuentro con él en algún lugar de la ciudad. Nuestro primer beso fue en el parque. Anoche Manolo me dijo que me quiere a mí y yo le dije que lo quiero mucho a él. Siempre nos ayudamos mucho con las tareas de la universidad. Llamo mucho a mi hermana y ella me llama a mí para hablar de nuestras cosas. Mi hermana me entiende muy bien y viceversa.
>
> Hasta luego,
> Alma

1. Manolo y Alma _____ el mes pasado en Buenos Aires.

2. Ellos _____ todos los días desde que se conocieron.

3. Manolo y Alma _____ después de clase en algún lugar de la ciudad.

4. La primera vez que _____, Manolo y Alma estaban en el parque.

5. Anoche Manolo y Alma _____ que se quieren mucho.

6. Manolo y Alma siempre _____ mucho con las tareas de la universidad.

7. Alma y su hermana _____ mucho para hablar de sus cosas.

8. Alma y su hermana _____ muy bien.

5 **Completar** Complete each pair of sentences with the preterite of the verbs in parentheses. Use the reciprocal reflexive verb in only one sentence in each pair.

(conocer)

1. Ricardo y Juan _____ a Cristina el año pasado.

2. Los González _____ en un viaje por Europa.

(saludar)

3. Los chicos _____ cuando llegaron al restaurante.

4. La camarera _____ a los chicos cuando les trajo el menú.

(ayudar)

5. Las enfermeras _____ al paciente a levantarse.

6. Los niños _____ para terminar la tarea más temprano.

(ver)

7. Los mecánicos _____ los coches descompuestos.

8. El profesor y los estudiantes _____ por primera vez en clase.

Workbook

11.4 Stressed possesive adjectives and pronouns

1   **Esas cosas tuyas** Fill in the blanks with the possessive adjectives as indicated.

1. Ana nos quiere mostrar unas fotos _____ (*of hers*).

2. A Lorena le encanta la ropa _____ (*of ours*).

3. Los turistas traen las toallas _____ (*of theirs*).

4. El mecánico te muestra unos autos _____ (*of his*).

5. El sitio web _____ (*of his*) es espectacular.

6. ¿Quieres probar el programa de computación _____ (*of ours*)?

7. Roberto prefiere usar la computadora _____ (*of mine*).

8. Ese ratón _____ (*of yours*) es el más moderno que existe.

2   **¿De quién es?** Complete the sentences with possessive adjectives.

1. Ésa es mi computadora. Es la computadora _____.

2. Vamos a ver su sitio web. Vamos a ver el sitio web _____.

3. Aquéllos son mis archivos. Son los archivos _____.

4. Quiero usar el programa de él. Quiero usar el programa _____.

5. Buscamos la impresora de nosotros. Buscamos la impresora _____.

6. Ésos son los discos compactos de ella. Son los discos compactos _____.

7. Tienen que arreglar tu teclado. Tienen que arreglar el teclado _____.

8. Voy a usar el teléfono celular de ustedes. Voy a usar el teléfono celular _____.

3   **Los suyos** Answer the questions. Follow the model.

> **modelo**
> ¿Vas a llevar tu cámara de video?
> *Sí, voy a llevar la mía.*

1. ¿Prefieres usar tu cámara digital? _____

2. ¿Quieres usar nuestra conexión inalámbrica? _____

3. ¿Guardaste mis archivos? _____

4. ¿Llenaste el tanque de su carro? _____

5. ¿Manejó Sonia nuestro carro? _____

6. ¿Vas a comprar mi televisor? _____

7. ¿Tomaste los teclados de ellos? _____

8. ¿Tienes un blog de viajes? _____

4 **¿De quién son?** Replace the question with one using **de** to clarify the possession. Then answer the question affirmatively, using a possessive pronoun.

> **modelo**
>
> ¿Es suyo el teléfono celular? (de ella)
> ¿Es de ella el teléfono celular? Sí, es suyo.

1. ¿Son suyas las gafas? (de usted)

_____

2. ¿Es suyo el estéreo? (de Joaquín)

_____

3. ¿Es suya la impresora? (de ellos)

_____

4. ¿Son suyos esos reproductores de DVD? (de Susana)

_____

5. ¿Es suyo el coche? (de tu mamá)

_____

6. ¿Son suyas estas cámaras de video? (de ustedes)

_____

Síntesis

Tell the story of a romantic couple you know. Use reciprocal reflexive forms of verbs to tell what happened between them and when. Use stressed possessive adjectives and pronouns as needed to talk about their families and their difficulties. Use familiar commands to give examples of advice you give to each member of the couple on important issues.

_____

_____

_____

_____

_____

_____

_____

_____

_____

_____

_____

Workbook

panorama

Argentina

1 **Argentina** Fill in the blanks with the correct terms.

1. La ciudad de Buenos Aires se conoce como el _____.

2. Se dice que Argentina es el país más _____ de toda Latinoamérica.

3. Después de 1880, muchos _____ se establecieron en Argentina.

4. Los sonidos y ritmos del tango tienen raíces _____,

_____ y _____.

5. A los habitantes de Buenos Aires se les llama _____.

6. El nombre de la Avenida 9 de Julio conmemora la _____ de Argentina.

2 **Palabras desordenadas** Unscramble the words about Argentina, using the clues.

1. DMAEZON _____
(una de las ciudades principales argentinas)

2. ESEDREMC _____
(nombre de una cantante argentina)

3. GAIOATNAP _____
(región fría que está en la parte sur (*south*) de Argentina)

4. REGTARLNIA _____
(uno de los países de origen de muchos inmigrantes en Argentina)

5. OTÑSOERP _____
(personas de Buenos Aires)

6. TOORVPOAVCI _____
(una característica del baile del tango en un principio)

3 **Datos argentinos** Fill in the blanks with the aspects of Argentina described.

1. saxofonista argentino _____

2. las tres mayores ciudades de Argentina _____

3. países de origen de muchos inmigrantes argentinos _____

4. escritor argentino célebre _____

5. países que comparten las cataratas del Iguazú _____

6. primera dama argentina; nació en 1919 _____

4   **Fotos de Argentina** Label the photographs from Argentina.

1. _____   2. _____

5   **¿Cierto o falso?** Indicate whether the statements are **cierto** or **falso**. Correct the false statements.

1. Argentina es el país más grande del mundo.

_____

2. La Avenida 9 de Julio en Buenos Aires es la calle más ancha del mundo.

_____

3. Los idiomas que se hablan en Argentina son el español y el inglés.

_____

4. Los inmigrantes que llegaron a Argentina eran principalmente de Europa.

_____

5. El tango es un género musical con raíces indígenas y africanas.

_____

6. Las cataratas del Iguazú están cerca de la confluencia de los ríos Iguazú y Paraná.

_____

6   **Preguntas argentinas** Answer the questions with complete sentences.

1. ¿Por qué se conoce a Buenos Aires como el "París de Suramérica"?

_____

2. ¿Quién fue la primera dama de Argentina hasta 1952?

_____

3. ¿Qué dejaron las diferentes culturas de los inmigrantes en Argentina?

_____

4. ¿Cómo cambió el baile del tango desde su origen hasta los años 30?

_____

contextos

Lección 12

1 Los aparatos domésticos Answer the questions with complete sentences.

> **modelo**
> Julieta quiere comer pan tostado. ¿Qué tiene que usar Julieta?
> **Julieta tiene que usar una tostadora.**

1. La ropa de Joaquín está sucia. ¿Qué necesita Joaquín?

_____

2. Clara lavó la ropa. ¿Qué necesita Clara ahora?

_____

3. Los platos de la cena están sucios. ¿Qué se necesita?

_____

4. Rita quiere hacer hielo (ice). ¿Dónde debe poner el agua?

_____

2 ¿En qué habitación? Label these items as belonging to **la cocina**, **la sala**, or **el dormitorio**.

1. el lavaplatos _____   5. la almohada _____

2. el sillón _____   6. la cafetera _____

3. la cama _____   7. la mesita de noche _____

4. el horno _____   8. la cómoda _____

3 ¿Qué hacían? Complete the sentences, describing the domestic activity in each drawing. Use the imperfect tense.

1. Ramón _____.   2. Rebeca _____.

3. Mi tío Juan _____.   4. Isabel _____.

Lección 12 Workbook Activities **135**

4 **Una es diferente** Fill in the blank with the word that doesn't belong in each group.

1. sala, plato, copa, vaso, taza _____

2. cuchillo, altillo, plato, copa, tenedor _____

3. cocina, balcón, patio, jardín, garaje _____

4. cartel, estante, pintura, lavadora, cuadro _____

5. dormitorio, sala, comedor, cafetera, oficina _____

6. lavadora, escalera, secadora, lavaplatos, tostadora _____

5 **Crucigrama** Complete the crossword puzzle.

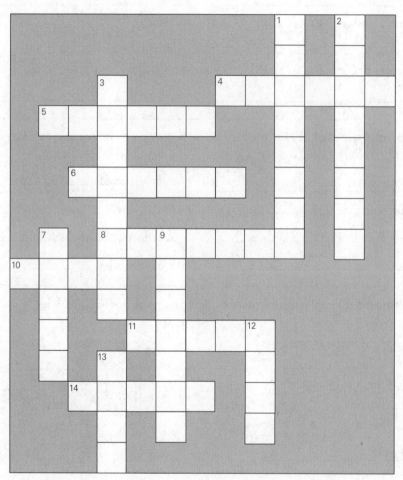

Horizontales

4. El hombre que vive al lado de tu casa.

5. Julieta habló con Romeo desde su _____.

6. sillón, mesa, cama o silla

8. Lo que prendes cuando necesitas luz.

10. Lo que se usa para tomar vino.

11. Usas estas cosas para tomar agua o soda.

14. Lo que usas cuando hace frío de noche.

Verticales

1. Lo que usas para ir de un piso a otro.

2. Obras (*works*) de Picasso, de Goya, etc.

3. pagar dinero cada mes por vivir en un lugar

7. _____ de microondas

9. Si vas a vivir en otro lugar, vas a _____.

12. Donde se pueden sentar tres o cuatro personas.

13. Lo que usas para tomar el café.

estructura

12.1 Relative pronouns

1   **Relativamente** Complete the sentences with **que, quien,** or **quienes.**

1. La persona a _____ debes conocer es Marta.

2. El restaurante _____ más me gusta es Il Forno.

3. Los amigos a _____ fue a visitar son Ana y Antonio.

4. Doña María, _____ me cuidaba cuando yo era niña, vino a verme.

5. El estudiante _____ mejor conozco de la clase es Gustavo.

6. La habitación _____ tiene las paredes azules es la tuya.

7. Los primos con _____ mejor me llevo son Pedro y Natalia.

8. El profesor _____ sabe la respuesta está en la biblioteca ahora.

2   **Conversación telefónica** You're talking on the phone with your mother, who wants to catch up on everything in your life. Answer her questions using the words in parentheses.

> **modelo**
> ¿Qué es lo que encontraste en el altillo? (un álbum de fotos)
> *Lo que encontré en el altillo fue un álbum de fotos.*

1. ¿Qué es lo que preparas en la cocina? (el almuerzo)

   _____

2. ¿Qué es lo que buscas en el estante? (mi libro favorito)

   _____

3. ¿Qué es lo que te gusta hacer en verano? (ir al campo)

   _____

4. ¿Qué es lo que vas a poner en el balcón? (un sofá)

   _____

5. ¿Qué es lo que tienes en el armario? (mucha ropa)

   _____

6. ¿Qué es lo que le vas a regalar a tu hermana? (una cafetera)

   _____

3   **¿Que o lo que?** Complete the sentences with **que** or **lo que.**

1. El pastel de cumpleaños _____ me trajo mi abuela estuvo delicioso.

2. _____ más les gusta a Pedro y Andrés es jugar baloncesto.

3. Miguel perdió las llaves, _____ le hizo llegar tarde al dentista.

4. Ricardo y Ester querían los muebles _____ vieron en la tienda.

   Lección 12 Workbook Activities   **137**

4   **Pronombres relativos** Complete the sentences with **que**, **quien**, **quienes**, or **lo que**.

1. Los vecinos _____ viven frente a mi casa son muy simpáticos.

2. Rosa y Pepe viajan mucho, _____ los expone a muchas culturas.

3. Las amigas con _____ estudias en la universidad son de varias ciudades.

4. El apartamento _____ Rebeca y Jorge alquilaron está cerca del centro.

5. Adrián y Daniel, _____ estudian física, son expertos en computación.

6. Rubén debe pedirle la aspiradora a Marcos, a _____ le regalaron una.

5   **Mi prima Natalia** Complete the paragraph with **que**, **quien**, **quienes**, or **lo que**.

Natalia, (1) _____ es mi prima, tiene un problema. Natalia es la prima

(2) _____ más quiero de todas las que tengo. (3) _____ le pasa a Natalia es

que siempre está muy ocupada. Su novio, a (4) _____ conoció hace dos años, quiere pasar

más tiempo con ella. La clase (5) _____ más le gusta a Natalia es la clase de francés.

Natalia, (6) _____ ya habla inglés y español, quiere aprender el francés muy bien. Tiene

dos amigos franceses con (7) _____ practica el idioma. Natalia también está en el equipo

de natación, (8) _____ le toma dos horas todas las mañanas. Las otras nadadoras

(9) _____ están en el equipo la necesitan siempre en las prácticas. Además, a Natalia le

gusta visitar a sus padres, a (10) _____ ve casi todos los fines de semana. También ve

con frecuencia a los parientes y amigos (11) _____ viven en su ciudad. ¡Este verano

(12) _____ Natalia necesita son unas vacaciones!

6   **Lo que me parece** Rewrite each sentence using **lo que**.

> **modelo**
> A mí me gusta comer en restaurantes.
> *Lo que a mí me gusta es comer en restaurantes.*

1. Raúl dijo una mentira.

_____

2. Conseguiste enojar a Victoria.

_____

3. Lilia va a comprar una falda.

_____

4. Ellos preparan una sorpresa.

_____

5. A Teo y a mí nos gusta la nieve.

_____

12.2 Formal (**usted/ustedes**) commands

1 **Háganlo así** Complete the commands, using the verbs in parentheses.

Usted

1. (lavar) _____ la ropa con el nuevo detergente.

2. (salir) _____ de su casa y disfrute del aire libre.

3. (decir) _____ todo lo que piensa hacer hoy.

4. (beber) No _____ demasiado en la fiesta.

5. (venir) _____ preparado para pasarlo bien.

6. (irse) No _____ sin probar la langosta de Maine.

Ustedes

7. (comer) No _____ con la boca abierta.

8. (oír) _____ música clásica en casa.

9. (poner) No _____ los codos (*elbows*) en la mesa.

10. (traer) _____ un regalo a la fiesta de cumpleaños.

11. (ver) _____ programas de televisión educativos.

12. (conducir) _____ con precaución (*caution*) por la ciudad.

2 **Por favor** Give instructions to people cleaning a house by changing the verb phrases into formal commands.

> **modelo**
>
> sacudir la alfombra
> *Sacuda la alfombra, por favor.*

1. traer la aspiradora

_____

2. arreglar el coche

_____

3. bajar al sótano

_____

4. apagar la cafetera

_____

5. venir a la casa

_____

Lección 12 Workbook Activities **139**

3 **Para emergencias** Rewrite this hotel's emergency instructions, replacing each **debe** + (*infinitive*) with formal commands.

Querido huésped:

Debe leer estas instrucciones para casos de emergencia. Si ocurre (*occurs*) una emergencia, debe tocar la puerta antes de abrirla. Si la puerta no está caliente, debe salir de la habitación con cuidado (*carefully*). Al salir, debe doblar a la derecha por el pasillo y debe bajar por la escalera de emergencia. Debe mantener la calma y debe caminar lentamente. No debe usar el ascensor durante una emergencia. Debe dejar su equipaje en la habitación en caso de emergencia. Al llegar a la planta baja, debe salir al patio o a la calle. Luego debe pedir ayuda a un empleado del hotel.

Querido huésped:

_____

_____

_____

_____

_____

_____

_____

_____

_____

4 **Lo opuesto** Change each command to express the opposite sentiment.

> **modelo**
> Recéteselo a mi hija.
> No se lo recete a mi hija.

1. Siéntense en la cama. _____

2. No lo limpie ahora. _____

3. Lávenmelas mañana. _____

4. No nos los sirvan. _____

5. Sacúdalas antes de ponerlas. _____

6. No se las busquen. _____

7. Despiértenlo a las ocho. _____

8. Cámbiesela por otra. _____

9. Pídanselos a Martín. _____

10. No se lo digan hoy. _____

Workbook

12.3 The present subjunctive

1 **Oraciones** Complete the sentences with the present subjunctive of the verb in parentheses.

1. Es bueno que ustedes _____ (comer) frutas, verduras y yogures.

2. Es importante que Laura y yo _____ (estudiar) para el examen de física.

3. Es urgente que el doctor te _____ (mirar) la rodilla y la pierna.

4. Es malo que los niños no _____ (leer) mucho de pequeños (*when they are little*).

5. Es mejor que (tú) les _____ (escribir) un mensaje antes de llamarlos.

6. Es necesario que (yo) _____ (pasar) por la casa de Mario por la mañana.

2 **El verbo correcto** Complete the sentences with the present subjunctive of the verbs from the word bank.

almorzar	hacer	oír	poner	traducir	venir
conducir	ofrecer	parecer	sacar	traer	ver

1. Es necesario que (yo) _____ a casa temprano para ayudar a mi mamá.

2. Es bueno que (la universidad) _____ muchos cursos por semestre.

3. Es malo que (ellos) _____ justo antes de ir a nadar a la piscina.

4. Es urgente que (Lara) _____ estos documentos legales.

5. Es mejor que (tú) _____ más lento para evitar (*avoid*) accidentes.

6. Es importante que (ella) no _____ la cafetera en la mesa.

7. Es bueno que (tú) _____ las fotos para verlas en la fiesta.

8. Es necesario que (él) _____ la casa antes de comprarla.

9. Es malo que (nosotros) no _____ la basura todas las noches.

10. Es importante que (ustedes) _____ los quehaceres domésticos.

3 **Opiniones** Rewrite these sentences using the present subjunctive of the verbs in parentheses.

1. Mi padre dice que es importante que yo (estar) contenta con mi trabajo.

_____

2. Rosario cree que es bueno que la gente (irse) de vacaciones más a menudo.

_____

3. Creo que es mejor que Elsa (ser) la encargada del proyecto.

_____

4. Es importante que les (dar) las gracias por el favor que te hicieron.

_____

5. Él piensa que es malo que muchos estudiantes no (saber) otras lenguas.

_____

6. El director dice que es necesario que (haber) una reunión de la facultad.

_____

4 **Es necesario** Write sentences using the elements provided and the present subjunctive of the verbs.

> **modelo**
> malo / Roberto / no poder / irse de vacaciones
> **Es malo que Roberto no pueda irse de vacaciones.**

1. importante / Nora / pensar / las cosas antes de tomar una decisión

_____

2. necesario / (tú) / entender / la situación de esas personas

_____

3. bueno / Clara / sentirse / cómoda en el apartamento nuevo

_____

4. urgente / mi madre / mostrarme / los papeles que llegaron

_____

5. mejor / David / dormir / antes de conducir la motocicleta

_____

6. malo / los niños / pedirles / tantos regalos a sus abuelos

_____

5 **Sí, es bueno** Answer the questions using the words in parentheses and the present subjunctive.

> **modelo**
> ¿Tiene Álex que terminar ese trabajo hoy? (urgente)
> **Sí, es urgente que Álex termine ese trabajo hoy.**

1. ¿Debemos traer el pasaporte al aeropuerto? (necesario)

_____

2. ¿Tienes que hablar con don Mario? (urgente)

_____

3. ¿Debe David ir a visitar a su abuela todas las semanas? (bueno)

_____

4. ¿Puede Mariana llamar a Isabel para darle las gracias? (importante)

_____

5. ¿Va Andrés a saber lo que le van a preguntar en el examen? (mejor)

_____

12.4 Subjunctive with verbs of will and influence

1 **Preferencias** Complete the sentences with the present subjuntive of the verbs in parentheses.

1. Rosa quiere que tú _____ (escoger) el sofá para la sala.

2. La mamá de Susana prefiere que ella _____ (estudiar) medicina.

3. Miranda insiste en que Luisa _____ (ser) la candidata a vicepresidenta.

4. Rita y yo deseamos que nuestros padres _____ (viajar) a Panamá.

5. A Eduardo no le importa que nosotros _____ (salir) esta noche.

6. La agente de viajes nos recomienda que _____ (quedarnos) en ese hotel.

2 **Compra una casa** Read the following suggestions for buying a house. Then write a note to a friend, repeating the advice and using the present subjunctive of the verbs.

Antes de comprar una casa:
- Se aconseja tener un agente inmobiliario (*real estate*).
- Se sugiere buscar una casa en un barrio seguro (*safe*).
- Se insiste en mirar los baños, la cocina y el sótano.
- Se recomienda comparar precios de varias casas antes de decidir.
- Se aconseja hablar con los vecinos del barrio.

Te aconsejo que tengas un agente inmobiliario. _____

_____

_____

_____

_____

_____

3 **Instrucciones** Write sentences using the elements provided and the present subjunctive. Replace the indirect objects with indirect object pronouns.

> **modelo**
> (a ti) / Simón / sugerir / terminar la tarea luego
> Simón te sugiere que termines la tarea luego.

1. (a Daniela) / José / rogar / escribir esa carta de recomendación

_____

2. (a ustedes) / (yo) / aconsejar / vivir en las afueras de la ciudad

_____

3. (a ellos) / la directora / prohibir / estacionar frente a la escuela

_____

4. (a mí) / (tú) / sugerir / alquilar un apartamento en el barrio

_____

4 **¿Subjuntivo o infinitivo?** Write sentences using the elements provided. Use the subjunctive of the verbs when required.

1. Marina / querer / yo / traer / la compra a casa

_____

2. Sonia y yo / preferir / buscar / la información en Internet

_____

3. el profesor / desear / nosotros / usar / el diccionario

_____

4. ustedes / necesitar / escribir / una carta al consulado

_____

5. (yo) / preferir / Manuel / ir / al apartamento por mí

_____

6. Ramón / insistir en / buscar / las alfombras de la casa

_____

Síntesis

Imagine that you are going away for the weekend and you are letting some of your friends stay in your house. Write instructions for your houseguests asking them how to take care of the house. Use formal commands, the phrases **Es bueno**, **Es mejor**, **Es importante**, **Es necesario**, and **Es malo**, and the verbs **aconsejar**, **pedir**, **necesitar**, **prohibir**, **recomendar**, **rogar**, and **sugerir** to describe how to make sure that your house is in perfect shape when you get home.

_____

_____

_____

_____

_____

_____

_____

_____

_____

panorama

Panamá

1 **Datos panameños** Complete the sentences with the correct information.

1. _____ es un músico y político célebre de Panamá.

2. Una de las principales fuentes de ingresos de Panamá es _____.

3. Las _____ son una forma de arte textil de la tribu indígena kuna.

4. Algunos diseños de las molas se inspiran en las formas del _____.

2 **Relativamente** Rewrite each pair of sentences as one sentence. Use relative pronouns to combine the sentences.

> **modelo**
>
> La Ciudad de Panamá es la capital de Panamá. Tiene más de un millón de habitantes.
> *La Ciudad de Panamá, que tiene más de un millón de habitantes, es la capital de Panamá.*

1. La moneda de Panamá es equivalente al dólar estadounidense. Se llama el balboa.

_____

2. El Canal de Panamá se empezó a construir en 1903. Éste une los océanos Atlántico y Pacífico.

_____

3. La tribu indígena de los kuna vive principalmente en las islas San Blas. Ellos hacen molas.

_____

4. Panamá es un sitio excelente para el buceo. Panamá significa "lugar de muchos peces".

_____

3 **Geografía panameña** Fill in the blanks with the correct geographical name.

1. la capital de Panamá _____

2. ciudades principales de Panamá _____

3. países que limitan (*border*) con Panamá _____

4. mar al norte (*north*) de Panamá _____

5. océano al sur (*south*) de Panamá _____

6. por donde pasan más de 14.000 buques por año _____

7. en donde vive la tribu indígena de los kuna _____

8. parque donde se protege la fauna marina _____

4 Viaje a Panamá Complete the phrases with the correct information. Then write a paragraph of a tourist brochure about Panama. Use formal commands in the paragraph. The first sentence is done for you.

1. viajar en avión a la _____, capital de Panamá

2. visitar el país centroamericano, donde circulan los billetes de _____

3. conocer a los panameños; la lengua natal del 14% de ellos es _____

4. ir al Canal de Panamá, que une los océanos _____ y _____

5. ver las _____ que hace la tribu indígena kuna y decorar la casa con ellas

6. bucear en las playas de gran valor _____ por la riqueza y diversidad de su vida marina

Viaje en avión a la Ciudad de Panamá, capital de Panamá. _____

_____

_____

_____

_____

_____

_____

_____

_____

5 ¿Cierto o falso? Indicate whether the statements are **cierto** or **falso**. Correct the false statements.

1. Panamá tiene aproximadamente el tamaño de California.

_____

2. La moneda panameña, que se llama el balboa, es equivalente al dólar estadounidense.

_____

3. La lengua natal de todos los panameños es el inglés.

_____

4. El Canal de Panamá une los océanos Pacífico y Atlántico.

_____

5. Las molas tradicionales siempre se usaron para decorar las casas.

_____

repaso

1 **¿Cuánto tiempo hace?** Complete the answers with **por** or **para**. Then write questions that correspond to the answers.

1. _____

Hace cuatro años que trabajo _____ mi padre en la tienda.

2. _____

Pasamos _____ la casa de Javier y Olga hace dos horas.

3. _____

Hace tres meses que compré una blusa _____ mi hermana.

4. _____

Hace dos años que Ana estudia italiano _____ Internet.

2 **¿Pretérito o imperfecto?** Complete the sentences with the preterite or imperfect of the verbs in parentheses as appropriate.

1. De niña, Lina siempre _____ (usar) la ropa de sus primas.

2. El año pasado, Ricardo _____ (viajar) a Costa Rica durante las Navidades.

3. Cuando Gloria lo _____ (llamar) a su casa, él _____ (dormir) tranquilamente.

4. Mientras los niños _____ (jugar) en el parque, los padres _____ (hablar).

5. Yo _____ (ver) la televisión en casa cuando Carolina _____ (venir) a verme.

6. Mientras Lola _____ (saludar) a sus amigos, Rita _____ (estacionar) el coche.

3 **Hágalo ahora** Write sentences using the words provided. Use formal or informal commands and the subjects indicated.

1. (tú) / ayudarlos a traer la compra _____

2. (Uds.) / practicar el francés _____

3. (tú) / buscarme un reproductor de MP3 bueno _____

4. (Ud.) / decirle lo que desea _____

5. (Uds.) / no ser malas personas _____

6. (Ud.) / salir antes de las cinco _____

7. (tú) / comer frutas y verduras _____

8. (Ud.) / parar en la esquina _____

4   **El subjuntivo** Rewrite the sentences using the words in parentheses. Use the subjunctive of the verbs.

> **modelo**
> Ellos tienen muchos problemas. (ser malo)
> *Es malo que ellos tengan muchos problemas.*

1. El apartamento tiene dos baños. (Rita / preferir)

_____

2. Las mujeres ven al doctor todos los años. (ser importante)

_____

3. Los pacientes hacen ejercicio. (la enfermera / sugerir)

_____

5   **Los países** Complete the sentences with the verbs in the word bank and the pronoun **se**.

conocer	escuchar	hablar	ofrecer
empezar	establecer	hacer	ver

1. En los parques nacionales costarricenses _____ muchas plantas y animales.

2. El café costarricense _____ a exportar en el siglo XIX.

3. En Costa Rica _____ educación gratuita a todos los ciudadanos.

4. La ciudad de Buenos Aires _____ como el "París de Suramérica".

5. Después del año 1880, una gran cantidad de inmigrantes _____ en Argentina.

6. Hoy día el tango argentino _____ en todo el mundo.

7. En Panamá _____ español, lenguas indígenas e inglés.

8. Las molas panameñas _____ con fragmentos de tela de colores vivos.

6   **La vida de ayer y hoy** Describe what people's lives were like in the early 1800s and what they are like now. Mention the things that people used to do and the things they do now (you may want to use adverbs like **siempre**, **nunca**, and **a veces**). Then mention the things that people should do to ensure a better quality of life in the future (you may want to use phrases like **es importante que...** and **es necesario que...**).

_____

_____

_____

_____

_____

_____

_____

contextos

1 **La naturaleza** Complete the sentences with the appropriate nature-related words.

1. La luna, las estrellas, el sol y las nubes están en el _____.

2. El _____ es un lugar donde no llueve y hace mucho calor.

3. Una montaña que tiene un cráter es un _____.

4. La región llana (*flat*) que hay entre dos montañas es un _____.

5. La _____ es un bosque tropical, lo que significa que está cerca del ecuador.

6. Para ir a pasear por las montañas, es importante seguir un _____.

2 **Problema y solución** Match each problem with its solution. Then write a sentence with each pair, providing a solution to the problem.

Problemas	Soluciones
1. la deforestación de los bosques	controlar las emisiones de los coches
2. la erosión de las montañas	plantar muchos árboles
3. la falta (*lack*) de recursos naturales	prohibir que se corten (*cut down*) los árboles en algunas regiones
4. la contaminación del aire en las ciudades	reciclar los envases y latas
5. la contaminación nuclear	desarrollar fuentes (*sources*) de energía renovable

> **modelo**
> la extinción de plantas y animales / proteger las especies en peligro
> **Para resolver el problema de la extinción de plantas y animales,**
> **tenemos que proteger las especies en peligro.**

1. _____

2. _____

3. _____

4. _____

5. _____

3 **Sinónimos y antónimos** Fill in the blanks with the correct verbs from the word bank.

conservar	contaminar	dejar de	evitar	mejorar	reducir

1. gastar ≠ _____ 4. usar más ≠ _____

2. permitir ≠ _____ 5. continuar ≠ _____

3. hacerse mejor = _____ 6. limpiar ≠ _____

4   Nuestra madre Fill in the blanks with the correct terms. Then, read the word formed vertically to complete the final sentence.

1. El lugar donde vivimos es nuestro medio _____.
2. Un bosque tiene muchos tipos de árboles y _____.
3. Un volcán tiene un _____ en la parte de arriba.
4. Cuando el cielo está nublado, hay muchas _____.
5. Las _____ son rocas (*rocks*) más pequeñas.
6. Otra palabra para *ave* es _____.
7. La _____ es el estudio de los animales y plantas en su medio ambiente.
8. En el _____ están el sol, la luna y las estrellas.
9. El salmón es un tipo de _____.
10. El satélite que se ve desde la Tierra es la _____.

Todas estas cosas forman parte de la _____.

5   Carta de un lector Complete this letter to the editor with items from the word bank.

árboles	deforestación	evitar	población	reducir
conservar	dejar de	ley	reciclar	resolver
contaminación	envase	mejorar	recurso natural	respiramos

Creo que la (1) _____ del aire es un problema que se tiene que

(2) _____ muy pronto. Cada día hay más carros que contaminan el aire que

nosotros (3) _____. Además, la (4) _____ en las regiones cerca de la

ciudad elimina una gran parte del oxígeno que los (5) _____ le proveían (*provided*)

a la (6) _____ de la ciudad. Es importante (7) _____ las condiciones de

las calles para que las personas puedan montar en bicicleta para ir al trabajo. Así, todos pueden

(8) _____ el petróleo, que es un (9) _____ que no va a durar (*last*).

El uso de bicicletas en la ciudad es una de las mejores ideas para (10) _____ el uso

de los carros. Debemos (11) _____ pensar que el carro es un objeto necesario y

buscar otras maneras de transportarnos. Quizás algún día podamos (12) _____ los

problemas que nos causa la contaminación.

estructura

13.1 The subjunctive with verbs of emotion

1 **Emociones** Complete the sentences with the subjunctive of the verbs in parentheses.

1. A mis padres les molesta que los vecinos _____ (quitar) los árboles.

2. Julio se alegra de que _____ (haber) muchos pájaros en el jardín de su casa.

3. Siento que Teresa y Lola _____ (estar) enfermas.

4. Liliana tiene miedo de que sus padres _____ (decidir) mudarse a otra ciudad.

5. A ti te sorprende que la deforestación _____ (ser) un problema tan grande.

6. Rubén espera que el gobierno _____ (mejorar) las leyes que protegen la naturaleza.

2 **Comentarios de Manuel** Your friend Manuel is talking about his opinions on the environment. Combine his statements, using the subjunctive.

> **modelo**
> En algunos países cazan ballenas. Es terrible.
> Es terrible que en algunos países cacen ballenas.

1. Muchos ríos están contaminados. Es triste.

_____

2. Algunas personas evitan reciclar. Es ridículo.

_____

3. Los turistas no recogen la basura (*garbage*). Es una lástima.

_____

4. La gente destruye el medio ambiente. Es extraño.

_____

3 **Ojalá...** Manuel is still hopeful about the environment. Express his opinions using the elements provided. Start the sentences with **Ojalá que**.

1. los países / conservar sus recursos naturales

_____

2. este sendero / llevarnos al cráter del volcán

_____

3. la población / querer cambiar las leyes de deforestación

_____

4. las personas / reducir el uso de los carros en las ciudades

_____

5. todos nosotros / saber resolver el problema del calentamiento global

_____

4 **Lo que sea** Change the subject of the second verb in each sentence to the subject in parentheses. Then complete the new sentence with the new subject, using the subjunctive.

> modelo
> Pablo se alegra de ver a Ricardo. (su madre)
> *Pablo se alegra de que su madre vea a Ricardo.*

1. Me gusta salir los fines de semana. (mi hermana)

   Me gusta que _____.
2. José y tú esperan salir bien en el examen. (yo)

   José y tú esperan que _____.
3. Es ridículo contaminar el mundo en que vivimos. (la gente)

   Es ridículo que _____.
4. Carla y Patricia temen separarse del sendero. (sus amigos)

   Carla y Patricia temen que _____.
5. Te molesta esperar mucho al ir de compras. (tu novio)

   Te molesta que _____.
6. Es terrible usar más agua de la necesaria. (las personas)

   Es terrible que _____.
7. Es triste no saber leer. (Roberto)

   Es triste que _____.
8. Es una lástima encontrar animales abandonados. (los vecinos)

   Es una lástima que _____.

5 **Emociones** Describe the characters' feelings about the environment using the elements provided and the present subjunctive.

1. Miguel / alegrarse / sus amigos / reciclar los periódicos y los envases

_____

2. los turistas / sorprenderse / el país / proteger tanto los parques naturales

_____

3. Maru / temer / algunas personas / cazar animales en peligro de extinción

_____

4. don Diego / sentir / las playas de la ciudad / estar contaminadas

_____

5. Felipe y sus amigos / esperar / el gobierno / desarrollar nuevos sistemas de energía

_____

6. a Jimena / gustar / mi primo / recoger y cuidar animales abandonados

_____

13.2 The subjunctive with doubt, disbelief, and denial

1 **No es probable** Complete the sentences with the subjunctive of the verbs in parentheses.

1. No es verdad que Luis _____ (ser) un mal científico.

2. Es probable que Carla y yo _____ (hacer) ecoturismo en el bosque nacional.

3. Lina no está segura de que el guía _____ (saber) dónde estamos.

4. No es seguro que Martín _____ (llegar) antes del viernes.

5. Es posible que Daniel y Nico _____ (venir) a visitarnos hoy.

6. No es probable que la agencia les _____ (pagar) mal a sus empleados.

2 **Es posible que pase** A group of hikers is asking their guide about the environment, but he isn't always sure what to tell them. Answer their questions, using the words in parentheses.

> **modelo**
> ¿Hay mucha contaminación en las ciudades? (probable)
> **Es probable que haya mucha contaminación en las ciudades.**

1. ¿Hay muchas vacas en los campos de la región? (probable)

_____

2. ¿El agua de esos ríos está contaminada? (posible)

_____

3. ¿Ese sendero nos lleva al lago? (quizás)

_____

4. ¿Protege el gobierno todos los peces del océano? (imposible)

_____

5. ¿La población reduce el uso de envases de plástico? (improbable)

_____

6. ¿El desierto es un lugar mejor para visitar en invierno? (tal vez)

_____

3 **¿Estás seguro?** Complete the sentences with the indicative or subjunctive form of the verbs in parentheses.

1. No dudo que Manuel _____ (ser) la mejor persona para hacer el trabajo.

2. El conductor no niega que _____ (tener) poca experiencia por estas carreteras.

3. Ricardo duda que Mirella _____ (decir) siempre toda la verdad.

4. Sé que es verdad que nosotros _____ (deber) cuidar el medio ambiente.

5. Lina no está segura de que sus amigos _____ (poder) venir a la fiesta.

6. Claudia y Julio niegan que tú _____ (querer) mudarte a otro barrio.

7. No es probable que ella _____ (buscar) un trabajo de secretaria.

4 **¿Es o no es?** Choose the correct phrase in parentheses to rewrite each sentence, based on the verb.

1. (Estoy seguro, No estoy seguro) de que a Mónica le gusten los perros.

_____

2. (Es verdad, No es verdad) que Ramón duerme muchas horas todos los días.

_____

3. Rita y Rosa (niegan, no niegan) que gaste mucho cuando voy de compras.

_____

4. (No cabe duda de, Dudas) que el aire que respiramos está contaminado.

_____

5. (No es cierto, Es obvio) que a Martín y a Viviana les encanta viajar.

_____

6. (Es probable, No hay duda de) que tengamos que reciclar todos los envases.

_____

5 **Desacuerdos** Your roommate often contradicts you. Write your roommate's responses to your statements, using the words in parentheses. Use the indicative or subjunctive form as appropriate.

1. Las matemáticas son muy difíciles. (no es cierto)

_____

2. El problema del cambio climático es bastante complicado. (el presidente no niega)

_____

3. Él va a terminar el trabajo a tiempo. (Ana duda)

_____

4. Esa película es excelente. (mis amigos están seguros de)

_____

5. El español se usa más y más cada día. (no cabe duda de)

_____

6. Lourdes y yo podemos ir a ayudarte esta tarde. (no es seguro)

_____

7. Marcos escribe muy bien en francés. (el maestro no cree)

_____

8. Pedro y Virginia nunca comen carne. (no es verdad)

_____

13.3 The subjunctive with conjunctions

1 **Las conjunciones** Complete the sentences with the subjunctive form of the verbs in parentheses.

1. Lucas debe terminar el trabajo antes de que su jefe (*boss*) _____ (llegar).

2. ¿Qué tenemos que hacer en caso de que _____ (haber) una emergencia?

3. Ellos van a pintar su casa con tal de que (tú) los _____ (ayudar).

4. No puedo ir al museo a menos que Juan _____ (venir) por mí.

5. Alejandro siempre va a casa de Carmen sin que ella lo _____ (invitar).

6. Tu madre te va a prestar dinero para que te _____ (comprar) un coche usado.

7. No quiero que ustedes se vayan sin que tu esposo _____ (ver) mi computadora nueva.

8. Pilar no puede irse de vacaciones a menos que (ellos) le _____ (dar) más días en el trabajo.

9. Andrés va a llegar antes de que Rocío y yo _____ (leer) el correo electrónico.

10. Miguel lo va a hacer con tal de que tú se lo _____ (sugerir).

2 **¿Hasta cuándo?** Your gossipy coworker is always in everyone else's business. Answer his questions in complete sentences, using the words in parentheses.

1. ¿Hasta cuándo vas a ponerte ese abrigo? (hasta que / el jefe / decirme algo)

_____

2. ¿Cuándo va Rubén a buscar a Marta? (tan pronto como / salir de clase)

_____

3. ¿Cuándo se van de viaje Juan y Susana? (en cuanto / tener vacaciones)

_____

4. ¿Cuándo van ellos a invitarnos a su casa? (después de que / nosotros / invitarlos)

_____

5. ¿Hasta cuándo va a trabajar aquí Ramón? (hasta que / su esposa / graduarse)

_____

6. ¿Cuándo puede mi hermana pasar por tu casa? (cuando / querer)

_____

7. ¿Hasta cuándo vas a tomar las pastillas? (hasta que / yo / sentirme mejor)

_____

8. ¿Cuándo va Julia a reciclar estos envases? (tan pronto como / regresar de vacaciones)

_____

Workbook

3 **Siempre llegas tarde** Complete this conversation, using the subjunctive and the indicative as appropriate.

MARIO Hola, Lilia. Ven a buscarme en cuanto (yo) (1) _____ (salir) de clase.

LILIA Voy a buscarte tan pronto como la clase (2) _____ (terminar), pero no quiero esperar como ayer.

MARIO Cuando iba a salir, (yo) me (3) _____ (encontrar) con mi profesora de química, y hablé con ella del examen.

LILIA No quiero esperarte otra vez hasta que (4) _____ (ser) demasiado tarde para almorzar.

MARIO Hoy voy a estar esperándote en cuanto (tú) (5) _____ (llegar) a buscarme.

LILIA Después de que (yo) te (6) _____ (recoger), podemos ir a comer a la cafetería.

MARIO En cuanto (tú) (7) _____ (entrar) en el estacionamiento, me vas a ver allí, esperándote.

LILIA No lo voy a creer hasta que (yo) lo (8) _____ (ver).

MARIO Recuerda que cuando (yo) te (9) _____ (ir) a buscar al laboratorio la semana pasada, te tuve que esperar media hora.

LILIA Tienes razón. ¡Pero llega allí tan pronto como (tú) (10) _____ (poder)!

Síntesis

Write an opinion article about oil spills (**los derrames de petróleo**) and their impact on the environment. Use verbs and expressions of emotion, doubt, disbelief, denial, and certainty that you learned in this lesson to describe your own and other people's opinions about the effects of oil spills on the environment.

_____

_____

_____

_____

_____

_____

_____

panorama

Colombia

1 **¿Cierto o falso?** Indicate whether each statement is **cierto** or **falso**. Then correct the false statements.

1. Más de la mitad de la superficie de Colombia está sin poblar.

_____

2. La moneda de Colombia es el dólar estadounidense.

_____

3. El Museo del Oro preserva orfebrería de la época de los españoles.

_____

4. El evento más importante del Carnaval de Barranquilla es la Batalla de las Flores.

_____

5. El Castillo de San Felipe de Barajas es la fortaleza más grande de las Américas.

_____

6. Medellín se conoce por el Festival Internacional de Música y el Festival Internacional de Cine.

_____

2 **Consejos** Give advice to a friend who is going to visit Colombia by completing these sentences with the subjunctive of the verb in parentheses and information from **Panorama**.

1. Es importante que _____ (cambiar) los dólares a _____.

2. Ojalá que _____ (conducir) desde _____, la capital, hasta Cartagena.

3. En Cartagena, espero que _____ (nadar) en las playas del mar

   _____.

4. En Cartagena, también es posible que _____ (ver) edificios antiguos como

   _____ y _____.

5. Cuando _____ (volver) a Bogotá, vas a ver una parte de la cordillera de

   _____.

6. Te recomiendo que _____ (visitar) el Museo del Oro en Bogotá para ver las

   piezas de _____.

7. Me alegro de que _____ (conocer) las esculturas de Fernando

   _____.

8. Espero que _____ (leer) algún libro de Gabriel _____.

Lección 13 Workbook Activities

3 **Ciudades colombianas** Label each picture.

1. _____ 2. _____

3. _____ 4. _____

4 **Preguntas sobre Colombia** Answer the questions about Colombia with complete sentences.

1. ¿Cómo se compara el área de Colombia con el área de Montana?

_____

2. ¿Qué país conecta a Colombia con Centroamérica?

_____

3. Menciona a dos artistas colombianos que conozcas.

_____

4. ¿Qué creencia tenían las tribus indígenas sobre el oro?

_____

5. ¿Cuál es el libro más conocido de Gabriel García Márquez?

_____

6. ¿De qué época son las iglesias, monasterios, palacios y mansiones que se conservan en Cartagena?

_____

contextos

1   El dinero Complete the sentences with the correct banking-related words.

1. Necesito sacar dinero en efectivo. Voy al _____.

2. Quiero ahorrar para comprar una casa. Pongo el dinero en una _____.

3. Voy a pagar, pero no tengo efectivo ni tarjeta de crédito. Puedo usar un _____.

4. Cuando uso un cheque, el dinero sale de mi _____.

5. Para cobrar un cheque a mi nombre, lo tengo que _____ por detrás.

6. Para ahorrar, pienso _____ $200 en mi cuenta de ahorros todos los meses.

2   ¿Qué clase (*kind*) de tienda es ésta? You are running errands, and you can't find the things you're looking for. Fill in the blanks with the names of the places you go.

1. ¿No tienen manzanas? ¿Qué clase de _____ es ésta?

2. ¿No tienen una chuleta de cerdo? ¿Qué clase de _____ es ésta?

3. ¿No tienen detergente? ¿Qué clase de _____ es ésta?

4. ¿No tienen dinero? ¿Qué clase de _____ es éste?

5. ¿No tienen diamantes (*diamonds*)? ¿Qué clase de _____ es ésta?

6. ¿No tienen estampillas? ¿Qué clase de _____ es éste?

7. ¿No tienen botas? ¿Qué clase de _____ es ésta?

8. ¿No tienen aceite vegetal? ¿Qué clase de _____ es éste?

3   ¿Cómo pagas? Fill in the blank with the most likely form of payment for each item.

a plazos	con un préstamo
al contado	gratis

1. un refrigerador _____

2. una camisa _____

3. un coche nuevo _____

4. las servilletas en un restaurante _____

5. una computadora _____

6. un vaso de agua _____

7. una hamburguesa _____

8. una cámara digital _____

9. la universidad _____

10. unos sellos _____

4 **Tu empresa** Fill in the blanks with the type of store each slogan would promote.

1. "Compre aquí para toda la semana y ahorre en alimentos para toda la familia."

_____

2. "Deliciosos filetes de salmón en oferta especial." _____

3. "Recién (*Just*) salido del horno."

_____

4. "Naranjas y manzanas a dos dólares el kilo."

_____

5. "Tráiganos su ropa más fina. ¡Va a quedar como nueva!" _____

6. "51 sabrosas variedades para el calor del verano." _____

7. "¡Reserva el pastel de cumpleaños de tu hijo hoy!" _____

8. "Un diamante es para siempre."

_____

9. "Salchichas, jamón y chuletas de cerdo."

_____

10. "Arréglese las uñas y péinese hoy por un precio económico." _____

5 **¿Cómo llego?** Identify the final destination for each set of directions.

1. De la Plaza Sucre, camine derecho en dirección oeste por la calle Comercio. Doble a la derecha en la calle La Paz hasta la calle Escalona. Doble a la izquierda y al final de la calle va a verlo.

_____

2. Del banco, camine en dirección este por la calle Escalona. Cuando llegue a la calle Sucre, doble a la derecha. Siga por dos cuadras hasta la calle Comercio. Doble a la izquierda. El lugar queda al cruzar la calle Bella Vista.

_____

3. Del estacionamiento de la calle Bella Vista, camine derecho por la calle Sta. Rosalía hasta la calle Bolívar. Cruce la calle Bolívar, y a la derecha en esa cuadra la va a encontrar.

_____

4. De la joyería, camine por la calle Comercio hasta la calle Bolívar. Doble a la derecha y cruce la calle Sta. Rosalía, la calle Escalona y la calle 2 de Mayo. Al norte en esa esquina la va a ver.

_____

El Hatillo

Plaza Bolívar   Farmacia   Joyería
Plaza Sucre   Iglesia   Zapatería
Banco   Terminal   Café Primavera
Casa de la Cultura   Escuela   Estacionamiento

estructura

14.1 The subjunctive in adjective clauses

1 **El futuro de las computadoras** Complete the paragraph with the subjunctive of the verbs in parentheses.

¿Alguna vez ha pensado en una computadora del tamaño de un celular que (1) _____ (tener) una imagen virtual que usted (2) _____ (poder) manipular? En nuestra compañía queremos desarrollar un programa que (3) _____ (mostrar) el contenido de una computadora en forma de holograma 3D sobre cualquier superficie (*surface*). Y que (4) _____ (funcionar) ¡sin necesidad de gafas especiales! Para desarrollar esta tecnología, se necesita una combinación de electrónica, óptica y un programa que (5) _____ (servir) para convertir una imagen de 2D en 3D. Es posible, por ejemplo, que se (6) _____ (usar) estas computadoras de manera cotidiana y que en el futuro (7) _____ (ser) normales los mensajes con las imágenes y la voz de la persona que los grabó, ¡justo como en la *Guerra de las Galaxias* (*Star Wars*)! Probablemente esta tecnología sea tan común que todos (nosotros) la (8) _____ (encontrar) en cualquier lugar de la ciudad.

2 **Completar** Complete the sentences with the indicative or the subjunctive of the verbs in parentheses.

(ser)

1. Inés quiere comprar una falda que _____ larga y elegante.

2. A María le gusta la falda que _____ verde y negra.

(estar)

3. Nunca estuvieron en el hotel que _____ al lado del aeropuerto.

4. No conocemos ningún hotel que _____ cerca de su casa.

(quedar)

5. Hay un banco en el edificio que _____ en la esquina.

6. Deben poner un banco en un edificio que _____ más cerca.

(tener)

7. Silvia quiere un apartamento que _____ balcón y piscina.

8. Ayer ellos vieron un apartamento que _____ tres baños.

(ir)

9. Hay muchas personas que _____ a Venezuela de vacaciones.

10. Raúl no conoce a nadie que _____ a Venezuela este verano.

3 **Fotonovela** Rewrite the sentences to make them negative, using the subjuntive where appropriate.

1. Maru conoce a un chico que estudia medicina.

   _____

2. Los padres de Miguel cuidan a un perro que protege su casa.

   _____

3. Juan Carlos tiene un pariente que escribe poemas.

   _____

4. Los Díaz usan coches que son baratos.

   _____

5. Don Diego trabaja con unas personas que conocen a su padre.

   _____

6. Jimena hace un plato mexicano que es delicioso.

   _____

4 **Paseando en Caracas** Answer these questions positively or negatively, as indicated. Use the subjunctive where appropriate.

1. ¿Hay algún buzón que esté en la plaza Bolívar?

   Sí, _____.

2. ¿Conoces a alguien que sea abogado de inmigración?

   No, _____.

3. ¿Ves a alguien aquí que estudie contigo en la universidad?

   Sí, _____.

4. ¿Hay alguna panadería que venda pan caliente (*hot*) cerca de aquí?

   No, _____.

5. ¿Tienes alguna compañera que vaya a ese gimnasio?

   Sí, _____.

6. ¿Conoces a alguien en la oficina que haga envíos a otros países?

   No, _____.

5 **Une las frases** Complete the sentences with the most logical endings from the word bank. Use the indicative or subjunctive forms of the infinitive verbs as appropriate.

abrir hasta las doce de la noche	gustarle mucho	siempre decirnos la verdad
no manejar en carretera	ser cómoda y barata	tener muchos museos

1. Rolando tiene un auto que _____.

2. Todos buscamos amigos que _____.

3. Irene y José viven en una ciudad que _____.

4. ¿Hay una farmacia que _____?

14.2 Nosotros/as commands

1 **Hagamos eso** Rewrite these sentences, using the **nosotros/as** command forms of the verbs in italics.

> **modelo**
> Tenemos que *terminar* el trabajo antes de las cinco.
> **Terminemos el trabajo antes de las cinco.**

1. Hay que *limpiar* la casa hoy.

   _____

2. Tenemos que *ir* al dentista esta semana.

   _____

3. Debemos *depositar* el dinero en el banco.

   _____

4. Podemos *viajar* a Venezuela este invierno.

   _____

5. Queremos *salir* a bailar este sábado.

   _____

6. Deseamos *invitar* a los amigos de Ana.

   _____

2 **¡Sí! ¡No!** You and your roommate disagree about everything. Write affirmative and negative **nosotros/as** commands for these actions.

> **modelo**
> abrir las ventanas
> tú: **Abramos las ventanas.**
> tu compañero/a: **No abramos las ventanas.**

1. pasar la aspiradora hoy

   tú: _____

   tu compañero/a: _____

2. poner la televisión

   tú: _____

   tu compañero/a: _____

3. compartir la comida

   tú: _____

   tu compañero/a: _____

4. hacer las camas todos los días

   tú: _____

   tu compañero/a: _____

3 **Como Lina** Everyone likes Lina and they want to be like her. Using **nosotros/as** commands, write sentences telling your friends what you all should do to follow her lead.

1. Lina compra zapatos italianos en el centro.

_____

2. Lina conoce la historia del jazz.

_____

3. Lina se va de vacaciones a las montañas.

_____

4. Lina se corta el pelo en la peluquería de la calle Central.

_____

5. Lina hace pasteles para los cumpleaños de sus amigas.

_____

6. Lina no sale de fiesta todas las noches.

_____

7. Lina corre al lado del río todas las mañanas.

_____

8. Lina no gasta demasiado dinero en la ropa.

_____

4 **El préstamo** Claudia is thinking of everything that she and her fiancé, Ramón, should do to buy an apartment. Write what she will tell Ramón, using **nosotros/as** commands for verbs in the infinitive. The first sentence has been done for you.

Podemos pedir un préstamo para comprar un apartamento. Debemos llenar este formulario cuando solicitemos el préstamo. Tenemos que ahorrar dinero todos los meses hasta que paguemos el préstamo. No debemos cobrar los cheques que nos lleguen; debemos depositarlos en la cuenta corriente. Podemos depositar el dinero que nos regalen cuando nos casemos. Le debemos pedir prestado a mi padre un libro sobre cómo comprar una vivienda. Queremos buscar un apartamento que esté cerca de nuestros trabajos. No debemos ir al trabajo mañana por la mañana; debemos ir al banco a hablar con un empleado.

Pidamos un préstamo para comprar un apartamento. _____

_____

_____

_____

_____

_____

_____

_____

164   **Lección 14** Workbook Activities

14.3 Past participles used as adjectives

1 **Completar** Complete the sentences with the correct past participle forms of these verbs.

1. Me voy de paseo junto al río en una bicicleta _____ (prestar).

2. Julián y yo tenemos las maletas _____ (abrir) por toda la sala.

3. Tu sobrino te regaló un barco _____ (hacer) de papel de periódico.

4. A la abuela de Gabriela le gusta recibir cartas _____ (escribir) a mano.

5. Para protegerse del sol, Rosa tiene un sombrero _____ (poner).

6. Lisa y David tienen bastante dinero _____ (ahorrar) en el banco.

7. Hay varios abrigos de invierno _____ (guardar) en el armario.

8. En Perú se descubrieron varias ciudades _____ (perder) cerca de Cuzco.

9. Natalia, José y Francisco son mis amigos _____ (preferir).

10. Miguel no puede caminar porque tiene el tobillo _____ (torcer).

2 **Las consecuencias** Complete the sentences with **estar** and the correct past participle.

> **modelo**
> La señora Gómez cerró la farmacia.
> La farmacia *está cerrada*.

1. Rafael resolvió los problemas. Los problemas _____.

2. Julia se preparó para el examen. Julia _____.

3. Le vendimos esa aspiradora a un cliente. Esa aspiradora _____.

4. Se prohibe nadar en ese río. Nadar en ese río _____.

5. La agente de viajes confirmó la reservación. La reservación _____.

6. Carlos y Luis se aburrieron durante la película. Carlos y Luis _____.

3 **¿Cómo están?** Label each drawing with a complete sentence, using the nouns provided with **estar** and the past participle of the verbs.

1. pavo / servir _____   2. dormitorio / desordenar _____

_____

Lección 14 Workbook Activities   **165**

3. cama / hacer _____   4. niñas / dormir _____

_____   _____

4 **El misterio** Complete this paragraph with the correct past participle forms of the verbs in the word bank. Use each verb only once.

abrir	desordenar	hacer	poner	romper	ver
cubrir	escribir	morir	resolver	sorprender	volver

El detective llegó al hotel con el número de la habitación (1) _____ en un papel.

Entró en la habitación. La cama estaba (2) _____ y la puerta del baño estaba

(3) _____. Vio a un hombre que parecía estar (4) _____

porque no movía ni un dedo. El hombre tenía la cara (5) _____ con un periódico

y no tenía zapatos (6) _____. El espejo estaba (7) _____ y

el baño estaba (8) _____. De repente, el hombre se levantó y salió corriendo sin

sus zapatos. El detective se quedó muy (9) _____ y el misterio nunca fue

(10) _____.

Síntesis

Imagine you have a friend who lives in an exciting place you have never visited: New York City, Mexico, etc. You are about to visit your friend for the first time; you are very excited and have many things you want to do, but you also have a lot of questions. On a separate sheet of paper, write an e-mail to your friend to prepare for your trip. Your message should include the following:

• Statements about the preparations you have made for your trip, using past participles as adjectives.

• **Nosotros/as** commands that describe the preparations you need to complete in order to do certain activities.

• Questions about the logistics of banking, communications, shopping, etc. in the city or country, using the subjunctive in adjective clauses.

modelo

Hola, Maribel. Estoy muy emocionada porque acabo de comprar el pasaje para visitarte en Madrid. ¡Las maletas ya están hechas! Intentemos planearlo todo esta semana: consigamos la reservación para la cena de Nochevieja (*New Year's Eve*), llamemos a tus amigos para quedar con (*meet up with*) ellos y compremos ropa nueva para ir a la disco. A propósito, ¿hay muchas tiendas que acepten tarjeta de crédito? ¿Y hay restaurantes que sirvan comida vegetariana? ¿Tienes algún amigo guapo que no tenga novia? ¡Hasta pronto!
Sarah

Nombre _____   Fecha _____

panorama

Venezuela

1 **En Venezuela** Complete the sentences with information from **Panorama**.

1. Los _____ viven en comunidades de hasta 400 miembros.

2. El inmunólogo venezolano que ganó el Premio Nobel es _____.

3. La mayor concentración del petróleo en Venezuela se encuentra debajo del _____.

4. El principal país comprador del petróleo venezolano es _____.

5. El *boom* petrolero convirtió a Caracas en una ciudad _____.

6. El corazón de Caracas es la zona del _____.

7. A principios del siglo XIX, la actual Venezuela todavía estaba bajo el dominio de

_____.

8. Simón Bolívar fue el líder del movimiento _____ suramericano.

2 **Datos venezolanos** Complete the chart with the indicated information.

Venezolanos famosos	Principales ciudades venezolanas	Idiomas que se hablan en Venezuela	Países del área liberada por Simón Bolívar

3 **¿Quién soy?** Identify the person or type of person who could make each statement.

1. "Soy parte de una tribu que vive en el sur de Venezuela."

_____

2. "Compuse música y toqué (*played*) el piano durante parte de los siglos XIX y XX."

_____

3. "Fui un general que contribuyó a formar el destino de América."

_____

4. "Di a conocer el Salto Ángel en 1935."

_____

Lección 14 Workbook Activities **167**

4   **Lo que aprendiste** Write a complete definition of each item, based on what you have learned.

1. bolívar _____

_____

2. tribu yanomami _____

_____

3. Baruj Benacerraf _____

_____

4. lago de Maracaibo _____

_____

5. Petróleos de Venezuela _____

_____

6. Caracas _____

_____

7. Parque Central _____

_____

8. Simón Bolívar _____

_____

5   **El mapa de Venezuela** Label the map of Venezuela with the correct geographical names.

Nombre _____ Fecha _____

contextos

Lección 15

Workbook

1 **Lo opuesto** Fill in the blanks with the terms that mean the opposite of the descriptions.

1. sedentario _____

2. con cafeína _____

3. fuerte _____

4. adelgazar _____

5. comer en exceso _____

6. con estrés _____

7. sufrir muchas presiones _____

8. fuera (*out*) de forma _____

2 **Vida sana** Complete the sentences with the correct terms.

1. Antes de correr, es importante hacer ejercicios de _____ para calentarse.

2. Para dormir bien por las noches, es importante tomar bebidas _____.

3. Para desarrollar músculos fuertes, es necesario _____.

4. Una persona que es muy sedentaria y ve mucha televisión es un _____.

5. _____ es bueno porque reduce la temperatura del cuerpo.

6. Para aliviar el estrés, es bueno hacer las cosas tranquilamente y sin _____.

7. Cuando tienes los músculos tensos, lo mejor es que te den un _____.

8. Las personas que dependen de las drogas son _____.

3 **Completar** Look at the drawings. Complete the sentences with the correct forms of the verbs from the word bank.

> (no) apurarse
> (no) consumir bebidas alcohólicas
> (no) hacer ejercicios de estiramiento
> (no) llevar una vida sana

1. Isabel debió _____.

2. Mi prima prefiere _____.

3. A Roberto no le gusta _____.

4. Adriana va a llegar tarde y tiene que _____.

4 **¿Negativo o positivo?** Categorize the terms in the word bank according to whether they are good or bad for one's health.

buena nutrición	consumir mucho	hacer ejercicios	llevar una
colesterol	alcohol	de estiramiento	vida sedentaria
comer comida	dieta equilibrada	hacer gimnasia	ser un drogadicto
sin grasa	entrenarse	levantar pesas	ser un teleadicto
comer en exceso	exceso de cafeína	llevar una	sufrir muchas
	fumar	vida sana	presiones
			tomar vitaminas

Bueno para la salud

_____

_____

_____

_____

_____

_____

_____

Malo para la salud

_____

_____

_____

_____

_____

_____

_____

5 **El/La entrenador(a)** You are a personal trainer, and your clients' goals are listed below. Give each one a different piece of advice, using familiar commands and expressions from **Contextos**.

1. "Quiero adelgazar." _____

2. "Quiero tener músculos bien definidos." _____

3. "Quiero quemar grasa." _____

4. "Quiero respirar sin problemas." _____

5. "Quiero correr una maratón." _____

6. "Quiero aumentar un poco de peso." _____

6 **Los alimentos** Write whether these food categories are rich in **vitaminas**, **minerales**, **proteínas**, or **grasas**.

1. carnes _____   5. huevos _____

2. agua mineral _____   6. aceite _____

3. mantequilla _____   7. vegetales _____

4. frutas _____   8. cereales enriquecidos (*fortified*) _____

estructura

15.1 The present perfect

1 **¿Qué han hecho?** Complete each sentence with the present perfect of the verb in parentheses.

> **modelo**
>
> Marcos y Felipe _____ (hacer) sus tareas de economía.
> Marcos y Felipe *han hecho* sus tareas de economía.

1. Gloria y Samuel _____ (comer) comida francesa.

2. (yo) _____ (ver) la última película de ese director.

3. Pablo y tú _____ (leer) novelas de García Márquez.

4. Liliana _____ (tomar) la clase de economía.

5. (nosotros) _____ (ir) a esa heladería antes.

6. Tú le _____ (escribir) un mensaje eléctronico al profesor.

2 **¿Qué han hecho esta tarde?** Write sentences that say what these people have done this afternoon. Use the present perfect.

1. Luis y Marta

_____

2. Víctor

_____

3. (tú)

_____

4. Ricardo

_____

5. (yo)

_____

6. Claudia y yo

_____

3 **Ha sido así** Rewrite the sentences, replacing the subject with the one in parentheses.

1. Hemos conocido a varios bolivianos este año. (tú)

_____

2. Gilberto ha viajado por todos los Estados Unidos. (yo)

_____

3. ¿Has ido al museo de arte de Boston? (ustedes)

_____

4. Paula y Sonia han hecho trabajos muy buenos. (Virginia)

_____

5. He asistido a tres conferencias de ese escritor. (los estudiantes)

_____

6. Mi hermano ha puesto la mesa todos los días. (mi madre y yo)

_____

_____

4 **Todavía no** Rewrite the sentences to say that these things have not yet been done. Use the present perfect.

> *modelo*
> Su prima no va al gimnasio.
> Su prima todavía no ha ido al gimnasio.

1. Pedro y Natalia no nos dan las gracias.

_____

2. Los estudiantes no contestan la pregunta.

_____

3. Mi amigo Pablo no hace ejercicio.

_____

4. Esas chicas no levantan pesas.

_____

5. Tú no estás a dieta.

_____

6. Rosa y yo no sufrimos muchas presiones.

_____

_____

15.2 The past perfect

1 **Vida nueva** Complete this paragraph with the past perfect forms of the verbs in parentheses.

Antes del accidente, mi vida (1) _____ (ser) tranquila y sedentaria. Hasta ese momento,

(yo) siempre (2) _____ (mirar) mucho la televisión y (3) _____

(comer) en exceso. Nada malo me (4) _____ (pasar) nunca. El día en que pasó el

accidente, mis amigos y yo nos (5) _____ (encontrar) para ir a nadar en un río.

Nunca antes (6) _____ (ir) a ese río. Cuando llegamos, entré de cabeza al río. (Yo)

No (7) _____ (ver) las rocas (*rocks*) que había debajo del agua. Me di con (*I hit*) las

rocas en la cabeza. Mi hermana, que (8) _____ (ir) con nosotros al río, me sacó del

agua. Todos mis amigos se (9) _____ (quedar) fuera del agua cuando vieron lo que me

pasó. Me llevaron al hospital. En el hospital, los médicos me dijeron que yo (10) _____

(tener) mucha suerte. (Yo) No me (11) _____ (lastimar) demasiado la espalda, pero

tuve que hacer terapia (*therapy*) física por muchos meses. (Yo) Nunca antes (12) _____

(preocuparse) por estar en buena forma, ni (13) _____ (querer) ir al gimnasio. Ahora

hago gimnasia y soy una persona activa, flexible y fuerte.

2 **Nunca antes** Rewrite the sentences to say that these people had never done these things before.

> **modelo**
> Julián se compró un coche nuevo.
> *Julián nunca antes se había comprado un coche nuevo.*

1. Tu novia fue al gimnasio por la mañana.

   _____

2. Carmen corrió en la maratón de la ciudad.

   _____

3. Visité los países de Suramérica.

   _____

4. Los estudiantes escribieron trabajos de veinte páginas.

   _____

5. Armando y Cecilia esquiaron en los Andes.

   _____

6. Luis y yo tenemos un perro en casa.

   _____

7. Condujiste el coche de tu papá.

   _____

8. Ramón y tú nos prepararon la cena.

   _____

Lección 15 Workbook Activities   **173**

3 **Ya había pasado** Combine the sentences, using the preterite and the past perfect tenses.

> **modelo**
>
> Elisa pone la televisión. Jorge ya se ha despertado.
> *Cuando Elisa puso la televisión, Jorge ya se había despertado.*

1. Lourdes llama a Carla. Carla ya ha salido.

   _____

2. Tu hermano vuelve a casa. Ya has terminado de cenar.

   _____

3. Llego a la escuela. La clase ya ha empezado.

   _____

4. Ustedes nos buscan en casa. Ya hemos salido.

   _____

5. Salimos a la calle. Ya ha empezado a nevar.

   _____

6. Ellos van al centro comercial. Las tiendas ya han cerrado.

   _____

7. Lilia y Juan encuentran las llaves. Raúl ya se ha ido.

   _____

8. Preparas el almuerzo. Yo ya he comido.

   _____

4 **Rafael Nadal** Write a paragraph about the things that Rafael Nadal had achieved by age 18. Use the phrases from the word bank with the past perfect. Start each sentence with **Ya**. The first one has been done for you.

empezar a jugar tenis profesionalmente	jugar en torneos del Grand Slam
ganar un torneo Masters Series	recibir miles de dólares
ingresar a la lista de los 100 mejores jugadores de la ATP	ser el campeón (*champion*) de la Copa Davis

Cuando tenía 18 años, Rafael Nadal ya había empezado a jugar tenis profesionalmente.

_____

_____

_____

_____

_____

_____

_____

15.3 The present perfect subjunctive

Workbook

1 **¡No estoy de acuerdo!** Your friend Lisa is contradicting everything you say. Using the present perfect subjunctive, complete her statements.

> **modelo**
> —He perdido las llaves muchas veces.
> —No es verdad *que hayas perdido las llaves muchas veces.*

1. —Éste ha sido tu mejor año. —No estoy segura _____.

2. —El ejercicio le ha aliviado el estrés. —Dudo _____.

3. —Rafael y tú han sufrido muchas presiones. —Niego _____.

4. —El gobierno ha estudiado el problema. —Es improbable _____.

5. —Ustedes han sido muy buenos amigos siempre. —No es cierto _____.

6. —Has hecho todo lo que pudiste. —No es seguro _____.

2 **De acuerdo** Lisa is in a better mood today and says everything you are thinking. Write her thoughts on these topics, using the expressions provided and the present perfect subjunctive.

> **modelo**
> Marina ha disfrutado de su dieta / improbable
> **Es improbable que Marina haya disfrutado de su dieta.**

1. Muchas niñas jóvenes han estado a dieta / terrible

_____

2. Ustedes no han llevado una vida sana hasta ahora / triste

_____

3. Los jugadores no han hecho ejercicios de estiramiento / una lástima

_____

4. Nosotros hemos aumentado de peso este verano / probable

_____

5. Algunos doctores del hospital han fumado en público / ridículo

_____

6. Mi esposo no ha engordado más / me alegro de

_____

7. Nunca he aliviado el estrés en mi trabajo / siento

_____

8. Tú y tu amiga se han mantenido en buena forma / qué bueno

_____

3 **La telenovela** Write a paragraph telling your best friend how glad you are that these things happened on the soap opera you both watch. Start each sentence with **Me alegro**. The first one has been done for you.

la vecina / poner la televisión	Alejandro y Leticia / ganar la lotería
Ligia Elena / separarse de Luis Javier	los padres de Juliana / encontrar la carta de amor
la boda de Gema y Fernando / ser tan elegante	(tú) / contarme lo que pasó ayer
Ricardo / conocer a Diana Carolina	(nosotros) / poder ver esta telenovela

Me alegro de que la vecina haya puesto la televisión. _____

_____

_____

_____

_____

_____

_____

_____

_____

_____

Síntesis

On another sheet of paper, write an autobiographical essay about your time in school. Address:
- things that you have done that you are proud of and things you are embarrassed about. Use the present perfect.
- things that you had done by age eight and by age sixteen. Use the past perfect.

Use expressions such as **me alegro, me sorprende, siento, es una lástima, es triste, es extraño**, and **es ridículo** and the present perfect subjunctive. Cover such topics as academic and extracurricular achievements and failures, as well as achievements and failures in your social life.

panorama

Bolivia

1   **Información de Bolivia** Complete these sentences with information about Bolivia.

1. El área de Bolivia es igual al área total de _____.

2. Las personas de ascendencia indígena y europea representan _____.

3. Un 70% de la población boliviana vive en el _____.

4. La moneda de bolivia es el _____.

5. Los tres idiomas que se hablan en Bolivia son _____.

6. El lago navegable más alto del mundo es el _____.

7. El aeropuerto de La Paz se encuentra a _____ metros de altura.

8. Tiahuanaco es el nombre de unas ruinas y significa _____.

9. Se cree que Tiahuanaco fue fundado por los antepasados de _____.

10. _____ es un impresionante monumento que pesa unas 10 toneladas.

2   **¿Cierto o falso?** Indicate whether these statements are **cierto** or **falso**. Correct the false statements.

1. Bolivia tiene dos ciudades capitales diferentes.

_____

2. Jesús Lara fue un pintor y político boliviano.

_____

3. Bolivia tiene una costa en el océano Pacífico.

_____

4. El lago Titicaca es el lago más grande de Suramérica.

_____

5. Según la mitología aimará, los hijos del dios Sol fundaron su imperio.

_____

6. La música andina es el aspecto más conocido del folclore boliviano.

_____

7. Bolivia limita (*borders*) con Colombia, Perú y Brasil.

_____

8. Se piensa que los antepasados de los indígenas aimará fundaron Tiahuanaco hace 15.000 años.

_____

Lección 15 Workbook Activities

3 **Términos bolivianos** Fill in the blanks with the terms described.

1. _____ Son grupos indígenas que constituyen más de la mitad de la población de Bolivia.

2. _____ Es la sede del gobierno de Bolivia.

3. _____ Es la primera ciudad de Bolivia en número de habitantes.

4. _____ Fue político y presidente boliviano.

5. _____ Tipo de música compartida por Bolivia, Perú, Ecuador, Chile y Argentina. Es música popular de origen indígena.

6. _____ Es un grupo boliviano de música andina que lleva más de treinta años actuando en los escenarios internacionales.

4 **Letras desordenadas** Unscramble the words according to the clues.

1. IICTATCA _____
(el segundo lago más grande de Suramérica)

2. BHABCMOCAA _____
(ciudad boliviana)

3. AUQHCUE _____
(uno de los idiomas oficiales de Bolivia)

4. OLAZCSAA _____
(apellido de una poeta boliviana)

5. SOL HSSCKIA _____
(grupo argentino de música andina)

6. URECS _____
(ciudad sede del Tribunal Supremo)

7. AEOMNLERCI _____
(tipo de centro que fue Tiahuanaco)

8. AALSKAASAY _____
(templo de las ruinas de Tiahuanaco)

repaso

1 **¿Subjuntivo o indicativo?** Write sentences, using the elements provided and either the subjunctive or the indicative, depending on the cues and context.

1. Jorge / esperar / su madre / conseguir un trabajo pronto

_____

2. (nosotros) / no negar / la clase de matemáticas / ser difícil

_____

3. ser imposible / una casa nueva / costar tanto dinero

_____

4. ustedes / alegrarse / la fiesta / celebrarse cerca de su casa

_____

5. ser una / lástima / Laura / no poder venir con nosotros

_____

2 **En la oficina** Your boss is giving you and your co-workers some rules to follow in the office. Use positive or negative **nosotros** commands to write logical sentences.

1. poner todos los documentos en el archivo

_____

2. tomar dos horas para almorzar

_____

3. trabajar horas extra si es necesario

_____

4. llegar a tiempo por las mañanas

_____

5. ser amables con los clientes

_____

3 **Las conjunciones** Use the subjunctive or the indicative of the verbs in parentheses.

1. No quiero llegar a la fiesta después de que Marcelo _____ (irse).

2. Alicia siempre se levanta en cuanto _____ (sonar) el despertador.

3. No bebas ese vino a menos que _____ (ser) una ocasión especial.

4. Olga y Lisa tocan a la puerta hasta que su madre las _____ (oír).

5. Cuando (tú) _____ (llamar) a la oficina, pregunta por Gustavo.

6. Lilia llega a los lugares sin que nadie le _____ (decir) cómo llegar.

4 **Hemos dicho** Complete the sentences with the present perfect indicative, past perfect indicative, or present perfect subjunctive of the verbs in parentheses. Use the English cues to decide on the tense.

1. El entrenador (*has given*) _____ (dar) muchas clases de aeróbicos antes.

2. Nosotros nunca antes (*had passed*) _____ (pasar) por esta parte de la ciudad.

3. Quiero conocer a alguien que (*has studied*) _____ (estudiar) psicología.

4. En la clase de literatura, ustedes (*have read*) _____ (leer) varias novelas interesantes.

5. Mi madre nos (*had heard*) _____ (oír) decir antes que queríamos una motocicleta.

6. Necesitas hablar con personas que (*have been*) _____ (estar) en Cuba.

5 **Los países** Use the past participles of the verbs from the word bank to complete the sentences about the countries in **Panorama**. Use each verb only once.

compartir	convertir	fundar	llamar	nacer
conectar	escribir	hacer	mantener	reflejar

1. En Colombia, los objetos de oro precolombino estaban _____ con un gran cuidado.

2. Las creencias (*beliefs*) de los indígenas colombianos sobre el oro están _____ en sus objetos.

3. *Cien años de soledad* está _____ en el estilo literario del "realismo mágico".

4. _____ en Caracas, el científico Baruj Benacerraf ganó el Premio Nobel en 1980.

5. Desde los años cincuenta, Caracas se ha _____ en una ciudad cosmopolita.

6. El interior de Venezuela está _____ con Caracas por carreteras y autopistas.

7. Simón Bolívar, _____ "El Libertador", fue el líder de la independencia suramericana.

8. Los grupos quechua y aimará de Bolivia han _____ sus culturas y lenguas.

9. La música andina es _____ por Bolivia, Perú, Ecuador, Chile y Argentina.

10. Se piensa que el centro ceremonial de Tiahuanaco, en Bolivia, fue _____ hace 15.000 años.

6 **Los derechos civiles** On another sheet of paper, write a brief paragraph in Spanish about a minority group in the U.S., using these questions as a guide:

• What injustices or unfair conditions has this group suffered in the past?

• What were the lives of the members of this group like in the past?

• What are your opinions about the injustices that occurred?

• What are some advances that this group has made? Under what conditions do the members of this group live today?

• What do you hope for the future of this group?

• What should we as a society do about the disadvantaged status of many minority groups?

contextos

Lección 16

1   **El anuncio**   Answer the questions about this help-wanted ad, using complete sentences.

EMPRESA MULTINACIONAL BUSCA:
- Contador   • Gerente   • Secretario

Salarios varían según la experiencia. Seguro[1] de salud, plan de jubilación (401k), dos semanas de vacaciones.

Enviar currículum y carta de presentación por fax o por correo para concertar[2] una entrevista con el Sr. Martínez.

[1]*insurance*   [2]*schedule*

1. ¿Cuántos puestos hay?

   _____

2. ¿Cuáles son los sueldos?

   _____

3. ¿Qué beneficios ofrece la empresa?

   _____

4. ¿Qué deben enviar los aspirantes?

   _____

5. ¿Quién es el señor Martínez?

   _____

6. ¿Dice el anuncio que hay que llenar una solicitud?

   _____

2   **Vida profesional**   Complete the paragraph with items from the word bank.

anuncio	aspirante	currículum	entrevista	éxito	profesión	renunciar
ascenso	beneficios	empresa	entrevistadora	obtener	puesto	salario

Vi el (1) _____ en el periódico. Se necesitaban personas para un

(2) _____ de editora en una pequeña (3) _____ que se

encontraba en el centro de la ciudad. Preparé mi (4) _____ con mucha atención

y lo envié por *fax*. Esa tarde me llamó la (5) _____, que se llamaba la señora

Piñeda. Me dijo que el (6) _____ que ofrecían no era demasiado alto, pero que

los (7) _____, como el seguro de salud, eran excelentes. Era una buena

oportunidad para (8) _____ experiencia. Me pidió que fuera a la oficina al día

siguiente para hacerme una (9) _____. Había otro (10) _____

en la sala de espera cuando llegué. Ese día decidí (11) _____ a mi trabajo

anterior (*previous*) y desde entonces ejerzo (*I practice*) la (12) _____ de editora.

¡He tenido mucho (13) _____!

Nombre _____ Fecha _____

Workbook

3 **Una es diferente** Fill in the blanks with the words that don't belong in the groups.

1. ocupación, reunión, oficio, profesión, trabajo _____

2. pintor, psicólogo, maestro, consejero _____

3. arquitecta, diseñadora, pintora, bombera _____

4. invertir, currículum, corredor de bolsa, negocios _____

5. sueldo, beneficios, aumento, renunciar, ascenso _____

6. puesto, reunión, entrevista, videoconferencia _____

4 **Las ocupaciones** Fill in the blanks with the profession of the person who would make each statement.

1. "Decido dónde poner los elementos gráficos de las páginas de una revista."

_____

2. "Ayudo a las personas a resolver sus problemas. Hablan conmigo y buscamos soluciones."

_____

3. "Defiendo a mis clientes y les doy consejos legales."

_____

4. "Investigo las cosas que pasan y escribo artículos sobre los eventos."

_____

5. "Les doy clases a los niños en la escuela."

_____

6. "Hago experimentos y publico los resultados en una revista."

_____

5 **¿Quién lo usa?** Label each drawing with the profession associated with the objects.

1. _____

2. _____

3. _____

4. _____

182 **Lección 16** Workbook Activities

© by Vista Higher Learning. All rights reserved.

estructura

16.1 The future

1 **Preguntas** Sabrina, your co-worker, needs some answers. Answer her questions with the future tense and the words in parentheses.

> **modelo**
> ¿Qué vas a hacer hoy? (el proyecto)
> *Haré el proyecto hoy.*

1. ¿Cuándo vamos a la reunión? (el jueves)

   _____

2. ¿Cuántas personas va a haber en la clase? (treinta)

   _____

3. ¿A qué hora vas a venir? (a las nueve)

   _____

4. ¿Quién va a ser el jefe de Delia? (Esteban)

   _____

5. ¿Dentro de cuánto va a salir Juan? (una hora)

   _____

6. ¿Quiénes van a estar en la fiesta del viernes? (muchos amigos)

   _____

2 **A los 30 años** Some friends in their late teens are talking about what they think they will be doing when they turn 30 years old. Complete the conversation with the correct form of the verbs in parentheses.

LETI Cuando tenga 30 años (1) _____ (ser) una arqueóloga famosa.
Para entonces, (2) _____ (haber) descubierto unas ruinas indígenas muy importantes.

SERGIO Yo (3) _____ (tener) un programa de viajes en la televisión. Mi cámara de video y yo (4) _____ (visitar) lugares hermosos y muy interesantes.

SUSI Entonces (tú) (5) _____ (venir) a visitarme a mi restaurante de comida caribeña que (6) _____ (abrir) en Santo Domingo, ¿verdad? *El Sabor Dominicano* (7) _____ (tener) los mejores platos tradicionales y otros creados (*created*) por mí.

SERGIO Claro que sí, (8) _____ (ir) a comer las especialidades y
(9) _____ (recomendarlo) a mis telespectadores (*viewers*). También (tú y yo) (10) _____ (poder) visitar a Leti en sus expediciones.

LETI Sí, Susi (11) _____ (cocinar) platos exóticos en medio de la selva y todos
(12) _____ (disfrutar) de su deliciosa comida.

3 Será así Rewrite each sentence to express probability with the future tense. Each sentence should start with a verb in the future tense.

> **modelo**
> Creemos que se llega por esta calle.
> *Se llegará por esta calle.*

1. Es probable que sea la una de la tarde.

_____

2. Creo que ellas están en casa.

_____

3. Estamos casi seguros de que va a nevar hoy.

_____

4. Es probable que ellos vayan al cine luego.

_____

5. Creo que estamos enfermos.

_____

4 Fin de semana entre amigos Rosa, one of your friends, is telling you about some of the activities she has planned for this weekend. Write complete sentences to describe each image. Then keep using the future tense to write two activities that you will do this weekend.

Sábado por la mañana / nosotros

1. _____
   _____

Después / ustedes

2. _____
   _____

Mientras / yo

3. _____
   _____

Por la noche / Julio, Lisa y Cata

4. _____
   _____

Domingo por la mañana / yo

5. _____
   _____

Domingo por la tarde / nosotros

6. _____
   _____

7. _____

8. _____

Workbook

16.2 The future perfect

1

Optimista Miguel is answering an e-mail from his friend Jorge. Answer Jorge's questions, saying that the people will have already done these things by the time indicated. Use the future perfect.

> **modelo**
>
> ¿Me enviarás un mensaje cuando llegues a Mérida?
> No, ya te habré enviado un mensaje cuando llegue a Mérida.

1. ¿Encontrarás un trabajo cuando te gradúes?

_____

2. ¿Le comprarás un regalo a Maru cuando te paguen?

_____

3. ¿Escribirá el Sr. Díaz una novela cuando se jubile?

_____

4. ¿Harás los preparativos para ir a España cuando termine el semestre?

_____

5. ¿Beberemos esta botella de vino cuando demos una fiesta?

_____

6. ¿Olvidaré a mi ex novia cuando me vaya de vacaciones?

_____

2

¿Lo habrá hecho? You expected these people to do something, and you're wondering if they have done it. Use the future perfect to ask yourself if they will have done it.

> **modelo**
>
> Le dije a Marcia que Pedro iba a llegar tarde. (esperar)
> ¿Lo habrá esperado?

1. Alma le dio el artículo a Javier. (leer)

_____

2. Le dejé comida a mi sobrino para el almuerzo. (comer)

_____

3. Mariela quería una falda nueva. (comprar)

_____

4. Rita iba a recoger a Julio al aeropuerto. (hacer)

_____

5. Ellas no querían viajar en tren. (decir)

_____

6. Mis amigos buscaban un pasaje barato. (encontrar)

_____

Workbook

16.3 The past subjunctive

1 **Si pudiera** Complete the sentences with the past subjunctive forms of the verbs in parentheses.

1. El arqueólogo se alegró de que todos _____ (hacer) tantas preguntas.

2. Mi madre siempre quiso que yo _____ (estudiar) arquitectura.

3. Te dije que cuando (tú) _____ (ir) a la entrevista, llevaras tu currículum.

4. Tal vez no fue una buena idea que nosotros le _____ (escribir) esa carta.

5. Era una lástima que su esposo _____ (tener) que trabajar tanto.

6. Luisa dudaba que ese empleo _____ (ser) su mejor alternativa.

7. Era probable que Francisco _____ (llevarse) mal con sus jefes.

8. Laura buscaba intérpretes que _____ (saber) hablar inglés.

9. Ustedes no estaban seguros de que el gerente _____ (conocer) al contador.

10. Fue extraño que Daniela y tú _____ (solicitar) el mismo puesto.

2 **Si...** Daniel is talking to himself about the things that would make him happier. Complete his statements with the past subjunctive form of the verbs in parentheses. Then draw a portrait of yourself and write five sentences describing things that would make you happier. Try to use as many singular and plural forms as you can.

Sería (*I would be*) más feliz si...

1. (yo) _____ (ver) a mi novia todos los días.

2. mis papás _____ (venir) a mi ciudad a visitarme.

3. mi novia _____ (querer) hacer un viaje conmigo.

4. (yo) _____ (tener) una computadora más moderna.

5. mis nuevos amigos y yo _____ (viajar) juntos otra vez.

Sería más feliz si...

6. _____

7. _____

8. _____

9. _____

10. _____

3 **Chisme (*gossip*)** You overhear some coworkers gossiping about what's going on in the office, and they don't always agree. Complete their conversation so that the second sentence says the opposite of the first one.

> **modelo**
> Nadie dudaba que el candidato era muy bueno.
> *Nadie estaba segura de que el candidato fuera muy bueno.*

1. Nadie dudaba de que el ascenso de Andrés fue justo (*fair*).

   No estabas seguro de que _____.

2. Era obvio que todos los participantes sabían usar las computadoras.

   No fue cierto que _____.

3. Raquel estaba segura de que las reuniones no servían para nada.

   Pablo dudaba que _____.

4. Fue cierto que Rosa tuvo que ahorrar mucho dinero para invertirlo.

   No fue verdad que _____.

5. No hubo duda de que la videoconferencia fue un desastre (*disaster*).

   Tito negó que _____.

6. No negamos que los maestros recibieron salarios bajos.

   La directora negó que _____.

4 **El trabajo** Complete the conversation with the past subjunctive, the preterite, or the imperfect of the verbs in parentheses as appropriate.

MARISOL ¡Hola, Pepe! Me alegré mucho de que (tú) (1) _____ (conseguir) el trabajo de arquitecto.

PEPE Sí, aunque fue una lástima que (yo) (2) _____ (tener) que renunciar a mi puesto anterior.

MARISOL No dudé de que (3) _____ (ser) una buena decisión.

PEPE No estaba seguro de que este puesto (4) _____ (ser) lo que quería, pero está muy bien.

MARISOL Estoy segura de que (tú) (5) _____ (hacer) muy bien la entrevista.

PEPE Me puse un poco nervioso, sin que eso (6) _____ (afectar) mis respuestas.

MARISOL Sé que ellos necesitaban a alguien que (7) _____ (tener) tu experiencia.

PEPE Es verdad que ellos (8) _____ (necesitar) a muchas personas para la oficina nueva.

Síntesis

Write a two-part plan for your future.

- For the first part, write all of the things that you plan or wish to do with your life, using the future tense. Decide which things you will have accomplished by what age. For example, **"A los veinticinco años, ya habré terminado la maestría** (*Master's degree*) **en negocios"**.

- For the second part, imagine that you are elderly and reflecting on your life. What do you think of your accomplishments? At the time, what were you glad about, sorry about, scared about, annoyed about, and unsure about? What did you hope for and what did you deny yourself at the time? Use the preterite and the imperfect with the past subjunctive to write the story of your life.

_____

_____

_____

_____

_____

_____

_____

_____

_____

_____

_____

_____

_____

_____

_____

_____

_____

_____

_____

_____

_____

_____

_____

panorama

Nicaragua

1   **Datos nicaragüenses** Complete the sentences with information about Nicaragua.

1. Nicaragua, del tamaño (*size*) de Nueva York, es el país más grande de _____.

2. Managua es inestable geográficamente, con muchos _____ y _____.

3. Las _____ de Acahualinca son uno de los restos prehistóricos más famosos

    y antiguos de Nicaragua.

4. Desde joven, Ernesto Cardenal trabajó por establecer la _____ y la

    _____ en su país.

5. En los años 60, Cardenal estableció la comunidad artística del archipiélago de _____.

6. Ernesto Cardenal participó en la fundación de la organización _____.

7. Se cree que la isla _____ era un centro ceremonial indígena.

8. El nombre de la isla _____ significa "dos montañas" en náhuatl.

2   **El mapa** Label the map of Nicaragua.

1. _____

2. _____

3. _____

4. _____

5. _____

6. _____

3   **Datos rápidos** Identify the items and people described.

1. capital de Nicaragua _____

2. moneda nicaragüense _____

3. idiomas oficiales de Nicaragua _____

4. poeta nicaragüense nacido en el siglo XIX _____

5. política y ex presidenta nicaragüense _____

6. político y presidente nicaragüense _____

7. mujer poeta nicaragüense del siglo veinte _____

8. poeta y sacerdote que fue ministro de cultura _____

panorama

La República Dominicana

4 **¿Cierto o falso?** Indicate if each statement is **cierto** or **falso**. Then correct the false statements.

1. La República Dominicana y Haití comparten la isla La Española.

_____

2. La Fortaleza Ozama fue la tercera fortaleza construida en las Américas.

_____

3. La República Dominicana fue el primer país hispano en tener una liga de béisbol.

_____

4. Hoy día el béisbol es una afición nacional dominicana.

_____

5. El merengue es un tipo de música de origen dominicano que tiene sus raíces en el campo.

_____

6. El merengue siempre ha sido popular en las ciudades y ha tenido un tono urbano.

_____

5 **Datos dominicanos** Complete the sentences with information about the Dominican Republic.

1. Los idiomas que se hablan en la República Dominicana son el _____ y el

_____.

2. _____ fue un político dominicano y padre de la patria en el siglo XIX.

3. Las señoras de la corte del Virrey de España paseaban por la _____.

4. El béisbol es un deporte muy practicado en todos los países del mar _____.

5. _____ y David Ortiz son dos beisbolistas dominicanos exitosos.

6. La _____ es un tambor característico de la República Dominicana.

7. Entre los años 1930 y 1960 se formaron las grandes _____ del merengue.

8. Uno de los cantantes más famosos de merengue dominicano es _____.

6 **En imágenes** Label these photos appropriately.

1. _____   2. _____

contextos

1 **¿Qué es?** Match each title to a genre.

canción	dibujos animados	obra de teatro	orquesta	poema
danza	festival	ópera	película	programa de entrevistas

1. *Carmen* _____

2. *Romeo y Julieta* _____

3. *Jimmy Kimmel Live!* _____

4. *Los Simpson* _____

5. *El cuervo* (raven) _____

6. *Avatar* _____

7. *El cascanueces* (nutcracker) _____

8. *Feliz Navidad* _____

2 **¿Qué tipo de película es?** Label the type of movie shown on each screen.

1. _____

2. _____

3. _____

4. _____

Workbook

3 **Los artistas** Fill in each blank with the type of artist who would make the statement.

1. "Escribo obras de teatro para que las presenten al público." _____

2. "Dirijo a las estrellas y las cámaras para hacer películas." _____

3. "Trabajo con la computadora o con papel y pluma." _____

4. "Paso todo el día practicando las notas con mi instrumento." _____

5. "Soy muy famosa y estoy en las mejores películas." _____

6. "Me gusta escribir en versos, con palabras que riman (*rhyme*)." _____

7. "Hago grandes figuras de piedra de tres dimensiones." _____

8. "Sigo la música artísticamente con mi cuerpo." _____

9. "Pienso en la música y luego la escribo." _____

10. "Mi voz (*voice*) es mi instrumento." _____

4 **Las artes** Complete the newspaper article with the correct forms of the terms in the word bank.

artesanía	comedia	cultura	festival	moderno
clásico	cuento	escultura	folclórico	poema

Celebración de las artes

El (1) _____ artístico de la ciudad
comenzó ayer y en él van a participar diferentes cantantes,
grupos y orquestas. El viernes por la noche hay un
concierto de música (2) _____ de la
orquesta sinfónica de la ciudad. Tocarán la *Quinta*
sinfonía de Beethoven. El sábado tocarán durante el día varios grupos de música

(3) _____ de diferentes países. Será una oportunidad excelente para conocer más

sobre diversas (4) _____. El sábado por la tarde habrá un espectáculo de baile

expresivo, con música (5) _____. Además se exhibirá en los parques de la ciudad

una serie de grandes (6) _____ al aire libre. Por la noche, en el Teatro Central,

varios poetas le leerán sus (7) _____ al público. Finalmente, el domingo habrá

 una feria (*fair*) de (8) _____, donde se venderá

cerámica y tejidos hechos a mano.

estructura

17.1 The conditional

1 Si fuera famoso Felipe is day dreaming about how his life would be if he were a famous artist. Complete the paragraph with the conditional form of the verbs.

Si yo fuera un artista famoso, creo que (1) _____ (ser) pintor;

(2) _____ (pintar) cuadros llenos de vida. Pero... no sé, también

(3) _____ (poder) ser cantante, (4) _____ (tener) una banda

de rock y juntos (5) _____ (viajar) por el mundo dando conciertos...

Ahhh, mejor (6) _____ (querer) ser poeta, mi musa Lola y yo

(7) _____ (vivir) en una villa y las personas (8) _____

(escuchar) mis poemas en el Teatro de la Ópera en Milán. Creo que Lola (9) _____

(ser) una bailarina extraordinaria; (10) _____ (bailar) en los teatros más

importantes, y por supuesto, yo (11) _____ (ir) con ella... Sin embargo, Lola y

yo (12) _____ (poder) ser muy buenos actores; nuestro público

(13) _____ (aplaudir) con entusiasmo en cada obra de teatro...

2 La entrevista Isabel is going to interview a famous author for an article in her college literary magazine. She e-mailed her journalism professor for advice. Rewrite the professor's advice in a paragraph, using the conditional of the infinitive verbs. The first sentence has been done for you.

buscar información en la biblioteca	grabar (*record*) la entrevista
leer artículos de revista sobre la escritora	darle las gracias a la escritora
estudiar los cuentos de la escritora	al llegar a casa, transcribir la entrevista
preparar las preguntas antes de la entrevista	entonces escribir el artículo
vestirse de forma profesional	mostrárselo a la escritora antes de publicarlo
llegar temprano a casa de la escritora	sentirse muy orgullosa de su trabajo

Buscaría información en la biblioteca. _____

_____

_____

_____

_____

_____

_____

_____

3 **Los buenos modales (*manners*)** Rewrite these commands with the conditional tense.

> *modelo*
> Termina el trabajo hoy antes de irte.
> *¿Terminarías el trabajo hoy antes de irte, por favor?*

1. Tráigame una copa de vino. _____

2. Llama a Marcos esta tarde. _____

3. Encuéntreme un pasaje barato. _____

4. Pide una toalla más grande. _____

5. Venga a trabajar el sábado y el domingo. _____

6. Búscame en mi casa a las ocho. _____

4 **En el teatro** You and your friends are out for a night at the theater. React to each description of what happened by asking a question, using the conditional tense and the cues provided.

> *modelo*
> Adriana se durmió durante la película. (dormir bien anoche)
> *¿Dormiría bien anoche?*

1. Natalia se fue temprano. (salir para ver otra obra de teatro)

_____

2. No encontré los boletos. (poner los boletos en mi cartera)

_____

3. Luz no fue al teatro. (tener otras cosas que hacer)

_____

4. Jaime e Isabel conocieron a los actores y actrices en una fiesta. (invitarlos el director)

_____

5 **Eso pensamos** Write sentences with the elements provided and the conditional of the verbs in parentheses.

> *modelo*
> Nosotros pensamos (ustedes / tener tiempo para ver el espectáculo)
> *Nosotros pensamos que ustedes tendrían tiempo para ver el espectáculo.*

1. Yo pensaba (el museo y el teatro / estar cerrados los domingos)

_____

2. Lisa y David dijeron (ese canal / presentar el documental ahora)

_____

3. Marta creía (sus estrellas de cine favoritas / salir en una nueva película)

_____

4. Lola dijo (Ramón / nunca hacer el papel de Romeo)

_____

17.2 The conditional perfect

1 **Pero no fue así** Write sentences with the elements provided. Use the conditional perfect of the verb in the main clause and the preterite of the verb in the subordinate clause.

> **modelo**
> Lidia / despertarse a las seis, // no oír el despertador
> *Lidia se habría despertado a las seis, pero no oyó el despertador.*

1. Tomás / ir al cine, // tener que quedarse estudiando

   _____

2. (yo) / llamar a Marcela, // no conseguir su número de teléfono

   _____

3. Antonio y Alberto / tocar bien en el concierto, // practicar poco

   _____

4. (tú) / venir a mi casa, // no encontrar la dirección

   _____

5. ustedes / conocer a mi novia, // llegar demasiado tarde

   _____

6. mis amigos y yo / comer en tu casa, // comer en el restaurante

   _____

2 **Viaje cancelado** You and your friends made plans to spend a week in New York City. However, you weren't able to go. Rewrite the paragraph to say what would have happened, using the conditional perfect. The first sentence has been done for you.

Iremos a ver una ópera famosa. Participaremos en un programa de entrevistas. Será un programa divertido. Mi prima nos conseguirá boletos para un espectáculo de baile. Nos quedaremos en casa de mis tíos. Conoceré al novio de mi prima. Mis tíos nos mostrarán la ciudad. Visitaremos la Estatua de la Libertad. Veremos a muchos turistas estadounidenses y extranjeros. Llamaré a mis padres para contarles todo. Habrá un festival en la calle. Bailaremos salsa y merengue en una discoteca. El novio de mi prima nos mostrará el documental que hizo. Escucharemos a algunos artistas recitar poemas en un café.

Habríamos ido a ver una ópera famosa. _____

_____

_____

_____

_____

_____

_____

_____

_____

Workbook

17.3 The past perfect subjunctive

1 **En el pasado** Rewrite the sentences, replacing the subject in italics with the subject in parentheses and adjusting the form of the verb as necessary.

1. Mis padres se alegraron de que *yo* me hubiera graduado. (mi hermano)

_____

2. Marisol dudó que *nosotras* hubiéramos ido a la fiesta solas. (ustedes)

_____

3. Yo no estaba segura de que *mis hermanos* se hubieran despertado. (tú)

_____

4. Todos esperaban que *la conferencia* ya se hubiera acabado. (las clases)

_____

5. La clase empezó sin que *ustedes* hubieran hablado con el profesor. (nosotros)

_____

6. Fue una lástima que *mis amigos* no hubieran invitado a Roberto. (yo)

_____

2 **La obra de teatro** Your friends Eva and Tomás are walking home from the theater. Complete the conversation with the past perfect subjunctive form of the verbs.

EVA Ya había visto este espectáculo antes de que me invitaras. De todas maneras, me alegró que

me (1) _____ (invitar) esta noche.

TOMÁS Si me (2) _____ (decir), habría cambiado de planes.

EVA Pues no importa. Ya vinimos y estuvo fabuloso. Claro que esperaba que

(3) _____ (elegir) mejores asientos.

TOMÁS Hice lo que pude. La verdad me molestó que en el teatro no me (4) _____

(ofrecer) más opciones. Me quejé (*I complained*) con el administrador, pero él no creía que yo

(5) _____ (pagar) esos boletos tan caros.

EVA Bueno, te creo. Pero esta tarde no me gustó nada que no me (6) _____

(llamar) antes. Anita me dijo que estabas con tus amigos, que habían ido al estadio...

TOMÁS ¡No es cierto que (7) _____ (ir) al estadio! Sí estaba con ellos, pero

sólo hablamos un rato. Oye, y no me dijiste con quién habías visto el espectáculo...

EVA Lo vi sola. Nadie pudo venir conmigo... Oye, y ¿por qué no invitaste a Paco y a Lulú? Se

habrían divertido mucho si (8) _____ (venir) con nosotros.

TOMÁS No creo. Aunque (*Although*) a Paco le (9) _____ (gustar) la idea,

Lulú no habría venido, lo sé. Estuvo insoportable en la boda de mi hermana. ¡Yo no podía

creer que se (10) _____ (quedar) dormida en la mesa!

3 Las vacaciones Complete the letter with the past perfect subjunctive of the verbs in parentheses.

3 de mayo

Querida Irma:

Me alegré mucho de que (tú) me (1) _____ (poder) visitar este verano. Además, yo esperaba que (tú) te (2) _____ (quedar) unos días solamente, pero me alegré cuando supe que te quedarías dos semanas. Si tú (3) _____ (estar) aquí todo el mes, habríamos podido ver más zonas del país. Es probable que la playa de La Libertad te (4) _____ (gustar) mucho, y también que (tú) (5) _____ (querer) hacer surf. ¡Ojalá (tú) (6) _____ (conocer) a mi hermano! Es probable que tú y yo nos (7) _____ (divertir) muchísimo con él. ¡Lo habríamos pasado mejor si (tú) (8) _____ (decidir) quedarte en El Salvador todo el verano!

Hasta pronto. Tu amiga,

Rosa

4 No, no era cierto Your grandmother is getting a little absent-minded. Answer her questions negatively, using the past perfect subjunctive.

> **modelo**
> ¿Era obvio que ustedes habían escrito la carta?
> No, no era obvio que hubiéramos escrito la carta.

1. ¿Era verdad que el examen había sido muy difícil?

_____

2. ¿Estaba Raquel segura de que él había tomado vino?

_____

3. ¿Era cierto que todas las clases se habían llenado?

_____

4. ¿Era obvio que ustedes habían limpiado la casa?

_____

5. ¿Estabas seguro de que nosotros habíamos comido?

_____

6. ¿Era cierto que yo había sido la última en llegar?

_____

Síntesis

Interview a friend to find out what he or she would do if he or she won a million dollars in a game show. Then do the following:

• Write a paragraph that describes the things your friend would do. Use the conditional tense.
• Write a paragraph about what you would have done if you were the million-dollar winner. Use both the conditional perfect and the past perfect subjunctive tenses.

panorama

El Salvador

1 **Datos salvadoreños** Complete the sentences with information about El Salvador.

1. _____ es una poeta, novelista y cuentista salvadoreña.

2. El Salvador tiene unos 300 kilómetros de costa en el océano _____.

3. _____ es la playa que está más cerca de San Salvador.

4. Las condiciones de La Libertad son perfectas para el _____.

5. El Parque Nacional Montecristo se conoce también como _____.

6. En el Parque Nacional Montecristo se unen _____,

_____ y _____.

7. Los _____ del bosque Montecristo forman una bóveda que el sol no traspasa.

8. Las _____ de Ilobasco son pequeñas piezas de cerámica muy populares.

2 **¿Cierto o falso?** Indicate if each statement is **cierto** or **falso**. Then correct the false statements.

1. El Salvador es el país centroamericano más grande y más densamente poblado.

_____

2. Casi el 90 por ciento de la población salvadoreña es mestiza.

_____

3. Óscar Romero fue un arzobispo y activista por los derechos humanos.

_____

4. El pueblo de Ilobasco se ha convertido en un gran centro de surfing.

_____

5. El bosque nuboso Montecristo es una zona seca (*dry*).

_____

6. Los productos tradicionales de Ilobasco son los juguetes, los adornos y los utensilios de cocina.

_____

3 **Vistas de El Salvador** Label the places in the photos.

1. _____   2. _____

Lección 17 Workbook Activities   **199**

panorama

Honduras

4   **En Honduras** Answer the questions with complete sentences.

1. ¿Quiénes son los jicaque, los misquito y los paya?

_____

2. ¿Qué idiomas se hablan en Honduras?

_____

3. ¿Quién fue Argentina Díaz Lozano?

_____

4. ¿Qué cultura construyó la ciudad de Copán?

_____

5. ¿Para qué eran las canchas de Copán?

_____

6. ¿Por qué pudo intervenir la Standard Fruit Company en la política hondureña?

_____

5   **Datos hondureños** Briefly describe each person or item.

1. El Progreso _____

2. Carlos Roberto Reina _____

3. Copán _____

4. Rosalila _____

5. José Antonio Velásquez _____

6. las bananas _____

6   **Palabras hondureñas** Identify these people, places, or things.

1. capital de Honduras _____

2. Tegucigalpa, San Pedro Sula, El Progreso, La Ceiba _____

3. moneda hondureña _____

4. esculturas, cetros, templos, canchas _____

5. escritor hondureño _____

6. lugar adonde se empezaron a exportar las bananas hondureñas _____

contextos

Lección 18

1   **Identificar**   Label the numbered items in the drawing.

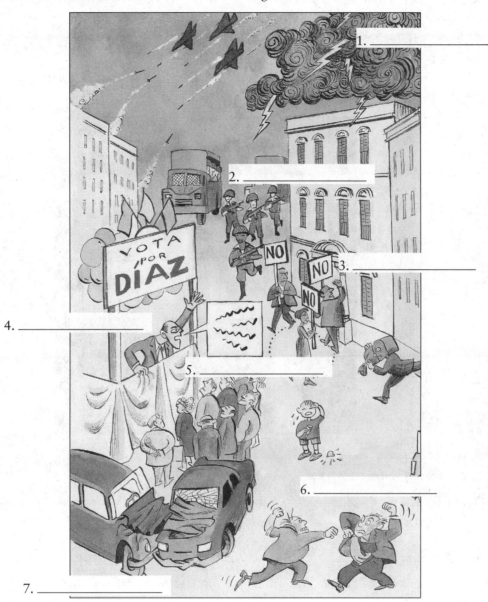

1. _____

2. _____

3. _____

4. _____

5. _____

6. _____

7. _____

2   **Una es diferente**   Fill in the blanks with the words that don't belong in the groups.

1. anunciar, comunicarse, luchar, transmitir, informar _____

2. racismo, sexismo, discriminación, desigualdad, prensa _____

3. libertad, tornado, huracán, tormenta, inundación _____

4. locutor, impuesto, ciudadano, político, reportero _____

5. crimen, guerra, violencia, derechos, choque _____

6. diario, noticiero, acontecimiento, artículo, informe _____

    Lección 18 Workbook Activities   **201**

3 **Crucigrama** Use the clues to complete the crossword puzzle.

Horizontales

1. Un carro golpea (*hits*) a otro carro.
2. Sucede cuando un río se llena demasiado de agua.
4. Es lo opuesto (*opposite*) a la democracia.
5. Se hace para saber quién va a ganar las elecciones.
7. Todos los días puedes leer las noticias en él.

Verticales

1. Quiere ser elegido para un puesto público.
3. Es el dinero que todos pagan al gobierno por lo que ganan.
6. Es una enfermedad del sistema inmune del cuerpo.

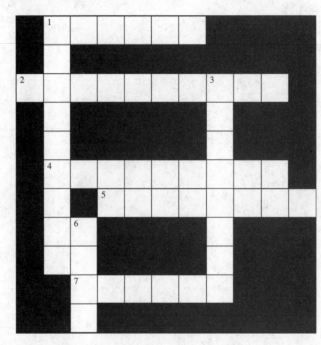

4 **La locutora** Complete the newscast with items from the word bank.

candidatos	elecciones	encuestas	noticias	prensa
discursos	elegir	medios de comunicación	noticiero	votar

Buenas tardes, y bienvenidos al (1) _____ de las cinco. Mañana, un mes

antes de las (2) _____ para la presidencia de los Estados Unidos, será el

primer debate entre los (3) _____. Ya ellos han pronunciado muchos

(4) _____, y todos hemos escuchado sus opiniones, pero mañana será la primera

vez que los candidatos se enfrentan (*face each other*). La (5) _____ internacional

está preparada para llevar las últimas noticias a los diarios de todo el mundo. Los

(6) _____, como la radio y la televisión, estarán bien representados. Las

(7) _____ no indican que alguno de los dos candidatos tenga una ventaja (*lead*)

clara. Lo más importante es ver cuántos ciudadanos irán a (8) _____ el día de las

elecciones. Son ellos los que decidirán a quién van a (9) _____. Volveremos a las

diez de la noche para darles las (10) _____ de la tarde. ¡Los esperamos!

estructura

18.1 Si clauses

1 **Sería así** Complete the sentences with the verbs in parentheses. Use the subjunctive and the conditional as appropriate.

> **modelo**
> Si yo *fuera* (ir) al cine, (yo) *vería* (ver) esa película.

1. Adriana y Claudia _____ (adelgazar) si _____ (comer) menos todos los días.

2. Si Gustavo _____ (conseguir) un trabajo mejor, (él) _____ (ganar) más dinero.

3. Si el amigo de Gerardo la _____ (invitar), Olga _____ (salir) con él al cine.

4. Alma y yo _____ (lavar) los platos si Alejandra _____ (pasar) la aspiradora.

5. Si (tú) _____ (tener) hambre, (tú) _____ (poder) almorzar en casa de mi tía.

6. Brenda nos _____ (venir) a buscar si (nosotras) _____ (estar) listas a tiempo.

7. Yo _____ (ir) a la ópera el sábado si ustedes _____ (tener) más boletos.

8. Si Pilar y tú _____ (querer), (nosotros) _____ (viajar) juntos por Suramérica.

9. Ustedes _____ (buscar) el libro en la librería si (ustedes) no lo _____ (encontrar) en casa.

10. Si Marcos y María _____ (poder), (ellos) _____ (comprar) una casa en mi barrio.

2 **Si fuera así...** Rewrite the sentences to describe a contrary-to-fact situation. Use the subjunctive and the conditional tenses.

> **modelo**
> Si me visitas en Montevideo, te invito a cenar.
> *Si me visitaras en Montevideo, te invitaría a cenar.*

1. Si buscas las llaves en la habitación, las encuentras enseguida.

   _____

2. La madre de Rodrigo llama al médico si él está enfermo.

   _____

3. Si ustedes saludan a Rosa y a Ramón, ellos son muy simpáticos.

   _____

4. Si Luis me espera, voy con él al festival de música folclórica.

   _____

5. Ana y Elena limpian la cocina y el baño si están sucios.

   _____

6. Viajo a Uruguay con ustedes si tengo el dinero.

3 **Si hubiera...** Write complete sentences about the images. Use the conditional perfect and the past perfect.

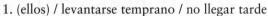
modelo

(él) levantar pesas / mantenerse en forma
Si hubiera levantado pesas, se habría mantenido en forma.

1. (ellos) / levantarse temprano / no llegar tarde

_____

_____

2. (yo) hacer ejercicios de estiramiento / no haberse lastimado

_____

_____

3. (ustedes) leer el libro / sacar buenas notas en el examen

_____

_____

_____

4. (tú) llegar temprano / recibir un regalo

_____

_____

4 **Escribir oraciones** Write sentences with the elements provided to express conditions and events possible or likely to occur. Use the tenses in brackets.

modelo

Si Paco llega temprano / (ustedes / ir al cine) *[future]*
Si Paco llega temprano, ustedes irán al cine.

1. Si quieres comer en mi casa / (tú / llamarme) *[command]*

_____

2. Si Luisa se enferma / (su novio / llevarla al doctor) *[present]*

_____

3. Si todos los ciudadanos votan / (el gobierno / ser mejor) *[near future]*

_____

4. Si Ana y tú estudian / (ustedes / aprobar el examen) *[future]*

_____

5. Si nos levantamos tarde / (nosotras / no llegar al discurso) *[near future]*

_____

18.2 Summary of the uses of the subjunctive

1 **¿Subjuntivo o indicativo?** Choose the correct verbs from the parentheses.

1. Cuando _____ (vienes, vengas) a buscarme, tráeme la mochila.

2. Nuestros primos nos llamaron después de que su madre se _____ (casó, casara).

3. Ricardo y Elena quieren que ella los llame en cuanto _____ (llega, llegue).

4. Ustedes se quitaron los abrigos tan pronto como _____ (pudieron, pudieran).

5. Ricardo va a correr en el parque hasta que se _____ (cansa, canse).

6. Después de que _____ (vamos, vayamos) al cine, quiero comer algo.

2 **¿Infinitivo o subjuntivo?** Rewrite the sentences, using the infinitive or the subjunctive form of the verb in parentheses, as needed.

1. Laura y Germán esperan que la tormenta no (causar) daños (*damage*).

   _____

2. Los trabajadores temen (perder) sus derechos.

   _____

3. Nosotros tenemos miedo de (conducir) en la ciudad.

   _____

4. Gisela y tú se alegran de que Ricardo no (ser) antipático.

   _____

5. Tú esperas (terminar) el trabajo antes de irte de vacaciones.

   _____

6. Daniel teme que sus padres (vender) la casa en donde nació.

   _____

3 **¿Hace o haga?** Complete the sentences with the indicative or subjunctive of the verbs in parentheses.

1. Roberto es el chico que _____ (trabajar) en el periódico universitario.

2. Álex y yo buscamos aspirantes que _____ (saber) usar bases de datos.

3. ¿Conoces a alguien que _____ (hablar) más de cuatro idiomas?

4. El amigo de Ana es un abogado que _____ (tener) muchos casos.

5. La señora López dice que no hay nadie que _____ (cocinar) mejor que ella.

6. Javier y yo somos artistas que _____ (dibujar) muy bien.

7. Mauricio quiere un asistente que _____ (vivir) en Quito.

8. Andrea tiene amigos que _____ (estudiar) en la UNAM.

Lección 18 Workbook Activities **205**

Workbook

4 **Planes de verano** Berta is writing an e-mail to her friend Pati about her plans for this summer. Complete the paragraph with the correct forms of the subjunctive.

Para: Pati	De: Berta	Asunto: Viaje de verano

Querida Pati:

Deseo que el semestre (1) _____ (terminar) pronto. Dudo que (2) _____ (sacar) malas notas, pero ya tengo planes para el verano. Tan pronto como (3) _____ (empezar) las vacaciones, tomaré un avión a Montevideo. Si (4) _____ (comprar) mi boleto hace dos meses, habría pagado menos dinero, pero me alegro de que (5) _____ (aceptar) mi tarjeta de crédito en la agencia de viajes. En cuanto (6) _____ (recibir) mi sueldo, compraré un diario. Cuando (7) _____ (comenzar) mi viaje, voy a escribir todas mis experiencias. Después de que (8) _____ (llegar) a Montevideo, mi amigo Alberto irá por mí al aeropuerto. No descansaremos hasta que (9) _____ (visitar) todos los lugares interesantes de su país. ¡Uf! Me alegra que el verano (10) _____ (durar) dos meses. En caso de que Alberto y yo (11) _____ (necesitar) más tiempo, regresaré el próximo año. Si tú (12) _____ (venir) con nosotros, disfrutarías mucho. Siento mucho que (tú) no (13) _____ (poder) viajar este verano y espero que ya (14) _____ (sentirse) mejor. Tan pronto como (yo) (15) _____ (encontrar) un cibercafé en Montevideo, te escribiré.

Saludos,
Berta

5 **Que sea así** Combine the sentences, using the present or past subjunctive in the adjective clause.

> **modelo**
> Patricia fue a buscar un escritorio. El escritorio debía ser grande.
> Patricia fue a buscar un *escritorio que fuera grande.*

1. Quiero elegir un candidato. El candidato debe ser inteligente y sincero.

   _____

2. La empresa iba a contratar un empleado. El empleado debía tener experiencia.

   _____

3. Norma y tú van a comprar una casa. La casa debe estar en buen estado (*condition*).

   _____

4. Iván quería casarse con una chica. La chica lo debía querer mucho.

   _____

5. Vamos a darle empleo a una señora. La señora debe saber cocinar.

   _____

6. Ellos estaban buscando una persona. La persona debía conocer a Sergio.

   _____

6 ¿Indicativo o subjuntivo? Complete this letter with the present indicative or the present subjunctive of the verbs in parentheses.

Estimado cliente:

Le escribimos para informarle que su servicio de larga distancia ya (1) _____ (funcionar) a través de (*through*) nuestra empresa. Ahora las llamadas internacionales le (2) _____ (costar) 10 centavos por minuto a menos que usted (3) _____ (hacer) las llamadas en fin de semana. Puede llamarnos a nuestra línea de servicio al cliente cuando usted (4) _____ (querer). Nuestros agentes (5) _____ (responder) a las llamadas las 24 horas del día. Además, le ofrecemos nuestro servicio de Internet inalámbrico. Ahora usted (6) _____ (poder) conectarse a Internet sin que la distancia y el lugar (7) _____ (ser) un problema. Le sugerimos que (usted) (8) _____ (elegir) nuestra empresa para conectarse a Internet. Es cierto que usted (9) _____ (tener) muchas opciones, pero le aconsejamos que (usted) (10) _____ (conectarse) a través de nuestra empresa para obtener los mejores precios y servicios. Tan pronto como usted (11) _____ (decidir) usar nuestros servicios, llámenos. Nosotros le daremos toda la información que (usted) (12) _____ (necesitar).

7 ¿Qué habría pasado? Write questions and answers with the elements provided to state what would have happened in each case.

modelo
si yo / haber estado en un incendio // (tú) / haber tenido miedo
¿Qué habría pasado si yo hubiera estado en un incendio?
Si hubieras estado en un incendio, habrías tenido miedo.

1. si don Diego / haber llegado tarde // (él) / no haber votado

_____

_____

2. si Jimena / haberte dicho eso // yo / no haber aceptado el trabajo

_____

_____

3. si Maru y tú / haber sido discriminados/as // (nosotros/as) / haber luchado contra la desigualdad

_____

_____

4. si Felipe y Miguel / haber visto al criminal // (ellos) / haber declarado en su contra (*against him*)

_____

_____

Síntesis

Write an essay about a famous politician. Include various types of **si** clauses and different uses of the subjunctive as you address the following:

- State what you think about the person's life choices.
- With which aspects of the person's life do you agree and disagree?
- What do you like and dislike about him or her?
- What do you hope he or she will do in the future?
- Which of the things said about this person do you think are true and untrue?
- What would you have done and what would you do if you were this person?

_____

_____

_____

_____

_____

_____

_____

_____

_____

_____

_____

_____

_____

_____

_____

_____

_____

_____

_____

_____

_____

panorama

Paraguay

1 **Preguntas sobre Paraguay** Answer these questions about Paraguay.

1. ¿Cómo usan la lengua guaraní los paraguayos? _____

_____

2. ¿A qué se dedica el Teatro Guaraní? _____

_____

3. ¿Por qué se llaman "ñandutí" los encajes paraguayos? _____

_____

4. ¿Por qué visitan la represa Itaipú muchos turistas? _____

_____

5. ¿Qué ríos sirven de frontera entre Paraguay y Argentina? _____

_____

6. ¿Cuál es la importancia del río Paraná? _____

_____

2 **Sopa de letras** Use the clues to find terms about Paraguay in the puzzle. Then, write down the answers.

1. capital de Paraguay
2. central hidroeléctrica
3. ciudad de Paraguay
4. encaje artesanal paraguayo
5. estuario al final del río Paraná
6. guitarrista paraguayo
7. un idioma de Paraguay
8. lugar originario del ñandutí
9. una mujer de Paraguay
10. país que hace frontera con Paraguay
11. río con 3.200 km navegables
12. zona poco poblada de Paraguay

U	R	Í	O	D	E	L	A	P	L	A	T	A
X	I	R	M	Z	L	U	L	G	A	D	M	R
A	T	I	T	A	I	P	Ú	L	M	Ñ	B	G
S	A	D	Á	Q	Ñ	F	M	V	B	F	Í	E
U	U	S	G	R	A	N	C	H	A	C	O	N
N	G	U	A	R	A	N	Í	R	R	M	H	T
C	U	B	A	R	R	I	O	S	É	Í	C	I
I	Á	F	P	A	R	A	N	Á	L	U	X	N
Ó	Ñ	A	N	D	U	T	Í	G	O	R	Ñ	A
N	O	H	P	A	R	A	G	U	A	Y	A	R

1. _____
2. _____
3. _____
4. _____
5 _____
6. _____
7. _____
8. _____
9. _____
10. _____
11. _____
12. _____

panorama

Uruguay

3 **Datos uruguayos** Complete the sentences with information about Uruguay.

1. Montevideo está situada en la desembocadura del _____.

2. Hay numerosas playas que se extienden desde Montevideo hasta la ciudad de _____.

3. La _____ es un elemento esencial en la dieta diaria de los uruguayos.

4. El _____ es una infusión similar al té y es muy típico de la región.

5. El _____ es el deporte nacional de Uruguay.

6. En los años _____ se inició el período profesional del fútbol uruguayo.

7. El _____ de Montevideo dura unos cuarenta días y es el más largo del mundo.

8. La celebración más conocida del Carnaval de Montevideo es el _____.

4 **¿Cierto o falso?** Indicate if each statement is **cierto** or **falso**. Correct the false statements.

1. Punta del Este es una ciudad cosmopolita e intelectual.

_____

2. La producción ganadera es muy importante en la economía de Uruguay.

_____

3. El mate es una bebida de origen africano que está muy presente en Uruguay.

_____

4. Uruguay y Argentina desean ser la sede de la Copa Mundial de fútbol en 2030.

_____

5. Uno de los mejores carnavales de Suramérica se celebra en Salto.

_____

6. En el Desfile de las Llamadas participan actores y actrices.

_____

5 **El mapa** Identify the places on this map
of Uruguay.

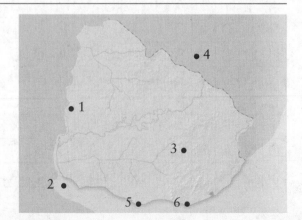

1. _____   4. _____

2. _____   5. _____

3. _____   6. _____

Workbook

1 **¿Cuándo ocurrirá?** Create sentences with the elements provided. First, use the future and the past subjunctive tenses. Then rewrite each sentence, using the future perfect and the past subjunctive.

> **modelo**
>
> (yo) / limpiar la casa // (nosotros) / ir al cine
> Limpiaré la casa antes de que vayamos al cine.
> Habré limpiado la casa cuando vayamos al cine.

1. Manuel / conseguir un trabajo // (tú) / comprar el coche

_____

_____

2. el candidato / cumplir (*keeps*) sus promesas // Ana / votar por él

_____

_____

3. Lola y yo / pintar el apartamento // ellos / mudarse

_____

_____

4. ustedes / terminar el trabajo // todos / llegar a la oficina

_____

_____

_____

2 **Oraciones incompletas** Complete each sentence using the correct phrase from the word bank. Use each phrase once.

la cocina no estaría tan sucia	no pasaría nada malo
los dibujos saldrían mejor	tenían ganas
ganáramos más dinero	tuvieran más experiencia
hubieras venido ayer	yo habría aprendido más

1. Si me hubieras ayudado a estudiar, _____.

2. Ellos conseguirían ese trabajo si _____.

3. Habrías visto a Lucía si _____.

4. Si siempre pagaran a tiempo, _____.

5. Si la limpiáramos un poco, _____.

6. Estaríamos más contentos si _____.

7. Lilia y Marta nadaban si _____.

8. Si Gloria tuviera un papel de mejor calidad, _____.

3 **El subjuntivo en acción** Complete the text with the correct forms of the verbs in parentheses. Use the subjunctive, the past subjunctive, the conditional perfect, and the past perfect subjunctive as appropriate.

Si yo (1) _____ (vivir) en Uruguay, me gustaría vivir en Montevideo. No he

conocido a nadie que (2) _____ (estar) allí antes. Mi amigo Daniel me

recomendó el año pasado que (yo) (3) _____ (viajar) por Suramérica. Otros

amigos me recomiendan que (yo) (4) _____ (visitar) las islas del Caribe primero.

Mi novia quiere que yo la (5) _____ (llevar) de vacaciones a Costa Rica. Es

posible que este año mi familia (6) _____ (ir) de nuevo al Caribe en un crucero

(*cruise*). ¡Es una lástima que (nosotros) no (7) _____ (ver) muchos países de habla

hispana todavía! Espero que este año (nosotros) (8) _____ (poder) viajar más. Si

yo (9) _____ (tener) mucho dinero, (yo) (10) _____ (viajar)

siempre. Si mis abuelos (11) _____ (tener) las oportunidades de viajar que tienen

mis padres, habrían visto el mundo entero. Mi abuelo siempre nos aconsejó a nosotros que

(12) _____ (disfrutar) de la vida y que nunca (13) _____

(trabajar) tanto que no pudiéramos viajar. Si mi abuelo hubiera vivido hasta ahora, él

(14) _____ (ir) con nosotros a nuestro primer viaje en crucero. Y yo, ¡no dejaré de

viajar hasta que me (15) _____ (morir)! Espero que (nosotros) siempre

(16) _____ (tener) dinero, tiempo y salud para hacerlo.

4 **El extranjero** On a separate sheet of paper, write an essay in Spanish about life in the U.S., a Spanish-speaking country, and your future home, using the following guidelines and keeping in mind the indicative and subjunctive tenses that you learned throughout your textbook.

- First, describe life in the U.S.: what you like, what bothers you, what is good, and what is bad. Mention at least one stereotype that you consider to be true and another that you feel is untrue about life in the U.S. What would you recommend to someone who has recently moved to the U.S.? What other advice would you give that person?
- Next, write about a Spanish-speaking country. What would your childhood have been like if you had been born and had grown up there? What would your city and home be like? What would your parents be like? What would your education have been like?
- Finally, describe where you want to live in the future and why. Be sure to include some of the same topics in your explanation that you described in the other two sections.

Bienvenida, Marissa

Lección 1

Antes de ver el video

1 **¡Mucho gusto!** In this episode, Marissa will be meeting the **familia Díaz** for the first time. Look at the image and write down what you think Marissa, Mrs. Díaz, and Mr. Díaz are saying.

_____

_____

_____

_____

_____

_____

_____

Mientras ves el video

2 **Completar** Watch **Bienvenida, Marissa** and fill in the blanks in the following sentences.

SRA. DÍAZ ¿(1)_____ hora es?

MARISSA (2)_____ las cuatro menos diez.

DON DIEGO Buenas tardes, (3)_____. Señorita, bienvenida a la Ciudad de México.

MARISSA ¡Muchas gracias! Me (4)_____ Marissa.

¿(5)_____ se llama usted?

DON DIEGO Yo soy Diego, mucho (6)_____.

MARISSA El gusto es (7)_____, don Diego.

DON DIEGO ¿Cómo (8)_____ usted hoy, señora Carolina?

SRA. DÍAZ Muy bien, gracias, ¿y (9)_____?

DON DIEGO Bien, (10)_____.

SRA. DÍAZ Ahí hay (11)_____ maletas. Son de Marissa.

DON DIEGO Con (12)_____.

3 **¿Cierto o falso?** Indicate whether each statement is **cierto** or **falso**.

	Cierto	Falso
1. Marissa es de Wisconsin.	○	○
2. Jimena es profesora.	○	○
3. La señora Díaz es de Cuba.	○	○
4. Felipe es estudiante.	○	○
5. El señor Díaz es de la Ciudad de México.	○	○
6. Marissa no tiene (*doesn't have*) diccionario.	○	○

Video Manual: *Fotonovela*

Después de ver el video

4 **¿Quién?** Write the name of the person who said each of the following sentences.

1. Ellos son estudiantes. _____

2. Son las cuatro y veinticinco. _____

3. Hasta luego, señor Díaz. _____

4. La chica de Wisconsin. _____

5. Bienvenida, Marissa. _____

6. Nosotros somos tu diccionario. _____

7. Hay... tres cuadernos... un mapa... un libro de español... _____

8. Marissa, te presento a Roberto, mi esposo. _____

9. De nada. _____

10. Lo siento, Marissa. _____

11. Hola. _____

12. No hay de qué. _____

13. ¿Qué hay en esta cosa? _____

14. ¿Quiénes son los dos chicos de las fotos? ¿Jimena y Felipe? _____

15. Gracias, don Diego. _____

5 **Ho, ho, hola...** Imagine that you have just met the man or woman of your dreams, and that person speaks only Spanish! Don't be shy! Write what the two of you would say in your first conversation.

_____
_____
_____
_____
_____
_____
_____
_____

6 **En la clase** Imagine that you are in Mexico studying Spanish. Write your conversation with your Spanish professor on the first day you attend the university.

_____
_____
_____
_____
_____

¿Qué estudias?   Lección 2

Antes de ver el video

1 **Impresiones** Based on your impressions of Marissa, Felipe, and Jimena in **Lección 1**, write the names of the classes you think each person is taking or is most interested in. Circle the name of the person you believe is the most studious, and underline the name of the character you believe is the most talkative.

MARISSA	FELIPE	JIMENA
_____	_____	_____
_____	_____	_____
_____	_____	_____

Mientras ves el video

2 **¿Quién y a quién?** Watch **¿Qué estudias?** and say who asks these questions and to whom.

Preguntas	¿Quién?	¿A quién?
1. ¿A quién buscas?	_____	_____
2. ¿Cuántas clases tomas?	_____	_____
3. ¿Qué estudias?	_____	_____
4. ¿Dónde está tu diccionario?	_____	_____
5. ¿Hablas con tu mamá?	_____	_____

3 **¿Qué cosas hay?** Make a check mark beside the actions, items and places shown in **¿Qué estudias?**

____ 1. libros   ____ 5. comprar   ____ 9. pizarra
____ 2. laboratorio ____ 6. tiza   ____ 10. dibujar
____ 3. caminar   ____ 7. hablar   ____ 11. reloj
____ 4. castillo   ____ 8. horario   ____ 12. mochila

4 **Completar** Fill in the blanks.

1. Marissa está en México para _____.
2. Marissa toma cuatro _____.
3. La _____ de Marissa es arqueología.
4. La especialización de Miguel es _____.
5. A Miguel le gusta _____.
6. Marissa _____ muy bien el español.
7. Juan Carlos toma química con el _____ Morales.
8. El profesor Morales enseña en un laboratorio sin _____.
9. A Felipe le gusta estar _____ el reloj y la puerta.
10. Maru _____ con su mamá.

Después de ver el video

5 Corregir The underlined words in the following statements are incorrect. Fill in the blanks with the correct ones.

1. <u>Maru</u> es de los Estados Unidos. _____

2. <u>Miguel</u> toma una clase de computación. _____

3. <u>Felipe</u> necesita comprar libros. _____

4. En clase, a Marissa le gusta estar cerca <u>del reloj</u>. _____

5. <u>Felipe</u> es de Argentina. _____

6. Marissa toma español, <u>periodismo</u>, literatura y geografía. _____

7. Felipe busca a Juan Carlos y a <u>Maru</u>. _____

8. Felipe necesita practicar <u>español</u>. _____

6 Asociar Write the words or phrases in the box next to the names.

¿A la biblioteca?	cuatro clases	¿Por qué tomo química
arqueología	Ésta es la Ciudad de México.	y computación?
Buenos Aires	Hola, mamá, ¿cómo estás?	Te gusta la tarea.
ciencias ambientales	Me gusta mucho la cultura mexicana.	Y sin diccionario.

1. Marissa _____ _____

_____

2. Felipe _____ _____

_____

3. Juan Carlos _____ _____

_____

4. Maru _____ _____

_____

7 ¿Y tú? Write a paragraph saying who you are, where you are from, where you study (city and name of university), and what classes you are taking this semester.

_____

_____

_____

_____

_____

_____

_____

_____

_____

_____

Video Manual: *Fotonovela*

Nombre _____   Fecha _____

Antes de ver el video

1

Examinar el título Look at the title of the episode. Based on the title and the image below, imagine what you think you will see.

_____

_____

_____

_____

_____

_____

Mientras ves el video

2

Completar Fill in the blanks for each sentence from column A with a word from column B, according to **Un domingo en familia**.

A	B
1. Marta _____ ocho años.	trabajadora
2. Las hijas de Nayeli son simpáticas y _____.	tiene
3. La _____ de Ramón y Roberto se llama Ana María.	vive
4. Jimena dice que Felipe es _____ y feo.	gordo
5. Jimena es muy _____.	bonitas
6. Ana María _____ en Mérida.	hermana

3

En Xochimilco Check off each person or thing that appears.

____ 1. a Biology book   ____ 5. Felipe's uncle   ____ 9. people eating

____ 2. Marissa's grandparents ____ 6. a soccer ball   ____ 10. Felipe's girlfriend

____ 3. Jimena's cousins   ____ 7. trajineras   ____ 11. Jimena's dad

____ 4. a desk   ____ 8. mariachis   ____ 12. Ana María's son-in-law

4

¿Cierto o falso? Indicate whether each statement is **cierto** or **falso**.

	Cierto	Falso
1. Felipe tiene mucha hambre.	○	○
2. El ex novio de Marissa es alemán.	○	○
3. Ana María tiene tres hijos.	○	○
4. Marissa tiene una sobrina que se llama Olivia.	○	○
5. La señora Díaz dice que su cuñada es muy simpática.	○	○

Video Manual: *Fotonovela*

Después de ver el video

5 Seleccionar Select the letter of the word or phrase that goes in each sentence.

1. Roberto es el _____ de Felipe y Jimena.

   a. tío   b. primo   c. padre   d. sobrino

2. Los abuelos de Marissa son _____.

   a. ecuatorianos   b. españoles   c. mexicanos   d. alemanes

3. Adam es el _____ de Marissa.

   a. hermano menor   b. tío   c. primo   d. cuñado

4. Carolina tiene una _____ que se llama Ana María.

   a. tía   b. cuñada   c. hermana   d. prima

5. Las _____ de Nayeli son _____.

   a. primas; altas   b. hermanas; trabajadoras.   c. hijas; simpáticas   d. sobrinas; guapas

6. La _____ de Nayeli es muy _____.

   a. sobrina; trabajadora   b. abuela; vieja   c. mamá; simpática   d. tía; alta

7. La _____ de Carolina tiene _____.

   a. tía; hambre   b. hija; sed   c. sobrina; frío   d. familia; sueño

8. Marissa decide ir a _____.

   a. la librería   b. la cafetería   c. Mérida   d. el estadio

6 Preguntas Answer the questions, using complete sentences.

1. ¿Quién tiene tres hermanos?

_____

2. ¿Cuántos años tiene Valentina, la hija de Nayeli?

_____

3. ¿Quién es hija única?

_____

4. ¿Cómo se llama el hermano de Jimena?

_____

5. ¿Cómo se llama el padre de Felipe?

_____

7 Preguntas personales Answer the questions about your family.

1. ¿Cuántas personas hay en tu familia? ¿Cuál es más grande (*bigger*), tu familia o la familia de Jimena? _____

_____

2. ¿Tienes hermanos/as? ¿Cómo se llaman? _____

_____

3. ¿Tienes un(a) primo/a favorito/a? ¿Cómo es? _____

4. ¿Cómo es tu tío/a favorito/a? ¿Dónde vive? _____

_____

Video Manual: *Fotonovela*

Fútbol, cenotes y mole

Lección 4

Antes de ver el video

1   **El cenote**   In this episode, Miguel, Maru, Marissa, and Jimena are going to a cenote to swim. What do you think they will see? What will they talk about?

_____
_____
_____
_____
_____
_____

Mientras ves el video

2   **Verbos**   These sentences are taken from **Fútbol, cenotes y mole**. As you watch this segment, fill in the blanks with the missing verbs.

1. ¿No vamos a _____? ¿Qué es un cenote?
2. Ella nada y _____ al tenis y al golf.
3. Bueno, chicos, ya es hora, ¡_____!
4. Si _____, compramos el almuerzo.

3   **¿Qué ves?**   Check what you see.

____ 1. una pelota de fútbol   ____ 5. una revista

____ 2. un mensaje de correo electrónico   ____ 6. un restaurante

____ 3. una mochila   ____ 7. una plaza

____ 4. un videojuego   ____ 8. un cine

4   **Completar**   Fill in the blanks in Column A with words from Column B.

A	B
1. Miguel dice que un cenote es una _____ natural.	montañas
2. Marissa dice que donde ella vive no hay _____.	pasatiempos
3. La tía Ana María tiene muchos _____ y actividades.	almorzar
4. La tía Ana María va al cine y a los _____.	museos
5. Eduardo y Pablo dicen que hay un partido de fútbol en el _____.	nadan
6. Don Guillermo dice que hay muchos _____ buenos en Mérida.	piscina
7. Felipe desea _____ mole.	restaurantes
8. Marissa y sus amigos _____ en el cenote.	parque

    Lección 4 Fotonovela Video Activities   **219**

Video Manual: Fotonovela

Después de ver el video

5 **¿Qué hacen?** For numbers 1–11, fill in the missing letters in each word. For number 12, put the letters in the boxes in the right order.

1. Pablo dice que si no consigue más jugadores, su equipo va a □ __ __ d __ __.

2. Miguel dice que en México sólo hay __ __ n __ __ __ □ en la península de Yucatán.

3. Felipe dice que el restaurante del mole está en el __ __ __ □ __ o.

4. La tía Ana María sale mucho los __ __ n __ □ de semana.

5. Don Guillermo dice que hay un buen restaurante en la □ __ a __ __.

6. El mole de la tía Ana María es el __ __ v __ __ □ __ __ de Jimena.

7. Juan Carlos y Felipe van a __ __ __ □ r al fútbol con Eduardo y Pablo.

8. Eduardo juega con la p □ __ __ __ __ después del partido.

9. Eduardo y Pablo van a pagar lo que Felipe y Juan Carlos van a □ __ m __ __ __ __ __.

10. Marissa no escala □ __ __ t __ __ __ __.

11. Los chicos hablan con don Guillermo después de jugar al __ __ __ b □ __.

12. La tía Ana María tiene muchos _____.

6 **Me gusta** Fill in the chart with the activities, hobbies, or sports that you enjoy. Also say when and where you do each activity.

Mis pasatiempos favoritos	¿Cuándo?	¿Dónde?

7 **Preguntas** Answer these questions in Spanish.

1. ¿Son aficionados/as a los deportes tus amigos/as? ¿Cuáles son sus deportes favoritos?

_____

_____

2. ¿Qué hacen tú y tus amigos/as cuando tienen ratos libres?

_____

_____

3. ¿Qué vas a hacer esta noche? ¿Vas a estudiar? ¿Descansar? ¿Mirar televisión? ¿Ver una película? ¿Por qué? _____

_____

_____

¡Vamos a la playa!   Lección 5

Antes de ver el video

1 **¿Qué hacen?** The six friends have just arrived at the beach. Based on the image, what do you think Maru and Jimena are doing? What do you think they will do next?

_____

_____

_____

_____

_____

_____

_____

_____

Mientras ves el video

2 **¿Quién?** Watch the episode and write the name of the person that goes with each expression.

Expresión	Nombre
1. En Yucatán hace mucho calor.	_____
2. ¿Están listos para su viaje a la playa?	_____
3. No podemos perder el autobús.	_____
4. Bienvenidas. ¿En qué puedo servirles?	_____
5. No está nada mal el hotel, ¿verdad? Limpio, cómodo.	_____

3 **¿Qué ves?** Check what is shown.

_____ 1. un inspector de aduanas   _____ 5. unas maletas   _____ 9. la planta baja del hotel

_____ 2. el mar   _____ 6. una pelota   _____ 10. unas llaves

_____ 3. un aeropuerto   _____ 7. una agencia de viajes   _____ 11. un libro

_____ 4. un botones   _____ 8. el campo   _____ 12. personas en la playa

4 **Completar** Fill in the blanks.

1. **TÍA ANA MARÍA**   Excelente, entonces… ¡A la _____!

2. **MARU**   Tenemos una _____ para seis personas para esta noche.

3. **EMPLEADO**   Dos _____ en el primer piso para seis huéspedes.

4. **MIGUEL**   Ellos son mis amigos. Ellos sí son _____ conmigo.

5. **MARISSA**   Yo estoy un poco _____. ¿Y tú? ¿Por qué no estás nadando?

   Lección 5 Fotonovela Video Activities   **221**

Después de ver el video

5 **¿Cierto o falso?** Say whether each statement is **cierto** or **falso**. Correct the false statements.

1. Miguel está enojado con Felipe.

_____

2. Felipe y Marissa hablan con un empleado del hotel.

_____

3. Los ascensores del hotel están a la izquierda.

_____

4. Maru y su novio quieren hacer windsurf, pero no tienen tablas.

_____

5. Felipe dice que el hotel es feo y desagradable.

_____

6. Jimena dice que estudiar en la playa es muy divertido.

_____

6 **Resumir** Write a summary of this episode in Spanish. Try not to leave out any important information.

_____
_____
_____
_____
_____
_____
_____
_____
_____

7 **Preguntas** Answer these questions in Spanish.

1. ¿Te gusta ir de vacaciones? ¿Por qué? _____

_____

2. ¿Adónde te gusta ir de vacaciones? ¿Por qué? _____

_____

3. ¿Con quién(es) vas de vacaciones? _____

_____

En el mercado

Antes de ver el video

1 **Describir** Look at the image and describe what you see, answering these questions: Where are Maru, Jimena, and Marissa? Who are they talking to? What is the purpose of their conversation?

_____

_____

_____

_____

_____

_____

Mientras ves el video

2 **Ordenar** Watch **En el mercado** and indicate the order in which you hear the following.

_____ a. Acabamos de comprar tres bolsas por 480 pesos.

_____ b. ¿Encontraron el restaurante?

_____ c. Esta falda azul es muy elegante.

_____ d. Le doy un muy buen precio.

_____ e. Mira, son cuatro. Roja, amarilla, blanca, azul.

_____ f. Acabo de ver una bolsa igual a ésta que cuesta 30 pesos menos.

3 **Mérida** Check each thing you see.

_____ 1. una tarjeta de crédito   _____ 4. un impermeable

_____ 2. una blusa   _____ 5. unos aretes

_____ 3. un mercado   _____ 6. un vendedor

4 **¿Quién lo dijo?** Indicate whether Marissa, Miguel, or don Guillermo said each sentence.

_____ 1. Quiero comprarle un regalo a Maru.

_____ 2. ¿Me das aquella blusa rosada? Me parece que hace juego con esta falda.

_____ 3. ¿Puedo ver ésos, por favor?

_____ 4. Hasta más tarde. Y ¡buena suerte!

_____ 5. Me contaron que los vendedores son muy simpáticos.

Después de ver el video

5 Completar Complete the following sentences with words from the box.

azul	hermana	novia
camisetas	mercado	regatear
en efectivo	negro	vender

1. Juan Carlos, Felipe y Miguel creen que las chicas no saben _____.

2. Los seis amigos van de compras a un _____.

3. Marissa dice que el color _____ está de moda.

4. Miguel quiere comprarle un regalo a su _____ Maru.

5. Las _____ de Juan Carlos y Felipe costaron 200 pesos.

6. Las chicas pagan 480 pesos _____ por las bolsas.

6 Corregir All these statements are false. Rewrite them so they are true.

1. Jimena dice que la ropa del mercado es muy fea.

_____

2. Marissa usa la talla 6.

_____

3. Maru compró una blusa.

_____

4. Miguel compró un abrigo para Maru.

_____

7 Preguntas Answer these questions in Spanish.

1. ¿Te gusta ir de compras? ¿Por qué? _____

2. ¿Adónde vas de compras? ¿Por qué? _____

_____

3. ¿Con quién(es) vas de compras? ¿Por qué? _____

_____

4. Imagina que estás en un centro comercial y que tienes mil dólares. ¿Qué vas a comprar? ¿Por qué?

_____

_____

5. Cuando compras un auto, ¿regateas con el/la vendedor(a)? _____

_____

Video Manual: Fotonovela

¡Necesito arreglarme!   Lección 7

Antes de ver el video

1 **En el baño** In this episode, Marissa, Felipe, and Jimena want to get ready at the same time. What do you think they might say?

_____
_____
_____
_____
_____
_____
_____
_____

Mientras ves el video

2 **¿Marissa o Felipe?** Watch **¡Necesito arreglarme!** and put a check mark in a column to show whether the plans are Marissa's or Felipe's.

Actividad	Marissa	Felipe
1. ir al cine		
2. afeitarse		
3. ir al café a molestar a su amigo		
4. arreglarse el pelo		
5. ir al café con Juan Carlos		

3 **Ordenar** Number the following events from one to six, in the order they occurred.

____ a. Jimena termina de maquillarse.   ____ d. Las chicas comparten el espejo.

____ b. Todos quieren usar el espejo al mismo tiempo.   ____ e. Marissa busca una toalla.

____ c. Marissa quiere entrar al baño y la puerta está cerrada.   ____ f. Felipe entra al baño.

4 **Completar** Fill in the blanks.

1. **FELIPE** Cada vez que quiero usar el _____, una de ustedes está aquí.
2. **JIMENA** Me estoy _____ la cara.
3. **MARISSA** ¡_____ debe estudiar los viernes!
4. **JIMENA** ¿Por qué no te _____ por la mañana?
5. **FELIPE** Siempre hay _____ en vivo.

Lección 7 Fotonovela Video Activities   **225**

Después de ver el video

5 **Preguntas** Answer these questions in Spanish.

1. ¿Qué está haciendo Jimena cuando Marissa quiere entrar al baño?

_____

2. ¿Por qué Jimena quiere maquillarse primero?

_____

3. ¿Por qué se quiere afeitar Felipe?

_____

4. ¿Cómo es el café adonde van a ir Felipe y Juan Carlos?

_____

5. ¿Por qué Marissa quiere arreglarse?

_____

6. ¿Cuándo fue la última vez que Jimena vio a Juan Carlos?

_____

6 **Preguntas personales** Answer these questions in Spanish.

1. ¿A qué hora te levantas durante la semana? ¿Y los fines de semana?

_____

_____

2. ¿Te gusta más bañarte o ducharte? ¿Por qué?

_____

_____

3. ¿Cuántas veces por día (*How many times a day*) te cepillas los dientes?

_____

_____

4. ¿Te lavas el pelo todos los días (*every day*)? ¿Por qué?

_____

5. ¿Cómo cambia tu rutina los días que vas a la universidad y los días que sales con tus amigos?

_____

_____

7 **Escribir** Describe in Spanish what happened, from the point of view of Jimena, Marissa, or Felipe.

_____

_____

_____

_____

_____

Una cena... romántica

Lección 8

Antes de ver el video

1 **En un restaurante** What do you do and say when you have dinner at a restaurant?

_____
_____
_____
_____
_____
_____
_____

Mientras ves el video

2 **¿Quién?** Watch **Una cena... romántica** and write the name of the person who says each sentence.

Oración	Nombre
1. La ensalada viene con aceite y vinagre.	_____
2. Vino blanco para mí.	_____
3. Mejor pido la ensalada de pera con queso.	_____
4. Los espárragos están sabrosísimos esta noche.	_____
5. Señor, él es más responsable que yo.	_____

3 **Ordenar** Show the order in which the following took place.

____ a. Felipe les pone pimienta a los platillos.

____ b. Miguel pide una cerveza.

____ c. El camarero recomienda la sopa de frijoles.

____ d. El gerente llega a la mesa de Maru y Miguel.

4 **Completar** Fill in the missing words.

1. **MARU** No sé qué pedir. ¿Qué me _____?

2. **CAMARERO** ¿Ya decidieron qué _____ quieren?

3. **MARU** Tienes razón, Felipe. Los espárragos están _____.

4. **FELIPE** ¿Quién _____ jamón?

5. **JUAN CARLOS** ¿Aquí vienen _____ mexicanos _____ extranjeros?

Después de ver el video

5 **Opiniones** Say who expressed the following opinions, either verbally or through body language.

_____ 1. Los mariscos parecen tan ricos como el jamón.

_____ 2. Este joven me está molestando con sus preguntas.

_____ 3. Los champiñones están deliciosos.

_____ 4. Felipe tiene la culpa (*is guilty*) de lo que pasó.

_____ 5. Vamos a la cocina para que paguen lo que hicieron.

6 **Corregir** Correct these statements.

1. Miguel le dice a Maru que la langosta se ve muy buena.

_____

2. De beber, Maru y Miguel piden té.

_____

3. El plato principal es ceviche de camarones con cilantro y limón.

_____

4. Maru pide el jamón con arvejas.

_____

5. Felipe dice que los champiñones saben a vinagre.

_____

6. Felipe dice que es el mejor camarero del mundo.

_____

7 **Preguntas personales** Answer these questions in Spanish.

1. ¿Almuerzas en la cafetería de tu universidad? ¿Por qué? _____

_____

2. ¿Cuál es tu plato favorito? ¿Por qué? _____

_____

3. ¿Cuál es el mejor restaurante de tu comunidad? Explica (*Explain*) tu opinión. _____

_____

4. ¿Cuál es tu restaurante favorito? ¿Cuál es la especialidad de ese restaurante? _____

_____

5. ¿Sales mucho a cenar con tus amigos/as? ¿Adónde van a cenar? _____

_____

El Día de Muertos

Lección 9

Antes de ver el video

1 **La celebración** In this episode, the Díaz family celebrates the Day of the Dead. What kinds of things do you expect to see?

_____
_____
_____
_____
_____
_____
_____
_____

Mientras ves el video

2 **Ordenar** Put the following events in order.

_____ a. La tía Ana María le dice a Marissa cómo se enamoraron sus papás.

_____ b. El señor Díaz brinda por los abuelos de la familia.

_____ c. Marissa prueba el mole que prepara la tía Ana María.

_____ d. Maite Fuentes habla del Día de Muertos en la televisión.

_____ e. Jimena pregunta dónde puso las galletas y el pastel.

3 **¿Qué ves?** Place a check mark beside each thing you see.

_____ 1. una botella   _____ 5. calaveras de azúcar   _____ 9. un regalo de Navidad

_____ 2. una foto de boda   _____ 6. una quinceañera   _____ 10. helados

_____ 3. una graduación   _____ 7. galletas   _____ 11. un altar

_____ 4. flores   _____ 8. bolsas   _____ 12. un flan

4 **¿Quién lo dijo?** Write a name next to each sentence to indicate who says it.

_____ 1. Su familia es muy interesante.

_____ 2. El Día de Muertos se celebra en México el primero y el dos de noviembre.

_____ 3. ¡Estoy seguro que se lo van a pasar bien!

_____ 4. Al principio, mi abuela no quiso aceptar el matrimonio.

Lección 9 Fotonovela Video Activities

Video Manual: *Fotonovela*

Después de ver el video

5 **Corregir** Rewrite these sentences to reflect what took place.

1. El Día de Muertos se celebra con flores, calaveras de azúcar, música y champán.

_____

2. El mole siempre fue el plato favorito de la mamá de la tía Ana María.

_____

3. Jimena intentó preparar mole para la fiesta de aniversario de sus tíos.

_____

4. La tía Ana María se casó con un ingeniero que trabaja muchísimo.

_____

5. Felipe y su papá prepararon pastel de chocolate para la familia.

_____

6. A Valentina le gusta el helado.

_____

6 **Eventos importantes** Describe in Spanish the three most important events in this episode, and explain your choices.

_____

_____

_____

_____

_____

_____

_____

_____

7 **Preguntas personales** Answer these questions in Spanish.

1. ¿Qué días de fiesta celebras con tu familia? _____

_____

2. De los días de fiesta, ¿cuál es tu favorito? ¿Por qué? _____

_____

3. ¿Qué haces el Día de Acción de Gracias? _____

_____

4. ¿Cómo celebras tu cumpleaños? ¿Te gusta recibir regalos? _____

_____

Nombre _____ Fecha _____

¡Qué dolor!

Lección 10

Antes de ver el video

1 **Una cita** Look at the image. Where do you think Jimena is? What is happening?

_____

_____

_____

_____

_____

_____

_____

Mientras ves el video

2 **¿Quién?** Watch **¡Qué dolor!** and use check marks to show who said what.

Expresión	Jimena	Elena	Dr. Meléndez
1. ¿Cuáles son tus síntomas?			
2. Tengo un dolor de cabeza terrible.			
3. Empecé a toser esta mañana.			
4. Te voy a mandar algo para la garganta.			
5. ¡Es tan sólo un resfriado!			

3 **¿Qué ves?** Place a check mark beside the things you see in the video.

____ 1. un letrero (sign) que dice: "Se prohíbe fumar" ____ 6. una sala de emergencias

____ 2. un termómetro   ____ 7. una receta

____ 3. pastillas para el resfriado   ____ 8. un antibiótico

____ 4. una radiografía   ____ 9. un doctor

____ 5. un consultorio   ____ 10. una bolsa de la farmacia

4 **Completar** Write the name of the person who said each sentence and fill in the missing words.

_____ 1. A mi hermanito le dolía la _____ con frecuencia.

_____ 2. ¿Cuánto tiempo hace que tienes estos _____?

_____ 3. Tengo _____ y estoy congestionada.

_____ 4. Nunca tenía resfriados, pero me _____ el brazo dos veces.

_____ 5. No tienes _____. ¿Te pusiste un suéter anoche?

© by Vista Higher Learning. All rights reserved. **Lección 10 Fotonovela** Video Activities **231**

Después de ver el video

5   **Seleccionar** Write the letter of the word or words that match each sentence.

1. ____ hizo cita con el Dr. Meléndez para llevar a Jimena.

   a. Don Diego   b. La señora Díaz   c. Elena   d. Miguel

2. Jimena puede ir inmediatamente a la ____ por los medicamentos.

   a. sala de emergencias   b. clínica   c. dentista   d. farmacia

3. Elena toma ____ para ____.

   a. aspirina; el dolor de cabeza   b. antibióticos; la gripe   c. pastillas; el resfriado

   d. medicamentos; el dolor de estómago

4. Elena dice que el té de jengibre es bueno para el dolor de ____.

   a. estómago   b. garganta   c. cabeza   d. brazos

5. La señora Díaz dice que a Jimena le dio ____ porque olvidó ponerse un suéter.

   a. fiebre   b. un resfriado   c. dolor de estómago   d. gripe

6. Cuando era niña, Jimena casi no ____.

   a. tomaba antibióticos   b. tomaba aspirinas   c. se rompía huesos   d. se enfermaba

---

6   **Preguntas** Answer the following questions in Spanish.

1. ¿Tiene fiebre Jimena? ¿Está mareada?

   _____

2. ¿Cuánto tiempo hace que a Jimena le duele la garganta? ¿Cuándo empezó a toser?

   _____

3. Según (*According to*) don Diego, ¿qué es lo mejor para los dolores de cabeza?

   _____

4. ¿Cuantas veces se rompió el brazo Elena?

   _____

5. ¿Qué le daban al hermanito de don Diego cuando le dolía la garganta?

   _____

---

7   **Preguntas personales** Answer these questions in Spanish.

1. ¿Te gusta ir al/a la médico/a? ¿Por qué? _____

   _____

2. ¿Tienes muchas alergias? ¿Eres alérgico/a a algún medicamento? _____

   _____

3. ¿Cuándo es importante ir a la sala de emergencias? _____

   _____

4. ¿Qué haces cuando tienes fiebre y te duele la garganta? _____

Nombre _____   Fecha _____

En el taller

Lección 11

Antes de ver el video

1 **¿Qué pasa?** In this image, where do you think Miguel is? What do you think he is doing, and why?

_____
_____
_____
_____
_____
_____
_____

Mientras ves el video

2 **¿Qué oíste?** Watch **En el taller** and place a check mark beside what you hear.

_____ 1. ¿Cuál es tu dirección electrónica?

_____ 2. ¿Está descompuesta tu computadora?

_____ 3. ¿Y revisaste el aceite?

_____ 4. El navegador GPS también está descompuesto.

_____ 5. Mal día para la tecnología, ¿no?

_____ 6. ¡Te están llamando!

_____ 7. Se me acabó la pila.

_____ 8. Me gusta mucho la televisión por cable.

_____ 9. ¿Me pasas la llave?

_____ 10. No manejes con el cofre abierto.

3 **¿Qué viste?** Place a check mark beside what you see.

_____ 1. un teléfono celular

_____ 2. una llave

_____ 3. el cofre de un coche

_____ 4. un reproductor de CD

_____ 5. un mecánico

_____ 6. la pantalla de un televisor

_____ 7. una arroba

_____ 8. una cámara de video

_____ 9. un taller mecánico

_____ 10. un archivo

4 **¿Quién dice?** Write the name of the person who said each sentence.

_____ 1. ¿Quién es el mecánico?

_____ 2. Está descargando el programa antivirus ahora.

_____ 3. Acaba de enviarme un mensaje de texto.

_____ 4. Este coche tiene más de 150.000 kilómetros.

_____ 5. Por favor, ¡arréglalo!

Video Manual: *Fotonovela*

Después de ver el video

5 **Corregir** Rewrite these statements so they are true.

1. Miguel le llevó su coche a Felipe, el mecánico.

_____

2. La computadora de Maru funciona muy bien.

_____

3. Jorge no tiene problemas para arreglar el coche de Miguel.

_____

4. Se le acabó la pila al teléfono celular de Miguel.

_____

5. Maru necesita una cámara digital nueva y Miguel necesita un reproductor de MP3 nuevo.

_____

6. Jorge le dice a Miguel que revise el aceite cada mil kilómetros.

_____

6 **Un mensaje** Imagine that Maru is writing a short message to a friend about today's events. Write in Spanish what you think she would say.

_____
_____
_____
_____
_____
_____

7 **Preguntas personales** Answer these questions in Spanish.

1. Cuando tu carro está descompuesto, ¿lo llevas a un(a) mecánico/a o lo arreglas tú mismo/a? ¿Por qué? _____

2. ¿Conoces a un(a) buen(a) mecánico/a? ¿Cómo se llama? _____

3. ¿Tienes un teléfono celular? ¿Para qué lo usas? _____

Los quehaceres

Lección 12

Antes de ver el video

1 **En la casa** In this episode, Jimena and Felipe need to clean the house if they want to travel with Marissa to the Yucatan Peninsula. Look at the image and describe what you think is going on.

_____

_____

_____

_____

_____

_____

Mientras ves el video

2 **¿Cierto o falso?** Watch **Los quehaceres** and indicate whether each statement is **cierto** or **falso**.

	Cierto	Falso
1. A Jimena le gusta sacar la basura.	O	O
2. Felipe y Jimena deben limpiar la casa porque sus papás les pagaron el viaje.	O	O
3. Marissa sabe cómo cambiar la bolsa de la aspiradora.	O	O
4. Las servilletas estaban sobre la lavadora.	O	O
5. Don Diego y los chicos prepararon quesadillas para cenar.	O	O

3 **¿Qué cosas ves?** Place a check mark beside what you see.

____ 1. un lavaplatos   ____ 4. vasos   ____ 7. platos

____ 2. un garaje   ____ 5. un sofá   ____ 8. un sótano

____ 3. un jardín   ____ 6. un balcón   ____ 9. tenedores

4 **Ordenar** Number the events from one to five, in the order they occur.

____ a. Don Diego sugiere a las chicas que se organicen en equipos para limpiar.

____ b. Juan Carlos pone la mesa.

____ c. Marissa quiere quitar la bolsa de la aspiradora.

____ d. La señora Díaz entra a la cocina y saluda a sus hijos.

____ e. Jimena le dice a Felipe que limpie el baño.

Después de ver el video

5 Seleccionar Write the letter of the words that go in each sentence.

1. La señora Díaz les pide a sus hijos que quiten ____ de la mesa.
   a. los vasos   b. las tazas   c. los platos
2. La señora Díaz les ____ a sus hijos que limpien ____ si quieren viajar.
   a. ruega; el patio   b. sugiere; el apartamento   c. recomienda; el altillo
3. Jimena va a limpiar ____ y ____.
   a. el refrigerador; la estufa   b. el armario; la pared   c. el sillón; la lámpara
4. Don Diego le aconseja a Felipe que quite el polvo del ____.
   a. sótano   b. garaje   c. estante
5. Juan Carlos no sabe dónde están ____.
   a. las copas   b. los vasos   c. los tenedores

6 Preguntas Answer the following questions in Spanish.

1. Según el señor Díaz, ¿para qué hora deben preparar la cena Jimena y Felipe?

2. ¿Qué les piden sus padres a Marissa y a sus hermanos?

3. ¿Quiénes se sientan en el sofá para ver el partido de fútbol?

4. ¿Quién cambia la bolsa de la aspiradora?

5. ¿Qué dice la señora Díaz cuando ve el apartamento limpio?

7 Escribir Imagine that you are one of the characters. Write a paragraph from that person's point of view, summarizing what happened in the episode.

Video Manual: *Fotonovela*

Aventuras en la naturaleza   Lección 13

Antes de ver el video

1 **En Tulum** Marissa and Jimena visit a turtle sanctuary while Felipe and Juan Carlos take a tour through the jungle. What do you think the four friends will talk about when they are back together?

_____
_____
_____
_____
_____
_____
_____

Mientras ves el video

2 **Opiniones** Watch **Aventuras en la naturaleza** and place a check mark beside each opinion that is expressed.

_____ 1. Necesitamos aprobar leyes para proteger a las tortugas.

_____ 2. A menos que protejamos a los animales, muchos van a estar en peligro de extinción.

_____ 3. No es posible hacer mucho para proteger el medio ambiente.

_____ 4. Hoy estamos en Tulum, ¡y el paisaje es espectacular!

_____ 5. El mar está muy contaminado.

3 **La aventura en la selva** As you watch Felipe and Juan Carlos' flashback about their adventure in the jungle, place a check mark beside what you see.

_____ 1. un volcán   _____ 4. un desierto

_____ 2. unos árboles   _____ 5. un teléfono celular

_____ 3. unas plantas   _____ 6. una cámara

4 **¿Quién lo dijo?** Say who makes each statement, and fill in the blanks.

_____ 1. Espero que Felipe y Juan Carlos no estén perdidos en la _____...

_____ 2. No lo van a _____.

_____ 3. Estábamos muy emocionados porque íbamos a aprender sobre los

_____.

_____ 4. Por favor, síganme y eviten pisar las _____.

_____ 5. Decidí seguir un _____ que estaba cerca.

Después de ver el video

5 **¿Cierto o falso?** Indicate whether each sentence is **cierto** or **falso**. If an item is false, rewrite it so it is correct.

1. Marissa dice que el paisaje de Tulum es espectacular.

_____

2. A Jimena le gustaría viajar a Wisconsin para visitar a Marissa.

_____

3. Según la guía, hay compañías que cuidaron la selva.

_____

4. Felipe y Juan Carlos estaban muy aburridos porque iban a conocer la selva.

_____

5. Marissa y Jimena aprendieron las normas que existen para cazar tortugas.

_____

6 **Preguntas** Answer the following questions in Spanish.

1. ¿Por qué cree Jimena que ése es el último viaje del año que todos hacen juntos?

_____

_____

2. ¿Por qué estaban emocionados Juan Carlos y Felipe antes de visitar la selva?

_____

_____

3. ¿Por qué se separaron del grupo Juan Carlos y Felipe?

_____

_____

4. ¿Marissa cree la historia de Felipe?

_____

_____

5. Según Jimena, ¿qué pasa ahora con la población de tortugas?

_____

_____

7 **Describir** List a few things that people can do to protect your community's environment.

_____

_____

_____

_____

_____

Corriendo por la ciudad

Lección 14

Antes de ver el video

1   **En la calle** In this episode, Maru needs to deliver a package but she experiences some problems. What do you think they might be?

_____

_____

_____

_____

_____

_____

_____

Mientras ves el video

2   **Ordenar** Watch **Corriendo por la ciudad** and number the following events from one to five, in the order they occurred.

____ a. Maru le dice a Mónica que hay una joyería en el centro.

____ b. Mónica dice que el correo está cerca.

____ c. Maru busca el coche de Miguel.

____ d. Maru habla por teléfono con su mamá.

____ e. Maru cree que perdió el paquete.

3   **Completar** Fill in the blanks in the following sentences.

1. Voy a pasar al _____ porque necesito dinero.

2. ¿Puedes _____ por correo?

3. Estoy haciendo _____ y me gasté casi todo el efectivo.

4. Mi coche está en el _____ de la calle Constitución.

5. En esta esquina _____ a la derecha.

4   **¿Quién lo dijo?** Write the names of the people who said the following sentences.

_____ 1. Dobla a la avenida Hidalgo. Luego cruza la calle Independencia y dobla a la derecha.

_____ 2. Lo siento, tengo que ir a entregar un paquete.

_____ 3. Necesito ir a una joyería, pero la que está aquí al lado está cerrada.

_____ 4. Tengo que llegar al Museo de Antropología antes de que lo cierren.

_____ 5. Hay demasiado tráfico.

Lección 14 Fotonovela Video Activities   **239**

Después de ver el video

5 **Seleccionar** Write the letter of the word or words that complete each sentence.

1. Maru le dice a Miguel que está enfrente ____.

   a. del salón de belleza   b. de la panadería   c. de la joyería

2. Maru decide irse en taxi al ____.

   a. banco   b. correo   c. museo

3. Maru le ____ a Mónica porque no tiene efectivo.

   a. paga a plazos   b. pide dinero prestado   c. paga al contado

4. Mónica gastó el efectivo en la carnicería, la frutería y ____.

   a. al supermercado   b. el salón de belleza   c. la panadería

5. ____ de Maru estaba en el coche de Miguel.

   a. El paquete   b. El efectivo   c. La bolsa

6. Mónica ____ a la izquierda en el semáforo.

   a. hizo cola   b. dobló   c. cruzó

6 **Escribir** Write a summary of today's events from Maru's point of view.

_____

_____

_____

_____

_____

_____

_____

7 **Las diligencias** Write a paragraph describing some of the errands you ran last week. What did they involve, and what places in your community did you visit?

_____

_____

_____

_____

_____

_____

_____

_____

Video Manual: *Fotonovela*

Chichén Itzá   Lección 15

Antes de ver el video

1   **Una excursión** List what you would probably do and say during a trip to an archaeological site.

_____

_____

_____

_____

_____

_____

_____

Mientras ves el video

2   **¿Quién?** As you watch this episode of the **Fotonovela**, indicate who said each sentence.

_____ 1. Chichén Itzá es impresionante.

_____ 2. Nuestros papás nos trajeron cuando éramos niños.

_____ 3. Hay que estar en buena forma para recorrer las ruinas.

_____ 4. Pues, a mí me gustan las gorditas.

_____ 5. Qué lástima que no dejen subir hasta la cima.

3   **Completar** Fill in the blanks in these sentences.

1. _____ bajo mucha presión.

2. La universidad hace que seamos _____.

3. ¿Y Juan Carlos todavía no te _____ a salir?

4. Ofrecemos varios servicios para _____.

5. Su _____ es muy importante para nosotros.

4   **Ordenar** Number the events from one to four, putting them in order.

____ a. Felipe y Juan Carlos corren.

____ b. Marissa y Felipe toman fotos del lugar.

____ c. Jimena y Juan Carlos se toman de las manos.

____ d. Una empleada explica a los chicos qué ofrecen en el spa.

Video Manual: Fotonovela

Después de ver el video

5 **¿Cierto o falso?** Indicate whether each sentence is **cierto** or **falso**. If an item is false, rewrite it so that it is true.

1. Felipe quería regresar al D.F. desde que leyó el *Chilam Balam*.

_____

2. Marissa lee en la guía que el Castillo fue construido entre el año 1000 y el 1200 d. C. y es una de las siete maravillas del mundo moderno.

_____

3. Según Felipe, algunos dicen que los mayas inventaron la gimnasia.

_____

4. Jimena dice que se ha relajado mucho en la universidad últimamente.

_____

5. Jimena ya había estudiado mucho antes de salir del D.F.

_____

6 **Preguntas personales** Answer the following questions in Spanish.

1. ¿Haces ejercicio todos los días? ¿Por qué? _____

_____

2. ¿Sacas muchas fotos cuando estás de vacaciones? ¿Por qué? _____

_____

3. ¿Te gusta ir a un spa para aliviar la tensión? Explica por qué. _____

_____

4. ¿Has visitado una zona arqueológica tan impresionante como la que visitaron Marissa, Felipe, Jimena y Juan Carlos? ¿Dónde? _____

_____

5. ¿Quieres hacer una excursión como la que hicieron los cuatro estudiantes? Explica tu respuesta.

_____

_____

7 **Describir** Write a description of what you do or would like to do to reduce stress in your life.

_____

_____

_____

_____

_____

_____

_____

La entrevista de trabajo   Lección 16

Antes de ver el video

1 **Planes para el futuro** Marissa, Jimena, Felipe, and Juan Carlos discuss their future plans in this episode. What do you think they will say?

_____
_____
_____
_____
_____
_____
_____
_____

Mientras ves el video

2 **Planes y profesiones** Watch **La entrevista de trabajo**. Then indicate who makes each statement, and fill in the blanks with the missing words.

_____ 1. Cuando yo termine la carrera, a ti ya te habrán despedido de tu

segundo _____.

_____ 2. Con el título de administrador de empresas seré _____.

_____ 3. Estoy muy feliz de poder ayudarte con _____.

_____ 4. Quiero trabajar en un museo y ser un _____ famoso.

_____ 5. Él será un excelente _____.

3 **Las profesiones** Place a check mark beside the professions mentioned.

____ 1. arqueóloga   ____ 4. hombre de negocios

____ 2. política   ____ 5. reportero

____ 3. doctora   ____ 6. pintor

4 **Ordenar** Number the following events from one to five, in the order they occur.

____ a. Marissa dice que no sabe cómo será su vida cuando tenga 30 años.

____ b. Miguel le da su currículum a la señora Díaz.

____ c. La señora Díaz dice que Miguel es un pintor talentoso y un excelente profesor.

____ d. Juan Carlos dice que estudia ciencias ambientales.

____ e. Marissa dice que Felipe será un excelente hombre de negocios.

Video Manual: *Fotonovela*

Después de ver el video

5 Preguntas Answer the following questions in Spanish.

1. ¿Quiénes van a crear una compañía de asesores de negocios?

   _____

2. ¿Qué será Jimena en el futuro?

   _____

3. ¿Quién trabaja en el Palacio de Bellas Artes desde hace cinco años?

   _____

4. ¿Quién quiere seguir estudiando historia del arte?

   _____

5. ¿Quién fue aceptada en el Museo de Antropología?

   _____

6 En tu opinión Answer the following questions in Spanish.

1. En tu opinión, ¿cuál de los personajes (*characters*) va a tener la profesión más interesante?
   Explica tu respuesta. _____

   _____

2. ¿Cuál de los personajes será el/la más rico/a? Explica tu opinión. _____

   _____

3. ¿Cuál de los personajes será el/la más famoso/a? Explica tu opinión. _____

   _____

4. ¿Cuál de los personajes será el/la más feliz? _____

   _____

5. ¿Cuáles de los personajes van a lograr sus metas (*achieve their goals*)? Explica tu opinión.

   _____

   _____

7 Tus planes Write a description of what your life will be like in five years. Don't forget to mention your family, friends, residence, hobbies, and occupation.

_____

_____

_____

_____

_____

_____

Video Manual: Fotonovela

Una sorpresa para Maru   Lección 17

Antes de ver el video

1 **En el museo** In this episode, Maru y Miguel go to the museum. Based on the title and the image, what do you think will happen?

_____

_____

_____

_____

_____

_____

_____

Mientras ves el video

2 **Ordenar** Watch **Una sorpresa para Maru** and number the following events from one to six, in the order they occurred.

____ a. Juan Carlos dice que sus películas favoritas son las de ciencia ficción y de terror.

____ b. Miguel le pide a Maru que se pare en una sala del museo.

____ c. La gente aplaude a Maru y a Miguel.

____ d. Jimena dice que su mamá va a la ópera con amigos del trabajo.

____ e. Jimena dice que disfrutó mucho el espectáculo.

____ f. Felipe dice que está de acuerdo con la relación de Jimena y Juan Carlos.

3 **La cultura en México** Place a check mark beside what you see.

____ 1. escultoras   ____ 5. un concierto

____ 2. un cuento   ____ 6. un instrumento musical

____ 3. fotos   ____ 7. artesanías en cerámica

____ 4. un edificio blanco   ____ 8. poetas

4 **Quién lo dijo** Indicate who made each statement, and fill in the blanks.

_____ 1. No he visto muchas representaciones de _____ contemporánea.

_____ 2. ¿Te gustan las películas _____?

_____ 3. El arte _____ nos cuenta la historia de su gente y su país.

_____ 4. Felipe intentó _____. ¡Qué horror!

_____ 5. Mi mamá hubiera querido que tocara algún _____.

Video Manual: *Fotonovela*

Después de ver el video

5   **Seleccionar**   Indicate which matches.

1. Jimena piensa ir con su mamá a la _____.
   a. obra   b. ópera   c. danza

2. A Maru le encanta ver las artesanías en cerámica y los _____.
   a. premios   b. cuentos   c. tejidos

3. A Jimena le gusta escuchar música en vivo e ir al _____.
   a. teatro   b. museo   c. programa de entrevistas

4. Juan Carlos puede ver las películas de _____ con Felipe.
   a. acción   b. aventuras   c. terror

5. A Jimena y a Juan Carlos les gustan los _____.
   a. dramas   b. documentales   c. escultores

6   **En tu opinión**   Answer the following questions in Spanish.

1. ¿Crees que Maru y Miguel serán felices? Explica tu respuesta.

_____

_____

2. Juan Carlos y Jimena tienen intereses similares, pero ¿son compatibles? Explica tu opinión.

_____

_____

3. ¿Crees que Felipe y Marissa podrían ser novios algún día? ¿Por qué?

_____

_____

7   **En tu comunidad**   Describe in Spanish a few cultural events in your community or area. You may invent them.

_____

_____

_____

_____

_____

_____

_____

_____

_____

Hasta pronto, Marissa   Lección 18

Antes de ver el video

1 **¿Qué pasa?** In this image, where do you think the friends are? What are they doing?

_____

_____

_____

_____

_____

_____

_____

Mientras ves el video

2 **Completar** As you watch **Hasta pronto, Marissa**, fill in the blanks.

1. Si _____ sabido que ellos no iban a estar aquí, me _____ despedido anoche.

2. Igualmente. Ella es Marissa. _____ el año con nosotros y hoy _____ a su casa, que es en los Estados Unidos.

3. Si te _____ la oportunidad de regresar a estudiar aquí, ¿_____?

4. Marissa, ¿cuál _____ tu experiencia _____ en México?

5. Marissa, espero que lo _____ pasado _____ en México.

6. Chichen Itzá fue muy _____ también. No puedo decidirme. ¡La he pasado de _____!

3 **¿Qué viste?** Place a check mark beside what you see.

____ 1. Marissa está triste por no poder despedirse de sus amigos.

____ 2. Don Diego conduce el carro de los Díaz.

____ 3. Marissa y el señor Díaz llegan a la fiesta sorpresa.

____ 4. Miguel dice que viajará a Bolivia.

____ 5. Marissa le da el diccionario a Felipe.

4 **Cosas y personas** Place a check mark beside what you see.

____ 1. una carta   ____ 3. una reportera   ____ 5. un soldado

____ 2. un choque   ____ 4. un periódico   ____ 6. una tormenta

Video Manual: Fotonovela

Después de ver el video

5 **Preguntas** Answer these questions in Spanish.

1. Según la reportera, Maite Fuentes, ¿dónde tuvo lugar el terremoto? _____
_____

2. ¿Adónde quiere tomar unos cursos Marissa? _____
_____

3. Si Marissa tuviera que elegir una sola experiencia de las que vivió en México, ¿cuál elegiría?
_____
_____

4. Si le dieran la oportunidad, ¿Marissa volvería a estudiar en México?
_____
_____

5. ¿Qué le manda la tía Ana María a Marissa como regalo de despedida?
_____
_____

6 **Un artículo** Imagine that you are a reporter and you are going to interview Marissa about her experiences in Mexico. Write a brief article using what you saw in **Fotonovela**.

_____
_____
_____
_____
_____
_____
_____
_____
_____
_____

7 **¿Qué va a pasar?** Marissa said good-bye to her friends and is returning to Wisconsin. What do you think the future holds for Marissa and her friends? Will Juan Carlos and Jimena continue dating? Will they get married? What will Miguel and Maru's wedding be like? Will the friends achieve their career goals?

_____
_____
_____
_____
_____
_____
_____

Panorama: Los Estados Unidos   Lección 1

Antes de ver el video

1 **Más vocabulario** Look over these useful words and expressions before you watch the video.

Vocabulario útil		
algunos *some, a few*	espectáculos *shows*	millón *million*
beisbolistas *baseball players*	estaciones *stations*	mucha *large*
comparsa *parade*	este *this*	muchos *many*
concursos *contests*	ligas mayores *major leagues*	por ciento *percent*
diseñador *designer*	más *more*	su *their*
disfraces *costumes*	mayoría *majority*	tiene *has*
escritora *writer*		

2 **Deportes** In this video, you are going to learn about some famous Dominican baseball players. In preparation, answer these questions about sports.

1. What sports are popular in the United States? _____

2. What is your favorite sport? _____

3. Do you play any sports? Which ones? _____

Mientras ves el video

3 **Cognados** Check off all the cognates you hear during the video.

___ 1. agosto   ___ 3. celebrar   ___ 5. democracia   ___ 7. festival   ___ 9. intuición

___ 2. carnaval   ___ 4. discotecas   ___ 6. famosos   ___ 8. independencia   ___ 10. populares

Después de ver el video

4 **Responder** Answer the questions in Spanish. Use complete sentences.

1. ¿Cuántos hispanos hay en Estados Unidos?

_____

2. ¿De dónde son la mayoría de los hispanos en Estados Unidos?

_____

3. ¿Quiénes son Pedro Martínez y Manny Ramírez?

_____

4. ¿Dónde hay muchas discotecas y estaciones de radio hispanas?

_____

5. ¿Qué son WADO y Latino Mix?

_____

6. ¿Es Julia Álvarez una escritora dominicana?

_____

Video Manual: Panorama cultural

Panorama: Canadá   Lección 1

Antes de ver el video

1 **Más vocabulario** Look over these useful words and expressions before you watch the video.

Vocabulario útil		
bancos *banks*	hijas *daughters*	periódico *newspaper*
campo *field*	investigadora científica *research scientist*	que *that*
canal de televisión *TV station*	mantienen *maintain*	revista *magazine*
ciudad *city*	mayoría *majority*	seguridad *safety*
comunidad *community*	ofrecen *offer*	sus *her*
escuelas *schools*	otras *others*	trabajadores *workers*
estudia *studies*	pasa *spends*	vive *live*

2 **Responder** This video talks about the Hispanic community in Montreal. In preparation for watching the video, answer the following questions about your family's background.

1. Where were your parents born? And your grandparents? _____

2. If any of them came to the United States from another country, when and why did they come here?

_____

3. Are you familiar with the culture of the country of your ancestors? What do you know about their culture? Do you follow any of their traditions? Which ones? _____

Mientras ves el video

3 **Marcar** Check off the nouns you hear while watching the video.

___ 1. apartamento   ___ 3. diario   ___ 5. horas   ___ 7. instituciones   ___ 9. lápiz

___ 2. comunidad   ___ 4. escuela   ___ 6. hoteles   ___ 8. laboratorio   ___ 10. el programa

Después de ver el video

4 **¿Cierto o falso?** Indicate whether these statements are **cierto** or **falso**. Correct the false statements.

1. La mayoría de los hispanos en Montreal son de Argentina. _____

2. En Montreal no hay canales de televisión en español. _____

3. En Montreal hay hispanos importantes. _____

4. Una hispana importante en el campo de la biología es Ana María Seifert. _____

5. Ella vive con sus dos hijas en una mansión en Montreal. _____

6. Ella pasa muchas horas en el museo. _____

7. En su casa mantienen muchas tradiciones argentinas. _____

8. Ella participa en convenciones nacionales e internacionales. _____

Panorama: España   Lección 2

Antes de ver el video

1 **Más vocabulario** Look over these useful words before you watch the video.

Vocabulario útil		
antiguo *ancient*	empezar *to start*	niños *children*
blanco *white*	encierro *running of bulls*	pañuelo *neckerchief, bandana*
cabeza *head*	esta *this*	peligroso *dangerous*
calle *street*	feria *fair, festival*	periódico *newspaper*
cohete *rocket (firework)*	fiesta *party, festival*	rojo *red*
comparsa *parade*	gente *people*	ropa *clothing*
correr *to run*	gigante *giant*	toro *bull*
defenderse *to defend oneself*	mitad *half*	ver *to see*

2 **Festivales** In this video, you are going to learn about a Spanish festival. List the things you would probably do and see at a festival.

_____

_____

_____

_____

Mientras ves el video

3 **Ordenar** Number the items in the order in which they appear in the video.

_____ a. cohete   _____ c. gigante   _____ e. mitad hombre,

_____ b. cuatro mujeres en   _____ d. toros   mitad animal
         un balcón

Después de ver el video

4 **Fotos** Describe the video stills.

_____

_____

_____

_____

_____

_____

Lección 2 Panorama cultural Video Activities | **251**

Video Manual: *Panorama cultural*

_____
_____
_____
_____
_____

5 Crucigrama Complete these sentences and use the words to complete the crossword.

1. El Festival de San Fermín es la combinación de tres fiestas, una de ellas es las

   _____ comerciales.

2. Las _____ son los eventos favoritos de los niños.

3. La fiesta religiosa en honor a San Fermín, las ferias comerciales y los eventos taurinos son

   celebraciones _____.

4. Los Sanfermines es una de las _____ tradicionales españolas.

5. Las personas usan ropa blanca y _____ rojos.

6. En los encierros las personas corren delante de diecisiete _____.

7. En las comparsas hay figuras _____ hombre, mitad animal.

8. En los días del festival, hay ocho _____.

9. En las comparsas hay ocho _____.

10. Las comparsas pasan por las _____ de Pamplona.

11. Otras de las figuras tienen (*have*) enormes _____.

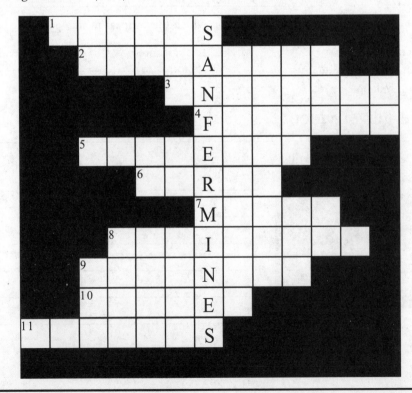

Panorama: Ecuador
Lección 3

Antes de ver el video

1 **Más vocabulario** Look over these useful words and expressions before you watch the video.

Vocabulario útil		
algunas *some*	otro *other*	todo *every*
científico *scientist*	pingüino *penguin*	tomar fotografías *to take pictures*
guía *guide*	recurso *resource*	tortuga *tortoise*

2 **Foto** Describe the video still. Write at least three sentences in Spanish.

_____
_____
_____
_____
_____
_____
_____

3 **Predecir** Look at the video still from the previous activity and write at least two sentences in Spanish about what you think you will see in this video.

_____
_____
_____

4 **Emparejar** Find the items in the second column that correspond to the ones in the first.

_____ 1. grande   a. near

_____ 2. pequeña   b. about

_____ 3. vieja   c. here

_____ 4. también   d. big

_____ 5. aquí   e. very

_____ 6. sobre   f. old

_____ 7. muy   g. also

_____ 8. cerca de   h. small

_____ 9. para   i. for

Lección 3 Panorama cultural Video Activities   **253**

Video Manual: Panorama cultural

Mientras ves el video

5   **Marcar** Check off the verbs you hear while watching the video.

_____ 1. aprender   _____ 5. escribir   _____ 9. tener

_____ 2. bailar   _____ 6. estudiar   _____ 10. tomar

_____ 3. beber   _____ 7. leer   _____ 11. vivir

_____ 4. comprar   _____ 8. recibir

Después de ver el video

6   **Responder** Answer the questions in Spanish. Use complete sentences.

1. ¿En qué océano están las islas Galápagos?

_____

_____

2. ¿Qué hacen los científicos que viven en las islas?

_____

_____

3. ¿Qué hacen los turistas que visitan las islas?

_____

_____

4. ¿Qué proyectos tiene la Fundación Charles Darwin?

_____

_____

5. ¿Cuáles son los animales más grandes que viven en las islas?

_____

_____

6. ¿Por qué son importantes estas islas?

_____

_____

_____

7   **Preferencias** Of all the animals you saw in this video, which was your favorite? Write three sentences in Spanish describing your favorite animal.

_____

_____

_____

_____

Video Manual: *Panorama cultural*

Panorama: México

Lección 4

Antes de ver el video

1 **Más vocabulario** Look over these useful words before you watch the video.

<table>
<tr><th colspan="4">Vocabulario útil</th></tr>
<tr><td>día day</td><td>estos these</td><td>gente people</td><td>sentir to feel</td></tr>
<tr><td>energía energy</td><td>fiesta party, celebration</td><td>para to</td><td>valle valley</td></tr>
</table>

2 **Describir** In this video, you will learn about the archaeological ruins of Teotihuacán where the celebration of the equinox takes place every year. Do you know what the equinox is? In English, try to write a description.

equinoccio: _____

_____

_____

3 **Categorías** Categorize the words listed in the word bank.

arqueológicos	gente	increíble	mexicanos	Teotihuacán
capital mexicana	hacen	interesante	moderno	tienen
celebrar	hombres	jóvenes	mujeres	Valle de México
ciudad	importante	Latinoamérica	niños	van
escalar				

Lugares	Personas	Verbos	Adjetivos

Mientras ves el video

4 **Marcar** Check off the pastimes you see while watching the video.

_____ 1. pasear   _____ 4. escalar (pirámides)   _____ 7. visitar monumentos

_____ 2. nadar   _____ 5. tomar el sol   _____ 8. bucear

_____ 3. patinar   _____ 6. ver películas

Lección 4 Panorama cultural Video Activities

Después de ver el video

5 **Completar** Fill in the blanks with the appropriate word(s).

la capital mexicana	muy interesante
la celebración del equinoccio	pasean
celebrar	sentir
comienzan	sol
manos	el Valle de México

1. Teotihuacán está a cincuenta kilómetros de _____.

2. A _____ van muchos grupos de música tradicional.

3. Todos quieren _____ la energía del sol en sus _____.

4. Ir a las pirámides de Teotihuacán es una experiencia _____.

5. Las personas _____ por las ruinas.

6 **¿Cierto o falso?** Indicate whether each statement is **cierto** or **falso**. Correct the false statements.

1. Las pirámides de Teotihuacán están lejos del Valle de México.

_____

2. Muchas personas van a Teotihuacán todos los años para celebrar el equinoccio.

_____

3. Turistas de muchas nacionalidades van a la celebración.

_____

4. La gente prefiere ir a Teotihuacán los martes.

_____

5. La celebración del equinoccio termina a las cinco de la mañana.

_____

6. Las personas celebran la energía que reciben de Teotihuacán todos los años.

_____

7 **Foto** Describe the video still. Write at least three sentences in Spanish.

_____

_____

_____

_____

_____

Panorama: Puerto Rico

Lección 5

Antes de ver el video

1 **Más vocabulario** Look over these useful words before you watch the video.

Vocabulario útil		
angosto *narrow*	calle *street*	plaza *square*
antiguo *old*	escultura *sculpture*	promocionar *to promote*
artesanías *handicrafts*	exposición *exhibition*	sitio *site*
bahía *bay*	fuente *fountain*	vender *to sell*
barrio *neighborhood*		

2 **Preferencias** This video describes the attractions that San Juan, the capital of Puerto Rico, has to offer. In Spanish, list at least three things that you like to do when you visit a new city.

_____

_____

_____

_____

_____

_____

Mientras ves el video

3 **Cognados** Check off all the cognates you hear during the video.

_____ 1. aeropuerto

_____ 2. área

_____ 3. arte

_____ 4. artístico

_____ 5. cafés

_____ 6. calma

_____ 7. capital

_____ 8. construcciones

_____ 9. estrés

_____ 10. histórico

_____ 11. información

_____ 12. nacional

_____ 13. permanente

_____ 14. presidente

_____ 15. restaurantes

Lección 5 Panorama cultural Video Activities **257**

Video Manual: *Panorama cultural*

Después de ver el video

4   **Corregir** All of these statements are false. Rewrite them to correct the false information.

1. El Viejo San Juan es el barrio más moderno de la capital.

   _____

2. El Morro es el centro artístico y cultural de Puerto Rico.

   _____

3. Muchos artistas locales compran sus creaciones en las calles.

   _____

4. En diciembre se celebra la Fiesta de la Calle San Sebastián con conciertos, exposiciones especiales de arte y un carnaval.

   _____

5. En el Museo de las Américas presentan exposiciones relacionadas con la historia de Norteamérica.

   _____

6. Todos los días, más de un millón de visitantes llegan al Centro de Información de Turismo del Viejo San Juan.

   _____

5   **Completar** Complete the sentences with words from the word bank.

camina	coloniales	excelente	galerías	promociona
capital	esculturas	exposición	hermoso	

1. En la bahía de la _____ de Puerto Rico está el Castillo de San Felipe del Morro.

2. Muchas de las construcciones del Viejo San Juan son _____.

3. En la mayoría de los parques hay _____ inspiradas en la historia del país.

4. El Instituto de Cultura Puertorriqueña _____ eventos culturales en la isla.

5. Hay muchas _____ de arte y museos.

6. En el Museo de San Juan hay una _____ permanente de la historia de Puerto Rico.

6   **Preferencias** Of all the places in San Juan that were described, which one did you find most interesting? In Spanish, describe this place and indicate why you found it so interesting.

   _____

   _____

   _____

   _____

   _____

Video Manual: *Panorama cultural*

Panorama: Cuba

Lección 6

Antes de ver el video

1 **Más vocabulario** Look over these useful words before you watch the video.

Vocabulario útil	
conversar *to talk*	relacionadas *related to*
imágenes *images (in this case, of a religious nature)*	relaciones *relationships*
miembro *member*	

2 **Responder** In this video you are going to see people visiting **santeros** to talk about their problems and their futures. In preparation for watching the video, answer the following questions about your behavior and beliefs.

1. ¿Hablas con alguien (*someone*) cuando tienes problemas? ¿Con quién?

_____

_____

_____

2. ¿Crees que hay personas que pueden "ver" el futuro?

_____

_____

_____

Mientras ves el video

3 **Marcar** Check off the activities you see while watching the video.

_____ 1. hombre escribiendo

_____ 2. hombre leyendo

_____ 3. mujer corriendo

_____ 4. mujer llorando (*crying*)

_____ 5. niño jugando

_____ 6. personas bailando

_____ 7. personas caminando

_____ 8. personas cantando

_____ 9. personas conversando

Lección 6 Panorama cultural Video Activities **259**

Video Manual: Panorama cultural

Después de ver el video

4 **Responder** Answer the questions in Spanish using complete sentences.

1. ¿Qué es la santería?

_____

2. ¿Quiénes son los santeros?

_____

3. ¿Qué venden en las tiendas de santería?

_____

4. ¿Para qué visitan las personas a los santeros?

_____

5. ¿Quiénes son los Eggún?

_____

6. ¿Qué hacen los Eggún cuando van a las casas de las personas?

_____

5 **¿Cierto o falso?** Indicate whether each statement is **cierto** or **falso**. Correct the false statements.

1. Cada tres horas sale un barco de La Habana con destino a Regla.

_____

2. Regla es una ciudad donde se practica la santería.

_____

3. La santería es una práctica religiosa muy común en algunos países latinoamericanos.

_____

4. Los santeros no son personas importantes en su comunidad.

_____

5. La santería es una de las tradiciones cubanas más viejas.

_____

6 **Conversación** In this video, you see a **santero** talking with a woman. In Spanish, write a short conversation. Include what the woman would ask the **santero** and how he would respond to her problems.

_____

_____

_____

_____

_____

_____

Panorama: Perú

Lección 7

Antes de ver el video

1   **Más vocabulario**   Look over these useful words and expressions before you watch the video.

Vocabulario útil		
canoa *canoe*	**exuberante naturaleza**	ruta *route, path*
dunas *sand dunes*	*lush countryside*	**tabla** *board*

2   **Preferencias**   In this video you are going to learn about unusual sports. In preparation for watching the video, answer these questions about your interest in sports.

1. ¿Qué deportes practicas?

_____

2. ¿Dónde los practicas?

_____

3. ¿Qué deportes te gusta ver en televisión?

_____

Mientras ves el video

3   **Fotos**   Describe the video stills. Write at least three sentences in Spanish for each still.

_____

_____

_____

_____

_____

_____

_____

_____

_____

Video Manual: *Panorama cultural*

Después de ver el video

4   **¿Cierto o falso?** Indicate whether each statement is **cierto** or **falso**. Correct the false statements.

1. Pachacamac es el destino favorito para los que pasean en bicicletas de montaña.

_____

2. El *sandboard* es un deporte antiguo en Perú.

_____

3. El *sandboard* se practica en Ocucaje porque en este lugar hay muchos parques.

_____

4. El Camino Inca termina en Machu Picchu.

_____

5. El Camino Inca se puede completar en dos horas.

_____

6. La pesca en pequeñas canoas es un deporte tradicional.

_____

5   **Completar** Complete the sentences with words from the word bank.

aventura	kilómetros	pesca
excursión	llamas	restaurante
exuberante	parque	tradicional

1. En Perú se practican muchos deportes de _____.

2. Pachacamac está a 31 _____ de Lima.

3. La naturaleza en Santa Cruz es muy _____.

4. En Perú, uno de los deportes más antiguos es la _____ en pequeñas canoas.

5. Caminar con _____ es uno de los deportes tradicionales en Perú.

6. Santa Cruz es un sitio ideal para ir de _____.

6   **Escribir** Imagine that you just completed the **Camino Inca** in the company of a nice llama. In Spanish, write a short letter to a friend telling him or her about the things you did and saw.

_____

_____

_____

_____

_____

_____

_____

Video Manual: *Panorama cultural*

Panorama: Guatemala   Lección 8

Antes de ver el video

1   Más vocabulario Look over these useful words and expressions before you watch the video.

Vocabulario útil		
alfombra *carpet*	destruir *to destroy*	ruinas *ruins*
artículos *items*	época colonial *colonial times*	sobrevivir *to survive*
calle *street*	indígenas *indigenous people*	terremoto *earthquake*

2   Describir In this video you are going to learn about an open-air market that takes place in Guatemala. In Spanish, describe one open-air market that you have been to or that you know about.

mercado: _____

_____

_____

_____

_____

3   Categorías Categorize the words listed in the word bank.

bonitas	espectaculares	indígenas	quieres
calles	grandes	mercado	región
colonial	habitantes	monasterios	sentir
conocer	iglesias	mujeres	vieja

Lugares	Personas	Verbos	Adjetivos

Video Manual: Panorama cultural

Lección 8 Panorama cultural Video Activities

Nombre _____ Fecha _____

Mientras ves el video

4 **Marcar** Check off what you see while watching the video.

_____ 1. fuente (*fountain*)
_____ 2. hombres con vestidos morados
_____ 3. mujer bailando
_____ 4. mujer llevando bebé en el mercado
_____ 5. mujeres haciendo alfombras de flores

_____ 6. niñas sonriendo
_____ 7. niño dibujando
_____ 8. personas hablando
_____ 9. ruinas
_____ 10. turista mirando el paisaje

Después de ver el video

5 **Completar** Complete the sentences with words from the word bank.

> aire libre   alfombras   atmósfera   fijo   indígenas   regatear

1. En Semana Santa las mujeres hacen _____ con miles de flores.
2. En Chichicastenango hay un mercado al _____ los jueves y domingos.
3. En el mercado los artículos no tienen un precio _____.
4. Los clientes tienen que _____ cuando hacen sus compras.
5. En las calles de Antigua, los turistas pueden sentir la _____ del pasado.
6. Muchos _____ de toda la región van al mercado a vender sus productos.

6 **¿Cierto o falso?** Indicate whether each statement is **cierto** or **falso**. Correct the false statements.

1. Antigua fue la capital de Guatemala hasta 1773.

2. Una de las celebraciones más importantes de Antigua es la de la Semana Santa.

3. En esta celebración, muchas personas se visten con ropa de color verde.

4. Antigua es una ciudad completamente moderna.

5. Chichicastenango es una ciudad mucho más grande que Antigua.

6. El terremoto de 1773 destruyó todas las iglesias y monasterios en Antigua.

7 **Comparar** Write four sentences comparing the cities Antigua and Chichicastenango.

Video Manual: Panorama cultural

264 **Lección 8 Panorama cultural** Video Activities

Panorama: Chile
Lección 9

Antes de ver el video

1 **Más vocabulario** Look over these useful words and expressions before you watch the video.

Vocabulario útil	
disfrutar (de) *to take advantage (of)*	isla *island*
grados *degrees*	recursos naturales *natural resources*
hace miles de años *thousands of years ago*	repartidas *spread throughout, distributed*
indígena *indigenous*	vista *view*

2 **Escribir** This video talks about Chile's Easter Island. In preparation for watching the video, answer the following questions.

1. ¿Has estado (*Have you been*) en una isla o conoces alguna? ¿Cómo se llama?

_____

2. ¿Dónde está? ¿Cómo es?

_____

Mientras ves el video

3 **Fotos** Describe the video stills. Write at least three sentences in Spanish for each still.

_____
_____
_____
_____
_____
_____

_____
_____
_____
_____

Video Manual: *Panorama cultural*

Después de ver el video

4 **Completar** Complete the sentences with words from the word bank.

atracción	indígena
característico	llega
diferente	recursos
difícil	remoto
escalan	repartidas

1. *Rapa Nui* es el nombre de la isla de Pascua en la lengua _____ de la región.

2. Esta isla está en un lugar _____.

3. Los habitantes de esta isla no tenían muchos _____ naturales.

4. En un día de verano la temperatura _____ a los noventa grados.

5. Las esculturas *moái* son el elemento más _____ de esta isla.

6. Hay más de novecientas esculturas _____ por toda la isla.

7. Otra gran _____ de la isla es el gran cráter Rano Kau.

8. Los visitantes _____ el cráter para disfrutar de la espectacular vista.

5 **Preferencias** In Spanish, list at least two things you like about this video and explain your choices.

_____

_____

_____

_____

_____

_____

_____

_____

_____

_____

_____

_____

Video Manual: *Panorama cultural*

Panorama: Costa Rica

Lección 10

Antes de ver el video

1 **Más vocabulario** Look over these useful words and expressions before you watch the video.

Vocabulario útil		
bosque *forest*	guía certificado *certified guide*	riqueza *wealth*
conservar *to preserve*	nuboso *cloudy*	tiendas de campaña *camping tents*
cubierto *covered*	permitir *to allow*	tocar *to touch*
entrar *to enter*	regla *rule*	tortugas marinas *sea turtles*

2 **Foto** Describe the video still. Write at least three sentences in Spanish.

_____

_____

_____

_____

_____

_____

3 **Categorías** Categorize the words listed in the word bank.

bosque	guía	pedir	sacar
diferentes	hermosos	permite	Tortuguero
entrar	Monteverde	playa	turistas
exóticas	nuboso	pueblos	visitantes
frágil			

Lugares	Personas	Verbos	Adjetivos

Lección 10 Panorama cultural Video Activities

Video Manual: *Panorama cultural*

Mientras ves el video

4 **Marcar** While watching the video, check off the rules that have been put in place to protect nature.

_____ 1. En el parque Monteverde no pueden entrar más de 150 personas al mismo tiempo.

_____ 2. Los turistas tienen que dormir en tiendas de campaña.

_____ 3. Los turistas no pueden visitar Tortuguero en febrero.

_____ 4. Después de las 6 p. m. no se permite ir a la playa sin un guía certificado.

_____ 5. Los turistas no pueden tocar las tortugas.

_____ 6. En Tortuguero está prohibido tomar fotografías.

Después de ver el video

5 **Completar** Complete the sentences with words from the word bank.

acampan	entrar	pasan	prohíbe
conservan	estudiar	prefieren	transportan

1. En Monteverde se _____ más de dos mil especies diferentes de animales.

2. En este parque no pueden _____ más de 150 personas al mismo tiempo.

3. Algunos turistas _____ en Monteverde.

4. Otros _____ ir a los hoteles de los pueblos que están cerca de Monteverde.

5. Se _____ sacar fotografías.

6 **Preferencias** Write a brief paragraph in Spanish where you describe which place(s) you would like to visit in Costa Rica and why.

_____
_____
_____
_____
_____
_____
_____
_____
_____

Panorama: Argentina

Lección 11

Antes de ver el video

1 Más vocabulario Look over these useful words and expressions before you watch the video.

Vocabulario útil		
actualmente *nowadays*	gaucho *cowboy*	pintura *paint*
barrio *neighborhood*	género *genre*	salón de baile *ballroom*
cantante *singer*	homenaje *tribute*	suelo *floor*
exponer *to exhibit*	pareja *partner*	surgir *to emerge*
extrañar *to miss*	paso *step*	tocar *to play*

2 Completar The previous vocabulary will be used in this video. In preparation for watching the video, complete the sentences using words from the vocabulary list. Conjugate the verbs as necessary. Some words will not be used.

1. Los artistas _____ sus pinturas en las calles.

2. Beyoncé es una _____ famosa.

3. El tango tiene _____ muy complicados.

4. El jazz es un _____ musical que se originó en los Estados Unidos.

5. El tango _____ en Buenos Aires, Argentina.

6. La gente va a los _____ a bailar y divertirse.

7. Las personas _____ mucho su país cuando tienen que vivir en el extranjero.

Mientras ves el video

3 Marcar Check off the cognates you hear while watching the video.

_____ 1. adultos

_____ 2. aniversario

_____ 3. arquitectura

_____ 4. artistas

_____ 5. demostración

_____ 6. conferencia

_____ 7. dramático

_____ 8. exclusivamente

_____ 9. famosos

_____ 10. gráfica

_____ 11. impacto

_____ 12. musical

Lección 11 Panorama cultural Video Activities **269**

Video Manual: *Panorama cultural*

Nombre _____ Fecha _____

Después de ver el video

4 **¿Cierto o falso?** Indicate whether each statement is **cierto** or **falso**. Correct the false statements.

1. Guillermo Alio dibuja en el suelo una gráfica para enseñar a cantar.

_____

2. El tango es música, danza, poesía y pintura.

_____

3. Alio es un artista que baila y canta al mismo tiempo.

_____

4. Alio y su pareja se ponen pintura verde en los zapatos.

_____

5. Ahora los tangos son historias de hombres que sufren por amor.

_____

6. El tango tiene un tono dramático y nostálgico.

_____

5 **Completar** Complete the sentences with words from the word bank.

| actualmente | compositor | fiesta | género | homenaje | pintor | surgió | toca |

1. El tango es un _____ musical que se originó en Argentina en 1880.
2. El tango _____ en el barrio La Boca.
3. _____ este barrio se considera un museo al aire libre.
4. En la calle Caminito se _____ y se baila el tango.
5. Carlos Gardel fue el _____ de varios de los tangos más famosos.
6. En el aniversario de su muerte, sus aficionados le hacen un _____.

6 **Responder** Answer the questions in Spanish. Use complete sentences.

1. ¿Por qué crees que el tango es tan famoso en todo el mundo? _____

_____

2. ¿Te gustaría (*Would you like*) aprender a bailar tango? ¿Por qué? _____

_____

3. ¿Qué tipo de música te gusta? Explica tu respuesta. _____

_____

Video Manual: *Panorama cultural*

270   **Lección 11 Panorama cultural** Video Activities

© by Vista Higher Learning. All rights reserved.

Nombre _____   Fecha _____

Panorama: Panamá   **Lección 12**

Antes de ver el video

1 **Más vocabulario** Look over these useful words before you watch the video.

<table>
<tr><td colspan="3" align="center">**Vocabulario útil**</td></tr>
<tr><td>anualmente *annually*</td><td>impresionante *incredible*</td><td>según *according to*</td></tr>
<tr><td>arrecife *reef*</td><td>lado *side*</td><td>sitio *site*</td></tr>
<tr><td>disfrutar *to enjoy*</td><td>peces *fish*</td><td>torneo *tournament*</td></tr>
<tr><td>especies *species*</td><td>precioso *beautiful*</td><td></td></tr>
</table>

2 **Responder** This video talks about the best places to dive and surf in Panama. In preparation for watching this video, answer these questions about surfing.

1. ¿Te gusta el *surf*? ¿Por qué?

_____

_____

_____

2. ¿Practicas este deporte? ¿Conoces a alguien que lo practique? ¿Dónde lo practica(s)?

_____

_____

_____

Mientras ves el video

3 **Ordenar** Number the items in the order in which they appear in the video.

a. _____

b. _____

c. _____

Lección 12 Panorama cultural Video Activities **271**

Después de ver el video

4 **Emparejar** Find the items in the second column that correspond to the ones in the first.

1. La isla Contadora es la más grande _____
2. Allí siempre hace calor, _____
3. En Panamá, los visitantes pueden bucear en el océano Pacífico por la mañana _____
4. Las islas de San Blas son 365, _____
5. En Santa Catarina los deportistas disfrutan de _____

a. por la noche.
b. del archipiélago.
c. la playa blanca y el agua color turquesa.
d. por eso se puede bucear en todas las estaciones.
e. una para cada día del año.
f. y en el mar Caribe por la tarde.

5 **Responder** Answer the questions in Spanish. Use complete sentences.

1. ¿Qué país centroamericano tiene archipiélagos en el océano Pacífico y en el mar Caribe?

_____

_____

2. ¿Por qué Las Perlas es un buen lugar para bucear?

_____

_____

3. ¿Cómo llegan los turistas a la isla Contadora?

_____

_____

4. ¿Cómo se llaman los indígenas que viven en las islas San Blas?

_____

_____

5. ¿Adónde van los mejores deportistas de *surfing* del mundo?

_____

_____

6 **Pasatiempos** Complete this chart in Spanish.

Mis deportes/ pasatiempos favoritos	Por qué me gustan	Dónde/cuándo los practico

Panorama: Colombia   Lección 13

Antes de ver el video

1 **Más vocabulario** Look over these useful words and expressions before you watch the video.

<table>
<tr><th colspan="2">Vocabulario útil</th></tr>
<tr><td>alrededores surrounding area</td><td>delfín dolphin</td></tr>
<tr><td>belleza natural natural beauty</td><td>desfile parade</td></tr>
<tr><td>campesinos country/rural people</td><td>disfrutar (de) enjoy</td></tr>
<tr><td>carroza float</td><td>feria fair; festival</td></tr>
<tr><td>cordillera mountain range</td><td>fiesta festival</td></tr>
<tr><td>costas coasts</td><td>orquídea orchid</td></tr>
</table>

Mientras ves el video

2 **Preguntas** Answer the questions about these video stills. Use complete sentences.

¿Cómo se llama esta celebración?

1. _____

_____

_____

¿Dónde vive este animal?

2. _____

_____

_____

Lección 13 Panorama cultural Video Activities   **273**

Después de ver el video

3 **Emparejar** Find the items in the second column that correspond to the ones in the first.

_____ 1. El grano colombiano que se exporta mucho.　　a. el café

_____ 2. el Carnaval de Barranquilla　　b. Río Amazonas

_____ 3. En Colombia crecen muchas.　　c. un desfile de carrozas decoradas

_____ 4. Aquí vive el delfín rosado.　　d. orquídeas

_____ 5. desfile de los silleteros　　e. Feria de las Flores

_____ 6. Aquí vive el cóndor.　　f. Nevado del Huila

4 **Completar** Complete the sentences with words from the list.

Amazonas	carrozas	el cóndor	flor
campesinos	celebra	encuentra	reserva

1. En el Parque de Orquídeas hay más de tres mil especies de esta _____.

2. En los alrededores del Parque Nevado del Huila vive _____.

3. El río _____ está al sur de Colombia.

4. El Parque Amaracayu es una _____ natural.

5. Los _____ participan en el desfile de los silleteros.

6. El domingo de carnaval se hace un desfile con _____ decoradas.

5 **Responder** Answer these questions in Spanish. Use complete sentences.

1. ¿Qué es lo primero que piensas cuando oyes la palabra "carnaval"?

_____

_____

_____

2. ¿Cuál crees que es el carnaval más famoso del mundo? ¿Por qué?

_____

_____

_____

3. ¿Cuál es el carnaval más famoso de tu país? ¿Cómo se celebra?

_____

_____

_____

Panorama: Venezuela   Lección 14

Antes de ver el video

1 **Más vocabulario** Look over these useful words before you watch the video.

Vocabulario útil		
castillo *castle*	fuerte *fort*	plana *flat*
catarata *waterfall*	maravilla *wonder*	según *according to*
cima *top*	medir *measure*	teleférico *cable railway*

2 **Preferencias** In this video you are going to learn about two of the most famous tourist attractions in Venezuela: its mountains and beaches. In preparation for watching the video, complete these sentences.

1. Me gusta/No me gusta ir a la playa porque _____

_____

_____

2. Me gusta/No me gusta ir de excursión a las montañas porque _____

_____

_____

Mientras ves el video

3 **Marcar** Check off the cognates you hear while watching the video.

_____ 1. animales

_____ 2. arquitectura

_____ 3. construcción

_____ 4. diversa

_____ 5. famoso

_____ 6. geológicas

_____ 7. horizontales

_____ 8. marina

_____ 9. mitología

_____ 10. naturales

_____ 11. plantas

_____ 12. verticales

Lección 14 Panorama cultural Video Activities **275**

Video Manual: Panorama cultural

Después de ver el video

4 **¿Cierto o falso?** Indicate whether each statement is **cierto** or **falso**. Correct the false statements.

1. El Fortín Solano es la capital comercial de isla Margarita.

_____

2. "Tepuyes" es el nombre que los indígenas piaroas le dan a las montañas.

_____

3. Se cree que en el Parque Nacional Canaima hay muchas especies de plantas y animales que nunca han sido clasificadas.

_____

4. El Salto Ángel es la catarata más alta del mundo.

_____

5. Según la mitología de los piaroas, el tepuy Autana representa la muerte.

_____

6. La isla Margarita es conocida como la Perla del Amazonas.

_____

_____

5 **Completar** Complete the sentences with words from the word bank. Some words will not be used.

clase	islas	metros	río	verticales
fuertes	marina	planas	teleférico	

1. En Venezuela hay castillos y _____ que sirvieron para proteger al país hace muchos años.

2. En Venezuela hay más de 311 _____.

3. La isla Margarita tiene una fauna _____ muy diversa.

4. Los hoteles de isla Margarita son de primera _____.

5. El Parque Nacional Canaima tiene 38 grandes montañas de paredes _____ y

cimas _____.

6. Venezuela también tiene el _____ más largo del mundo.

6 **Escribir** In Spanish, list the three things you found most interesting in this video and explain your choices. Use complete sentences.

_____

_____

_____

_____

_____

Panorama: Bolivia

Lección 15

Antes de ver el video

1 **Más vocabulario** Look over these useful words before you watch the video.

Vocabulario útil	
alimento *food*	salar *salt flat*
enorme *enormous*	tratamiento *treatment*
particular *unique*	

2 **Foto** Describe the video still. Write at least three sentences in Spanish.

_____
_____
_____
_____
_____
_____

3 **Predecir** Based on the still in the previous activity, what do you think this video episode is going to be about?

_____
_____
_____

Mientras ves el video

4 **Marcar** Check off the cognates you hear while watching the video.

_____ 1. abundante   _____ 4. contacto   _____ 7. estrés   _____ 10. extraordinario

_____ 2. arte   _____ 5. cultura   _____ 8. exceso   _____ 11. presente

_____ 3. color   _____ 6. diversa   _____ 9. exótico   _____ 12. región

Lección 15 Panorama cultural Video Activities   **277**

Video Manual: *Panorama cultural*

Después de ver el video

5 **Palabra correcta** The underlined elements in these statements are incorrect. Write the correct word on the space provided.

1. El salar de Uyuni está al <u>norte</u> de Bolivia.

    La palabra correcta es: _____

2. La sal, sin exceso, es <u>mala</u> para las personas que sufren de enfermedades de los huesos.

    La palabra correcta es: _____

3. Los hoteles de esta región se hicieron con cuidado porque el contacto en exceso con la sal es <u>excelente</u> para la salud.

    La palabra correcta es: _____

4. Estos hoteles ofrecen a los huéspedes masajes y otros tratamientos para aliviar el <u>acné</u>.

    La palabra correcta es: _____

5. La sal se usa en Uyuni para <u>dañar</u> los alimentos.

    La palabra correcta es: _____

6. El salar de Uyuni parece un gran <u>parque</u> de color blanco.

    La palabra correcta es: _____

6 **Preferencias** Would you like to stay in a hotel where everything is made out of salt? In Spanish, give two reasons why you think you would like to stay in such a place and two more why you would not. Explain your reasons.

Razones por las que me gustaría:

_____

_____

_____

_____

_____

Razones por las que no me gustaría:

_____

_____

_____

_____

_____

Video Manual: *Panorama cultural*

Panorama: Nicaragua

Lección 16

Antes de ver el video

1 **Más vocabulario** Look over these useful words and expressions before you watch the video.

Vocabulario útil		
artesanías *handicrafts, craft work*	dioses *gods*	ofrendas *offerings*
atractivos *attractions*	laguna *lagoon*	venado *deer*
burlarse de *to make fun of*	obras artesanales *handicrafts*	venerar *to worship*

2 **Categorías** Categorize the words listed in the word bank.

artesanales	creían	famosa	pueblo	significan
autoridades	deriva	habitantes	reciente	tradicionales
bailan	enojados	laguna	región	venden
capital	extensas	políticos		

Lugares	Personas	Verbos	Adjetivos

Mientras ves el video

3 **Marcar** Check off the verbs you hear while watching the video.

_____ 1. bailan   _____ 5. correr   _____ 9. jugar

_____ 2. burlan   _____ 6. creían   _____ 10. venden

_____ 3. calmar   _____ 7. deriva   _____ 11. veneraban

_____ 4. comer   _____ 8. estudiar   _____ 12. ver

Lección 16 Panorama cultural Video Activities   **279**

Video Manual: *Panorama cultural*

Después de ver el video

4 **Emparejar** Find the items in the second column that correspond to the ones in the first.

_____ 1. erupciones del Volcán Masaya en los últimos 500 años

_____ 2. Los indígenas les daban esto a los dioses para calmar al volcán.

_____ 3. *mazalt y yan*

_____ 4. Pasaba cuando los dioses estaban enojados.

_____ 5. el Torovenado

a. una celebración

b. ofrendas

c. El volcán hacía erupción.

d. nombre *Masaya* en lengua indígena

e. diecinueve

5 **Respuestas** Answer the questions in Spanish. Use complete sentences.

1. ¿Cómo se llama el pueblo donde está situada la laguna de Masaya? _____

_____

2. ¿De dónde se deriva el nombre *Masaya*? _____

_____

3. ¿Cuál es la fiesta más importante que se celebra en Masaya? _____

_____

4. ¿De quiénes se burlan los habitantes en estas fiestas? _____

_____

5. ¿Por qué se le conoce a Masaya como la capital del folclor nicaragüense? _____

_____

6. ¿Qué venden en el mercado, además de frutas y verduras? _____

_____

6 **Escribir** Write a short summary of this video in Spanish.

_____

_____

_____

_____

_____

_____

_____

_____

_____

_____

Nombre _____ Fecha _____

Panorama: República Dominicana · Lección 16

Antes de ver el video

1 **Más vocabulario** Look over these useful words and expressions before you watch the video.

Vocabulario útil	
crear *to create, to form*	**papel** *role*
emigrantes *emigrants*	**ritmos** *rhythms*
fiestas nacionales *national festivals*	**tocar (música)** *to play (music)*

2 **Preguntas** This video talks about two musical genres famous in the Dominican Republic. In preparation for watching the video, answer these questions.

1. ¿Cuál es el género (*genre*) musical estadounidense con más fama internacional? _____

_____

2. ¿Te gusta esta música? ¿Por qué? _____

_____

Mientras ves el video

3 **Marcar** Check off the activities and places you see in the video.

_____ 1. niños sonriendo   _____ 6. espectáculo de baile en teatro

_____ 2. mujer vendiendo ropa   _____ 7. bandera (*flag*) de la República Dominicana

_____ 3. parejas bailando   _____ 8. mujer peinándose

_____ 4. hombre tocando acordeón   _____ 9. bulevar (*boulevard*)

_____ 5. niño jugando al fútbol   _____ 10. playa

Después de ver el video

4 **Corregir** The underlined elements in the sentences are incorrect. Write the correct words in the spaces provided.

1. Uno de los mejores ejemplos de la mezcla (*mix*) de culturas en la República Dominicana es la <u>arquitectura</u>.

La palabra correcta es: _____

2. El Festival del merengue se celebra en las <u>plazas</u> de Santo Domingo todos los veranos.

La palabra correcta es: _____

3. La música de la República Dominicana está influenciada por la música tradicional de <u>Asia</u>.

La palabra correcta es: _____

Video Manual: Panorama cultural

4. En todo el país hay discotecas donde se toca y se baila la bachata y el <u>jazz</u>.

   La palabra correcta es: _____

5. El veintisiete de febrero de cada año los dominicanos celebran el día de la <u>madre</u>.

   La palabra correcta es: _____

6. La bachata y el merengue son ritmos <u>poco</u> populares en la República Dominicana.

   La palabra correcta es: _____

5 **Emparejar** Find the items in the second column that correspond to the ones in the first.

_____ 1. Aquí la gente baila la bachata y el merengue.

_____ 2. Este músico recibió en 1966 la Medalla presidencial.

_____ 3. *El Bachatón*

_____ 4. Juan Luis Guerra, Johnny Ventura y Wilfredo Vargas

_____ 5. La música dominicana recibió la influencia de estas personas.

a. Johnny Pacheco

b. varios de los muchos músicos de bachata y merengue con fama internacional

c. los indígenas que vivían en la región

d. las discotecas de la ciudad

e. En este programa de televisión sólo se toca la bachata.

6 **Seleccionar** Select the sentence that best summarizes what you saw in this video.

_____ 1. Por muchos años, muchos emigrantes llegaron a la República Dominicana y crearon la actual cultura dominicana.

_____ 2. Todas las estaciones de radio tocan bachata y hay un programa de televisión muy popular dedicado exclusivamente a esta música, llamado *El Bachatón*.

_____ 3. Los ritmos más populares de la República Dominicana, la bachata y el merengue, son producto de varias culturas y forman parte integral de la vida de los dominicanos.

_____ 4. Una fiesta tradicional dominicana es el Festival del Merengue, que se celebra todos los veranos desde 1966 por las calles de Santo Domingo.

7 **Responder** Answer the questions in Spanish. Use complete sentences.

1. ¿Cuál es tu música favorita? ¿Por qué? _____

_____

2. ¿Dónde escuchas esta música? ¿Cuándo? _____

_____

3. ¿Quiénes son los intérpretes más famosos de esta música? ¿Cuál de ellos te gusta más? _____

_____

4. ¿Te gusta bailar? ¿Qué tipo de música bailas? _____

_____

5. ¿Es la música algo importante en tu vida? ¿Por qué? _____

_____

Video Manual: *Panorama cultural*

Panorama: El Salvador
Lección 17

Antes de ver el video

1 Más vocabulario Look over these useful words before you watch the video.

Vocabulario útil	
alimento *food*	grano *grain*
fuente *source*	salsa *sauce*

2 Categorías Categorize the words listed in the word bank.

arepas	comerciales	restaurantes
buena	importante	tamales
catedrales	maíz	tradicionales
cebolla	mercados	usa
centrales	plazas	Valle de México
ciudades	postre	venden
comenzaron	queso	vivían

Lugares	Comida	Verbos	Adjetivos

Mientras ves el video

3 Marcar Check off the verbs you hear while watching the video.

_____ 1. bailar   _____ 5. describir   _____ 8. saber   _____ 11. vender

_____ 2. cocinar   _____ 6. hacer   _____ 9. servir   _____ 12. usar

_____ 3. comer   _____ 7. limpiar   _____ 10. tocar   _____ 13. vivir

_____ 4. decir

Lección 17 Panorama cultural Video Activities   **283**

Video Manual: Panorama cultural

Después de ver el video

4   **Completar**   Complete the sentences with words from the word bank.

aceite	fuente	pupusas
arroz	maíz	sal
camarón	postre	símbolo

1. En El Salvador el _____ es el alimento principal de la dieta diaria.

2. Las pupusas se comen a veces como _____ acompañadas de frutas y chocolate.

3. En todos los lugares importantes de las ciudades y pueblos de El Salvador se venden

   _____.

4. Para hacer las pupusas se usa maíz, agua, _____ y sal.

5. El maíz es una buena _____ de carbohidratos.

6. El maíz se ha usado como _____ religioso.

5   **Foto**   Describe the video still. Write at least three sentences in Spanish.

_____

_____

_____

_____

_____

6   **Escribir**   Write about your favorite food and explain how to prepare it. Don't forget to include all the necessary ingredients.

_____

_____

_____

_____

_____

_____

_____

Video Manual: *Panorama cultural*

Panorama: Honduras

Antes de ver el video

1 **Más vocabulario** Look over these useful words and expressions before you watch the video.

Vocabulario útil	
astrónomo *astronomer*	obras de arte *works of art*
claro/a *clear*	quetzal *quetzal (a type of bird)*
dentro de *inside*	ruinas *ruins*
escala *scale*	serpiente *snake*
impresionante *amazing*	

2 **Predecir** Do you remember the video from **Lección 4**? It was about the pyramids of Teotihuacán. In this lesson you are going to hear about other pyramids, those in the city of Copán, Honduras. Write a paragraph about the things you think you will see in this video.

_____

_____

_____

_____

_____

_____

_____

Mientras ves el video

3 **Marcar** Check off the words you hear while watching the video.

_____ 1. azteca

_____ 2. bailes

_____ 3. cultura precolombina

_____ 4. grupos

_____ 5. maya

_____ 6. ochocientos

_____ 7. quetzal

_____ 8. Rosalila

_____ 9. Sol

_____ 10. Tegucigalpa

Lección 17 Panorama cultural Video Activities   **285**

Después de ver el video

4 **Seleccionar** Choose the option that best completes each sentence.

1. Una ciudad muy importante de la cultura _____ es Copán.
   a. olmeca   b. salvadoreña   c. azteca   d. maya

2. Desde mil novecientos _____ y cinco, científicos han trabajado en estas ruinas.
   a. cincuenta   b. setenta   c. sesenta   d. noventa

3. Los mayas fueron grandes artistas, _____, matemáticos, astrónomos y médicos.
   a. maestros   b. estudiantes   c. arquitectos   d. cantantes

4. Ricardo Agurcia descubrió un templo _____ una pirámide.
   a. afuera de   b. cerca de   c. dentro de   d. a un lado de

5. En Copán encontraron el texto más _____ que dejó la gran civilización maya.
   a. extenso   b. corto   c. interesante   d. divertido

6. En Copán está el Museo de _____ Maya.
   a. Arte   b. Pintura   c. Escultura   d. Texto

7. La puerta del museo tiene la forma de la boca de _____.
   a. una serpiente   b. un gato   c. un puma   d. un quetzal

8. En la sala principal se encuentra la réplica _____ Rosalila.
   a. de la pirámide   b. de la ciudad   c. del Templo   d. de la ruina

5 **Fotos** Describe the video stills. Write at least three sentences in Spanish for each still.

_____
_____
_____
_____
_____
_____
_____
_____
_____
_____

6 **Escribir** Imagine that you went to Copán; write a postcard to a friend about everything you saw there.

_____
_____
_____
_____
_____

Panorama: Paraguay

Lección 18

Antes de ver el video

1 **Más vocabulario** Look over these useful words and expressions before you watch the video.

Vocabulario útil		
alimento *food*	cultivar *to cultivate*	quemar *to burn*
amargo *bitter*	empresas *companies*	sagrada *sacred*
asegurar *to maintain*	fuente *source*	suplemento alimenticio
calabaza *pumpkin*	hervir *to boil*	*dietary supplement*
cortar *to cut*	hojas *leaves*	

2 **Preferencias** In this video you are going to learn about the importance of a coffee-like beverage in the Paraguayan diet. Do you like coffee? Is it popular in your country? Why? Is it good for your health? Write a paragraph in Spanish to answer these questions.

_____

_____

_____

_____

_____

_____

_____

Mientras ves el video

3 **Ordenar** Number the sentences in the order in which they appear in the video.

_____ a. El mate es un alimento.

_____ b. Hay muchas técnicas para preparar el mate.

_____ c. Tomar mate era ilegal.

_____ d. El mate se toma a toda hora.

_____ e. La yerba mate crece en América del Sur.

_____ f. El mate tiene vitaminas, minerales y antioxidantes.

_____ g. El mate tiene un sabor amargo.

_____ h. Los indígenas guaraní creían que esta planta era un regalo de sus antepasados.

_____ i. El mate es típico de Paraguay, Argentina y Uruguay.

_____ j. El mate es usado por personas que quieren adelgazar.

Lección 18 Panorama cultural Video Activities **287**

Video Manual: *Panorama cultural*

Después de ver el video

4 **Fotos** Describe the video stills. Write at least three sentences in Spanish for each one.

_____
_____
_____
_____
_____
_____
_____
_____
_____
_____

5 **Responder** Answer the questions in Spanish.

1. ¿Qué es el mate? _____
_____

2. ¿Dónde es típico el mate? _____
_____

3. ¿Cómo usaban el mate los indígenas guaraní? _____
_____

4. ¿Cómo se usa el mate hoy en día? _____
_____

5. ¿Por qué durante la colonia era ilegal tomar mate? _____
_____

6. ¿Qué características tiene el mate? _____
_____

6 **Escribir** Write a short summary of this video in Spanish.

_____
_____
_____
_____
_____

Video Manual: *Panorama cultural*

Panorama: Uruguay

Lección 18

Antes de ver el video

1 **Más vocabulario** Look over these useful words and expressions before you watch the video.

Vocabulario útil

asado *barbecue*	campos *rural areas*	jineteadas *rodeo*
cabalgatas colectivas *caravans*	ganadería *ranching*	ranchos ganaderos *cattle ranches*
caballos *horses*	gauchos *cowboys*	siglos *centuries*

2 **Predecir** Based on the video stills, write what you think the video will be about.

_____

_____

_____

_____

_____

Mientras ves el video

3 **Describir** Write a short description of the items.

1. Las estancias son _____

_____

2. Los gauchos son _____

_____

3. Las cabalgatas colectivas son _____

_____

4. Las jineteadas son _____

_____

Video Manual: *Panorama cultural*

Después de ver el video

4 **Responder** Answer the questions in Spanish.

1. ¿Te gustaría quedarte por unos días en una estancia? ¿Por qué?

_____

2. ¿Por qué crees que a los turistas les gustan estos lugares? ¿Por qué son tan especiales?

_____

3. ¿Hay en tu país hoteles parecidos a las estancias? ¿Cómo son?

_____

5 **Imaginar** Imagine that you are a travel agent and that you need to create an itinerary for a client going to an **estancia**. Write the itinerary in the space below.

lunes	
martes	
miércoles	
jueves	
viernes	
sábado	
domingo	

6 **Escribir** Now imagine that you are a **gaucho**. What is your daily routine? Describe the activities you do every day.

En la mañana yo _____

_____

_____ .

En la tarde yo _____

_____

_____ .

En la noche yo _____

_____

_____ .

Video Manual: *Panorama cultural*

Nombre _____   Fecha _____

Video Manual: *Flash cultura*

Antes de ver el video

1 **Vos** Most Argentinians use the pronoun **vos** instead of **tú** when talking to friends. In some cases, the verb in the **vos** form is different from the **tú** form; in others, it is the same. Look at these questions with **vos**. Can you guess what the **tú** equivalent is?

> **modelo**
> Vos: ¿Cómo te llamás?
> Tú: *¿Cómo te llamas?*

1. Y vos, ¿cómo estás?

_____

2. ¿De dónde sos?

_____

2 **¡En español!** Look at the video still. Imagine a conversation between two of these people.

¡Hola! ¿Cómo te va? _____

_____

_____

_____

_____

Mientras ves el video

3 **Completar** What does Silvina say when she meets her friends? Complete these conversations.

A. (3:42–3:51)

CHICO Hola.

CHICA ¿(1)_____?

CHICA Y CHICO ¡Cuánto tiempo! (*It's been so long!*)

SILVINA Sí, hace mucho, ¿no?

CHICA ¡Qué (2)_____ verte (*to see you*)!

SILVINA ¿(3)_____ están ustedes? ¿Bien?

CHICA Y CHICO (4)_____.

B. (4:12–4:19)

SILVINA Quiero (*I want*) presentarles a mi (5)_____ Gonzalo.

CHICA Hola, ¿qué (6)_____?

GONZALO Hola. Gonzalo. ¿Tú cómo te (7)_____?

CHICA Mariana.

GONZALO (8)_____, Mariana.

Después de ver el video

4 **Ordenar** Pay attention to Silvina's actions and put them in the correct order.

_____ a. presenta a una amiga

_____ b. dice (*she says*): ¿Como están ustedes? ¿Bien?

_____ c. da (*she gives*) un beso y un abrazo

_____ d. camina (*she walks*) por la Plaza de Mayo

_____ e. dice: ¡Hasta pronto!

5 **¿Quién?** Indicate who would make each of these statements.

Statements	Long-time friends at a plaza	People meeting for the first time
1. ¡Qué bueno verte!		
2. Sí, hace mucho, ¿no?		
3. Les presento a mi amigo.		
4. ¿Cómo estás?		
5. Mucho gusto.		

6 **¡Cuánto tiempo!** Write a conversation you would have with a friend whom you have not seen in a long time. Include the expressions provided.

> ¡Cuánto tiempo!   ¡Qué bueno verte!
> Hace mucho.   ¿Qué tal?

_____

_____

_____

_____

_____

7 **Encuentros en la plaza** Describe two aspects of this episode that caught your attention: people, their physical proximity, activities they do, etc. Then, explain how those are similar or different in your own culture. You may use English.

_____

_____

_____

_____

_____

_____

Los estudios

Lección 2

Antes de ver el video

1 **Más vocabulario** Look over these useful words before you watch the video.

<table>
<tr><td colspan="2" align="center">Vocabulario útil</td></tr>
<tr>
<td>las ciencias biológicas y de la salud
biological and health sciences</td>
<td>el cuarto año de la carrera
the fourth year of college</td>
</tr>
<tr>
<td>las ciencias físico-matemáticas
physical and mathematical sciences</td>
<td>dé clases teaches</td>
</tr>
<tr>
<td>¿Conoces a algún ex alumno reconocido?
¿Do you know any renowned alumni?</td>
<td>los estudios superiores higher education
la psicoterapia psychotherapy</td>
</tr>
</table>

2 **¡En español!** Look at the video still and answer these questions in Spanish. Carlos is in Mexico City; can you guess what place? Who is Carlos talking to? What do you think this person does?

Carlos López, México, D.F.

_____

_____

_____

_____

_____

_____

Mientras ves el video

3 **Conversaciones** Complete these conversations between Carlos López and two students.

CARLOS LÓPEZ ¿(1)_____ te llamas?

ESTUDIANTE Héctor.

CARLOS LÓPEZ Héctor. ¿Y qué estudias?

ESTUDIANTE (2)_____.

CARLOS LÓPEZ ¿Y cuál es tu materia favorita?

ESTUDIANTE Este… ahorita, (3)_____ de Roma.

CARLOS LÓPEZ ¿De dónde (4)_____?

ESTUDIANTE De Corea.

CARLOS LÓPEZ De Corea. ¿Te gusta estudiar en la (5)_____?

ESTUDIANTE Sí, me gusta mucho (*I like it a lot*).

CARLOS LÓPEZ ¿Qué estudias?

ESTUDIANTE Estoy estudiando (6)_____.

4 **Identificar** Indicate which area of study each of these students and alumni is likely to study or have studied.

Ciencias Biológicas y de la Salud   Ciencias Sociales

Ciencias Físico-Matemáticas   Humanidades

Octavio Paz
Escritor

1. _____   2. _____   3. _____

Después de ver el video

5 **Oraciones** Complete each statement with the correct option.

autobuses	estudio	profesor
derecho	ex alumno	residencia estudiantil
estudiantes	México, D.F.	universidad

1. _____ es un importante centro económico y cultural.

2. La UNAM es una _____ en la Ciudad de México.

3. La UNAM es como (*like*) una ciudad con _____, policía y gobierno (*government*) propios (*own*).

4. Los _____ de la UNAM son de diferentes países.

5. Hay cuatro áreas principales de _____.

6. Manuel Álvarez Bravo es un _____ famoso de la UNAM.

6 **¡Carlos López de visita (*on a visit*)!** Imagine that Carlos López visits your school and wants to find out about the institution, campus or facilities, classes, and students. Write a brief paragraph about what you would say.

> **modelo**
>
> ¡Hola, Carlos! Me llamo Rosa Estévez y estudio en la Universidad de Toronto.
> Hay muchos estudiantes de diferentes países. Este (*This*) semestre tomo clases…

_____

_____

_____

_____

_____

La familia

Antes de ver el video

1 **Más vocabulario** Look over these useful words before you watch the video.

<table>
<tr><td colspan="2" align="center">**Vocabulario útil**</td></tr>
<tr>
<td>el canelazo *typical drink from Ecuador*
la casa *house*
Día de la Madre *Mother's Day*
Ésta es la cocina. *This is the kitchen.*
Éste es un patio interior.
   This is an interior patio.</td>
<td>¡Qué familia tan grande tiene! *Your family is so big!*
¡Qué grande es tu casa…! *Your house is so big!*
¿Quién pelea con quién? *Who fights with whom?*
te muestro *I'll show you*
Vamos. *Let's go.*</td>
</tr>
</table>

2 **¡En español!** Look at the video still. Imagine what Mónica will say about families in Ecuador, and write a two- or three-sentence introduction to this episode.

Mónica, Quito

¡Hola, amigos! Bienvenidos a otra aventura de *Flash cultura*. Hoy vamos (*we are going*) a hablar de… _____

_____

_____

_____

_____

_____

_____

Mientras ves el video

3 **Identificar** Identify which family these people belong to: **los Valdivieso**, **los Bolaños**, or both.

Personas	Los Valdivieso	Los Bolaños
1. abuelos	_____	_____
2. novia	_____	_____
3. esposo	_____	_____
4. esposa	_____	_____
5. sobrinos	_____	_____
6. dos hijos y una hija	_____	_____

4 **Emparejar** Watch as Mrs. Valdivieso gives Mónica a tour of the house. Match the captions to the appropriate images.

1. _____   2. _____   3. _____

a. Y éste es el comedor…
   Todos comemos aquí.

b. Vamos, te enseño el
   resto de la casa.

c. Éste es un patio interior.
   Aquí hacemos reuniones
   familiares.

d. Finalmente, ésta es
   la cocina.

e. ¿Qué están haciendo hoy
   en el parque?

Después de ver el video

5 **¿Cierto o falso?** Indicate whether each statement is **cierto** (*true*) or **falso** (*false*).

1. En el parque, una familia celebra el Día de la Madre. _____
2. La familia Valdivieso representa la familia moderna y la familia Bolaños representa la familia tradicional. _____
3. Los Bolaños no viven (*do not live*) en Quito. _____
4. Bernardo tiene animales en su casa. _____
5. Los Valdivieso toman canelazo. _____

6 **¿Qué te gusta?** Imagine that you are one of the Valdivieso children and that Mónica asks you about your likes and dislikes. Select one of the children and write a paragraph using the cues provided.

bailar   dibujar   hermanos   padres

_____
_____
_____
_____

7 **Andy, un chico con novia** Andy's parents just found out that he has a girlfriend. Imagine that they are being introduced to her for the first time. Write five questions they would ask her.

_____
_____
_____
_____

Nombre _____ Fecha _____

¡Fútbol en España!   Lección 4

Antes de ver el video

1 Más vocabulario Look over these useful words before you watch the video.

Vocabulario útil		
la afición *fans*	nunca *never*	seguro/a *sure*
más allá *beyond*	se junta (con) *is intertwined (with)*	la válvula de escape *outlet*

2 ¡En español! Look at the video still. Imagine what Mari Carmen will say about soccer in Spain, and write a two- or three-sentence introduction to this episode.

Mari Carmen Ortiz, Barcelona

¡Hola, amigos! ¡Bienvenidos a *Flash cultura*! Hoy vamos a

hablar de... _____

_____

_____

_____

_____

Mientras ves el video

3 Identificar You might see any of these actions in a video about soccer in Spain. Check off the items you see in this episode.

___ a. celebrar un gol (*goal*)   ___ d. hablar con un jugador famoso   ___ f. pasear en bicicleta

___ b. comer churros   ___ e. jugar al fútbol   ___ g. celebrar en las calles (*streets*)

___ c. ganar un premio (*award*)   ___ h. jugar al fútbol americano

4 Emparejar Indicate which teams these people are affiliated with.

1.
○ Barça
○ Real Madrid
○ no corresponde

2.
○ Barça
○ Real Madrid
○ no corresponde

3.
○ Barça
○ Real Madrid
○ no corresponde

Video Manual: *Flash cultura*

Video Manual: *Flash cultura*

Después de ver el video

5 **Completar** Complete each statement with the correct option.

| aficionados al fútbol | brasileños | guapo | feo | Red Sox |

1. En España hay muchos _____.

2. Ronaldinho y Ronaldo son dos futbolistas (*soccer players*) _____ famosos.

3. La rivalidad entre el Barça y el Real Madrid es comparable con la rivalidad entre los Yankees y los _____ en béisbol.

4. Mari Carmen piensa que David Beckham es _____.

6 **Aficionados** Who are these fans? Imagine what they would say if they introduced themselves. Write information like their name, age, origin, team affiliation, and any other details that come to mind.

> **modelo**
>
> **Aficionado:** ¡Hola! Soy José Artigas y soy de Madrid. Mi equipo favorito es el Real Madrid. Miro todos los partidos en el estadio. ¡VIVA EL REAL MADRID! ¡Nunca pierde!

_____
_____
_____
_____
_____
_____
_____
_____

7 **David Beckham** Imagine that you are Mari Carmen and you decide to interview David Beckham. Write five questions you would ask him.

> **modelo**
>
> ¿Dónde prefieres vivir: en España o en los Estados Unidos?

_____
_____
_____
_____

Nombre _____   Fecha _____

¡Vacaciones en Perú!   Lección 5

Antes de ver el video

1 Más vocabulario Look over these useful words before you watch the video.

Vocabulario útil		
aislado/a *isolated*	disfrutar *to enjoy*	se salvó *was saved*
andino/a *Andean*	el esfuerzo *effort*	la selva *jungle*
ayudó *helped*	hemos contratado *we have hired*	subir *to climb, to go up*
el cultivo *farming*	la obra *work (of art)*	la vuelta al mundo *around the world*

2 Completar Complete these sentences. Make the necessary changes.

1. Machu Picchu es una _____ muy importante de la civilización inca.

   Esta (*This*) ciudad inca está rodeada (*surrounded*) de una gran _____.

2. Los incas fueron (*were*) grandes artistas y expertos en técnicas de _____

   como el sistema de terrazas (*terraces*).

3. Hoy muchos turistas van a _____ de las ruinas incas y del maravilloso paisaje

   (*landscape*) andino.

4. Cada año miles de personas deciden _____ hasta Machu Picchu por el Camino Inca.

3 ¡En español! Look at the video still. Imagine what Omar will say about Machu Picchu, and write a two- or three-sentence introduction to this episode.

Omar Fuentes, Perú

¡Bienvenidos a otra aventura de *Flash cultura*! Hoy estamos en...

_____

_____

_____

_____

_____

Mientras ves el video

4 Descripción What does Noemí say about the lost city of Machu Picchu? Complete this quote.

"Omar, te cuento (*let me tell you*) que Machu Picchu se salvó de la invasión (1)_____

gracias a que se encuentra (*it's located*) (2)_____ sobre esta (3)_____,

como tú puedes ver. Y también la (4)_____ ayudó mucho... lo cubrió (*covered*)

rápidamente, y eso también contribuye."

5 **Emparejar** Watch the tourists describe their impressions of Machu Picchu. Match the captions to the appropriate people.

1. _____   2. _____

3. _____   4. _____

a. enigma y misterio   b. magnífico y misterioso   c. algo esplendoroso, algo único…

d. ¡Fantástico!   e. Nos encanta muchísimo.

Después de ver el video

6 **¿Cierto o falso?** Indicate whether each statement is **cierto** or **falso**.

1. Las ruinas de Machu Picchu están al lado del mar.   _____

2. Hay menos de (*less than*) cien turistas por día en el santuario (*sanctuary*) inca.   _____

3. Cuando visitas Machu Picchu, puedes contratar a un guía experto.   _____

4. Todos los turistas llegan a Machu Picchu en autobús.   _____

5. Omar pregunta a los turistas por qué visitan Machu Picchu.   _____

7 **¡La vuelta al mundo!** Imagine that you are a travel agent and that the French globetrotting family you saw in the video is planning their next destination. Write a conversation between you and the mother. Suggest an exciting destination, describe the activities the family can do together, and then work out how to get there, where to stay, and for how long.

_____

_____

_____

_____

_____

Comprar en los mercados

Lección 6

Antes de ver el video

1 **Más vocabulario** Look over these useful words before you watch the video.

Vocabulario útil		
las artesanías *handicrafts*	**la heladería** *ice-cream shop*	**la soda (C.R.)** *food stall*
el camarón *shrimp*	**el helado** *ice cream*	**la sopa de mondongo** *tripe soup*
la carne *meat*	**el pescado** *fish*	**suave** *soft*
la flor *flower*	**¡Pura vida!** *Cool!, Alright!*	**el/la tico/a** *person from Costa Rica*
la fruta *fruit*	**el regateo** *haggling, bargaining*	**vale** *it costs*

2 **¡En español!** Look at the video still. Imagine what Randy will say about markets in Costa Rica, and write a two- or three-sentence introduction to this episode.

Randy Cruz, Costa Rica

¡Hola a todos! Hoy estamos en… _____

_____

_____

_____

_____

Mientras ves el video

3 **¿Qué compran?** Identify which item(s) these people buy at the market.

1. _____   2. _____   3. _____

a. frutas

d. camarones y flores

b. artesanías

e. zapatos

c. carne y pescado

4   **Completar**   Watch Randy bargain, and complete this conversation.

RANDY   ¿(1)_____ vale?

VENDEDOR   Trescientos (*300*) (2)_____.

RANDY   Trescientos colones el kilo. Me puede hacer un (3)_____, ¿sí?

VENDEDOR   Perfecto.

VENDEDOR   OK... (4)_____ cuatro ochenta... cuatro y medio.

RANDY   Cuatrocientos (*400*).

VENDEDOR   Cuatro (5)_____.

RANDY   Cuatrocientos cuarenta.

VENDEDOR   Sí, señor.

Después de ver el video

5   **Ordenar**   Put Randy's actions in the correct order.

_____ a. Busca la heladería en el Mercado Central.

_____ b. Regatea el precio de unas papayas.

_____ c. Va al mercado al aire libre.

_____ d. Entrevista a personas en el Mercado Central.

_____ e. Toma sopa de mondongo, un plato (*dish*) típico de Costa Rica.

6   **¡Aquí no hay descuentos!**   Imagine that Randy wants to buy an item of clothing that he really likes, but he doesn't have enough money to pay the full price. Write a conversation between Randy and a salesperson in which Randy negotiates the price. Be creative!

_____

_____

_____

_____

_____

7   **Preguntas**   Answer these questions.

1. ¿En qué lugares o tipos de tiendas haces las compras generalmente? ¿Pequeñas tiendas, grandes almacenes o centros comerciales? _____

_____

2. ¿Con quién(es) sales generalmente a comprar ropa: solo/a (*alone*), con amigos o con alguien (*someone*) de tu familia? ¿Por qué? _____

_____

3. ¿Cómo prefieres pagar tus compras: en efectivo o con tarjeta de crédito? ¿Por qué? _____

_____

4. ¿Esperas las rebajas para comprar cosas que quieres o no te importa (*you don't mind*) pagar el precio normal? _____

Tapas para todos los días

Antes de ver el video

1 **Más vocabulario** Look over these useful words before you watch the video.

Vocabulario útil		
los caracoles *snails*	informal *casual, informal*	preparaban unos platillos
Cataluña *Catalonia (an*	País Vasco *Basque Country*	*used to prepare little dishes*
autonomous community	*(autonomous community*	las tortillas de patata *Spanish*
in Spain)	*in Spain)*	*potato omelets*
contar los palillos *counting*	el pan *bread*	el trabajo *job; work*
the toothpicks	las porciones de comida	único/a *unique*
la escalivada *grilled vegetables*	*food portions*	

2 **Completar** Complete this paragraph about **tapas**.

Las tapas son pequeñas (1)_____ que se sirven en bares y restaurantes de España.
Hay diferentes tipos de tapas: los (2)_____ y las (3)_____ son
algunos ejemplos. En algunos bares, los camareros (*waiters*) traen la comida, pero en lugares más
(*more*) (4)_____ el cliente toma las tapas en la barra (*bar*). Es muy común salir
solo o con amigos a tomar tapas después del trabajo. Sin duda, ¡salir de tapas en España es una
experiencia fantástica y (5)_____!

3 **¡En español!** Look at the video still. Imagine what Mari Carmen will say about **tapas** in Barcelona,
and write a two- or three-sentence introduction to this episode.

Mari Carmen, España

¡Hola! Hoy estamos en Barcelona. Esta bonita ciudad… _____

_____

_____

_____

_____

Mientras ves el video

4 **Montaditos** Indicate whether these statements about **montaditos** are **cierto** or **falso**.

1. Los clientes cuentan los palillos para saber cuánto pagar. _____

2. Los montaditos son informales. _____

3. Los montaditos son caros. _____

4. Los montaditos se preparan siempre con pan. _____

5. Hay montaditos en bares al aire libre solamente. _____

5 **Completar** (03:13–03:29) Watch these people talk about **tapas** and complete this conversation.

MARI CARMEN ¿Cuándo sueles venir a (1)_____ tapas?

HOMBRE Generalmente (2)_____ del trabajo. Cuando al salir de trabajar

(3)_____ hambre, vengo (4)_____.

MARI CARMEN ¿Y vienes solo, vienes con amigos o da igual (*doesn't it matter*)?

HOMBRE Da igual. Si alguien (5)_____ conmigo, mejor; y si no, vengo solo.

Después de ver el video

6 **¿Cierto o falso?** Indicate whether these statements are **cierto** or **falso**.

1. Mari Carmen pasea en motocicleta por el centro de Barcelona. _____

2. Mari Carmen entrevista a personas sobre sus hábitos después de ir al trabajo. _____

3. Una versión sobre el origen de las tapas dice que un rey (*king*) necesitaba (*needed*) comer pocas

   veces al día. _____

4. Los restaurantes elegantes y caros sirven montaditos. _____

5. La tradición del montadito proviene (*comes from*) del País Vasco. _____

6. Los pinchos son sólo platos fríos. _____

7 **Un día en la vida de...** Select one of these people and imagine a typical workday. Consider his or
her daily routine as well as the time he or she gets up, goes to work, spends with friends, goes back
home and goes to sleep. Use the words provided.

más tarde	se acuesta	se levanta
por la noche	se cepilla los dientes	va al trabajo

_____

_____

_____

_____

_____

_____

Video Manual: *Flash cultura*

La comida latina   **Lección 8**

Antes de ver el video

1 **Más vocabulario** Look over these useful words before you watch the video.

Vocabulario útil		
el arroz congrí *mixed rice and beans from Cuba*	el frijol *bean*	la rebanada *slice*
el azafrán *saffron*	el perejil *parsley*	el taco al pastor *Shepherd-style taco*
la carne molida *ground beef*	el picadillo a la habanera *Cuban-style ground beef*	la torta al pastor *traditional sandwich from Tijuana*
la carne picada *diced beef*	el plátano *banana*	
el cerdo *pork*	el pollo *chicken*	la ropa vieja *Cuban shredded beef*

2 **¡En español!** Look at the video still. Imagine what Leticia will say about **la comida latina** in Los Angeles, and write a two- or three-sentence introduction to this episode.

Leticia, Estados Unidos

¡Hola! Soy Leticia Arroyo desde Los Ángeles. Hoy vamos a

hablar sobre… _____

_____

_____

_____

_____

_____

Mientras ves el video

3 **Completar** (04:15–04:48) Watch Leticia ask for recommendations to other clients in the restaurant and complete this conversation.

LETICIA Señoritas, ¿qué estamos (1)_____ de rico?

CLIENTE 1 Mojito.

LETICIA ¿Y de qué se trata el (2)_____?

CLIENTE 1 Es pollo con cebolla, arroz blanco, (3)_____ negros y plátanos fritos. Es delicioso.

LETICIA Rico. ¿Y el tuyo?

CLIENTE 2 Yo estoy comiendo (4)_____ con pollo, que es arroz amarillo, pollo y plátanos fritos.

LETICIA ¿Y otras cosas en el (5)_____ que están ricas también?

CLIENTE 2 A mí me (6)_____ la ropa vieja.

Lección 8 Flash cultura Video Activities   **305**

4 **Ordenar** Put these events in the correct order.

_____ a. Toma un café en el restaurante cubano.

_____ b. Leticia habla con el gerente (*manager*) de un supermercado.

_____ c. Leticia come picadillo, un plato típico cubano.

_____ d. La dueña de una taquería mexicana le muestra a Leticia diferentes platos mexicanos.

_____ e. Leticia compra frutas y verduras en un supermercado hispano.

Después de ver el video

5 **Emparejar** Match these expressions to the appropriate situations.

_____ 1. ¿Qué me recomienda?   _____ 4. ¿Está listo/a para ordenar?

_____ 2. ¡Se me hace agua la boca!   _____ 5. A la orden.

_____ 3. ¡Que se repita!

a. Eres un(a) empleado/a de una tienda. Ayudaste a un(a) cliente/a a hacer una compra. Él/Ella se despide y te dice gracias. ¿Qué le respondes?

b. Estás en un restaurante. Miraste el menú, pero todavía no sabes qué quieres comer. ¿Qué le dices al/a la camarero/a?

c. El/La camarera te dio el menú hace cinco minutos y ahora se acerca para preguntarte si sabes lo que quieres pedir. ¿Qué pregunta te hace?

d. Terminas de comer y pagas, estás muy contento/a por la comida y el servicio que recibiste. ¿Qué le dices al/a la camarero/a?

e. Acabas de entrar en un supermercado. Tienes mucha hambre y ves unos postres que te parecen (*seem*) deliciosos. ¿Qué dices?

6 **Un plato típico** Research one of these typical dishes or drinks from the Hispanic world. Find out about its ingredients, where it is typical, and any other information that you find interesting.

| ropa vieja | picadillo a la habanera | horchata |
| Inca Kola | malta Hatuey | mate |

_____
_____
_____
_____
_____
_____
_____

Las fiestas

Lección 9

Antes de ver el video

1 **Más vocabulario** Look over these useful words before you watch the video.

Vocabulario útil		
alegrar *to make happy*	**el cartel** *poster*	**la parranda** *party*
las artesanías *crafts*	**la clausura** *closing ceremony*	**la pintura** *painting*
el/la artesano/a *craftsperson;*	**destacarse** *to stand out*	**el santo de palo** *wooden saint*
artisan	**el Día de Reyes** *Three*	**tocar el tambor**
los cabezudos *carnival figures*	*Kings' Day*	*playing drums*
with large heads	**las frituras** *fried foods; fritters*	**los Tres Santos Reyes/Reyes**
la canción de Navidad	**la madera** *wood*	**Magos** *Three Kings*
Christmas carol	**la misa** *mass*	

2 **Completar** Complete this paragraph about **la Navidad** in Puerto Rico.

En Puerto Rico, las Navidades no terminan después del (1)_____, como en el resto de los países hispanos, sino después de las Fiestas de la Calle San Sebastián. Hay muchas expresiones artísticas de (2)_____ locales; entre ellas se destacan los (3)_____, que son pequeñas estatuas (*statues*) de madera de vírgenes y santos. La (4)_____ empieza por la noche cuando las personas salen a disfrutar del baile y la música con amigos y familiares.

3 **¡En español!** Look at the video still. What do you think this episode will be about? Imagine what Diego will say and write a two- or three-sentence introduction to this episode.

Diego Palacios, Puerto Rico

¡Bienvenidos! Soy Diego Palacios, de Puerto Rico. Hoy les quiero

mostrar... _____

_____

_____

_____

Mientras ves el video

4 **Ordenar** Ordena cronológicamente lo que Diego hizo (*did*).

_____ a. Les preguntó a personas qué disfrutaban más de las fiestas.

_____ b. Bailó con los cabezudos en la calle.

_____ c. Habló con artesanos sobre los santos de palo.

_____ d. Tomó un helado de coco.

_____ e. Comió unas frituras (*fried foods*).

Lección 9 Flash cultura Video Activities

5 **Emparejar** Match the captions to the appropriate elements.

1. ____   2. ____

3. ____   4. ____

a. el güiro   b. los cabezudos   c. los santos de palo   d. el pandero   e. los carteles

Después de ver el video

6 **¿Cierto o falso?** Indicate whether each statement is **cierto** or **falso**.

1. Las Navidades en Puerto Rico terminan con del Día de Reyes. _____

2. Los artistas hacen cuadros y carteles sobre la Navidad. _____

3. En Puerto Rico, todas las celebraciones navideñas son religiosas. _____

4. Los santos de palo representan a personajes puertorriqueños. _____

5. Según un artesano, la pieza de artesanía más popular es la de los Tres Santos Reyes.
_____

6. El güiro y el pandero son algunos de los instrumentos típicos de la música de estas fiestas.
_____

7 **¡De parranda!** Imagine that you are an exchange student in Puerto Rico and that you are attending this celebration. You are dancing on the street when suddenly Diego spots you and decides to interview you. Tell him how you feel and what cultural aspects catch your attention. Make sure to include these words.

| artistas | bailar | cabezudos | de parranda | en la calle | tocar el tambor |

_____

_____

_____

_____

La salud   **Lección 10**

Antes de ver el video

1   **Más vocabulario** Look over these useful words before you watch the video.

Vocabulario útil		
atender *to treat; to see (in a hospital)*	**cumplir (una función)** *to fulfill (a function/role)*	**gratuito** *free (of charge)*
atendido/a *treated*	**esperar** *to wait*	**herido/a** *injured*
brindar *to offer*	**estar de guardia** *to be on call*	**el reportaje** *story*
chocar *to crash*	**golpeado/a** *bruised*	**se atienden pacientes** *patients are treated*

2   **¡En español!** Look at the video still. Imagine what Silvina will say about hospitals in Argentina, and write a two- or three-sentence introduction to this episode.

Silvina Márquez, Argentina

¡Hola a todos! Hoy estamos en... _____

_____

_____

_____

_____

Mientras ves el video

3   **Problemas de salud** Match these statements to their corresponding video stills.

1. ___   2. ___   3. ___

a. Tengo dolor de cabeza y me golpeé la cabeza.
d. Me chocó una bici.

b. Mi abuela estaba con un poco de tos.
e. Me salió una alergia.

c. Estoy congestionada.

4 **Completar** Watch Silvina interview a patient, and complete this conversation.

SILVINA ¿Y a vos qué te pasa? ¿Por qué estás aquí en la (1)_____?

PACIENTE Porque me salió una (2)_____ en la (3)_____ hace dos días y quería (*wanted*) saber qué tenía (*had*). ¿Y a vos qué te pasó?

SILVINA Yo tuve un accidente. Me (4)_____ una bici en el centro y mirá cómo quedé...

PACIENTE ... toda lastimada (*hurt*)...

SILVINA Sí, y aquí también, aquí también... Estoy toda (5)_____.

Después de ver el video

5 **Ordenar** Put Silvina's actions in the correct order.

_____ a. Le dio sus datos personales a la enfermera.

_____ b. Llegó a la guardia del hospital.

_____ c. Fue atendida por el doctor.

_____ d. Tuvo un accidente con una bicicleta.

_____ e. Entrevistó a pacientes.

6 **El sistema de salud en Argentina** Identify the main characteristics of the health system in Argentina. Use these guiding questions.

1. ¿Cómo es el sistema de salud: público, privado o mixto?

2. ¿Hay que pagar en los hospitales públicos?

3. ¿Qué son las guardias?

4. ¿Hay que esperar mucho para ser atendido/a?

5. ¿Cómo es la carrera de medicina?

6. ¿Qué similitudes y diferencias existen entre el sistema de salud en Argentina y el de tu país?

7 **¿Un pequeño accidente?** You were exploring the city of Buenos Aires when an aggressive pedestrian knocked you to the ground. You arrived in great pain at the **guardia** only to find the wait very long. Write your conversation with a nurse in which you explain your symptoms to convince him/her that this is *not* a minor accident and you should receive immediate care.

_____

_____

_____

_____

_____

_____

_____

_____

_____

Maravillas de la tecnología   Lección 11

Antes de ver el video

1   **Más vocabulario**   Look over these useful words before you watch the video.

Vocabulario útil		
la afirmación cultural *cultural affirmation*	chatear *to chat*	la masificación *spread*
alejado/a *remote*	el desarrollo *development*	mejorar *to improve*
beneficiarse *to benefit*	el esfuerzo *effort*	el/la proveedor(a) *supplier*
el/la cuzqueño/a *person from Cuzco*	al extranjero *abroad*	servirse de *to make use of*
	mandar *to send*	el/la usuario/a *user*

2   **La tecnología**   Complete this paragraph about technology in Peru.

En Perú, la (1)_____ de Internet benefició el (2)_____ de la agricultura
en las comunidades indígenas. Para estas comunidades es una herramienta (*tool*) importante para obtener
e intercambiar información. También, en ciudades como Cuzco, los artistas y comerciantes que son
(3)_____ de Internet pueden (4)_____ el nivel (*level*) de ventas porque se
conectan (5)_____ y así pueden vender sus productos en otros países.

3   **¡En español!**   Look at the video still. Imagine what Omar will say about technology in Peru and
write a two- or three-sentence introduction to this episode.

Omar Fuentes, Perú

¡Hola a todos! ¿Saben de qué vamos a hablar hoy? _____

_____

_____

_____

_____

Mientras ves el video

4   **Completar**   Watch Omar interview a young man and complete their conversation.

OMAR   ¿Qué haces en medio de la Plaza de Armas usando una (1)_____?

JOVEN   Estoy mandándole un (2)_____ a mi novia en Quito.

OMAR   ... en Quito... ¿Así que tú eres (3)_____?

JOVEN   Sí, soy ecuatoriano.

OMAR   Y... ¿qué tal? ¿Qué te (4)_____ el Cuzco? ¿Qué te parece el Perú?

JOVEN   Me encanta Cuzco porque se parece mucho a mi ciudad, pero me gusta un poco más
porque puedo usar (5)_____ en medio de la plaza y (6)_____
me molesta.

    Lección 11 Flash cultura Video Activities

5 **Emparejar** Identify what these people use cell phones and Internet for.

1. ___   2. ___   3. ___

a. para escribir mensajes
   a su novia
d. para hacer una videoconferencia
   y hablar con su familia

b. para comunicarse con su
   proveedor
e. para chatear con amigos

c. para vender sus productos
   en el extranjero

Después de ver el video

6 **¿Cierto o falso?** Indicate whether each statement is **cierto** or **falso**.

1. En Perú, los cibercafés son lugares exclusivos para los turistas. _____

2. Los cibercafés son conocidos como "cabinas de Internet" en Perú y están por todo el país. _____

3. A diferencia de los cibercafés, los teléfonos celulares ayudan a la comunicación rápida
   y económica. _____

4. La comunidad indígena de Perú se beneficia de las ventajas que ofrecen los cibercafés. _____

5. En la Plaza de Armas de Cuzco es posible navegar en la red de manera inalámbrica. _____

6. Las tecnologías de la comunicación no permiten a las comunidades indígenas reafirmarse
   culturalmente. _____

7 **Preguntas** Answer these questions.

1. ¿Para qué usas Internet?

   _____

2. ¿Cómo te comunicas con tu familia y tus amigos cuando viajas?

   _____

3. ¿Piensas que la masificación de la tecnología es buena? ¿Por qué?

   _____

4. ¿Piensas que el servicio de Internet debe ser gratuito para todas las personas? ¿Por qué?

   _____

8 **Un mensaje** Remember the young man who was writing an e-mail to his girlfriend at the Plaza de
Armas in Cuzco? Imagine you are him and write an e-mail to his girlfriend telling her about living in
Cuzco and how technology is used there.

¡Hola, mi amor! En este momento estoy en la Plaza de Armas de Cuzco. _____

_____

_____

_____

_____

La casa de Frida

Lección 12

Antes de ver el video

1 Más vocabulario Look over these useful words before you watch the video.

Vocabulario útil		
el alma *soul*	contar con *to have; to feature*	el relicario *locket*
la artesanía *crafts*	convertirse en *to become*	el retrato *portrait*
el barro *clay*	la muleta *crutch*	la urna *urn*
la ceniza *ash*	el recorrido *tour*	el vidrio soplado *blown glass*

2 Emparejar Match each definition to the appropriate word.

1. Es un aparato que ayuda a caminar a las personas que no pueden hacerlo por sí solas (*by themselves*). _____

2. Es el recipiente (*container*) donde se ponen las cenizas de la persona muerta. _____

3. Es una pintura de una persona. _____

4. tener, poseer _____

5. camino o itinerario en un museo, en parques, etc. _____

6. Transformarse en algo distinto de lo que era antes. _____

3 ¡En español! Look at the video still. Imagine what Carlos will say about **La Casa de Frida** and write a two- or three-sentence introduction to this episode.

Carlos López, México

¡Bienvenidos a otro episodio de *Flash cultura*! Soy Carlos López

desde… _____

_____

_____

_____

Mientras ves el video

4 ¿Dónde están? Identify where these items are located in Frida's museum.

¿Dónde están?	La cocina	La habitación
1. barro verde de Oaxaca		
2. la urna con sus cenizas		
3. los aparatos ortopédicos		
4. vidrio soplado		
5. la cama original		
6. artesanía de Metepec		

5 **Impresiones** Listen to what these people say, and match the captions to the appropriate person.

1. ___ 2. ___

3. ___ 4. ___

a. Me encanta que todavía (*still*) tienen todas b. … tenemos la gran bendición (*blessing*)
   las cosas de Frida en su lugar… de que contamos con un jardinero que…
c. A mí lo que más me gusta es la cocina trabajó (*worked*) para ellos.
   y los jardines. d. El espacio más impresionante de esta casa
e. … para mí fueron unas buenas personas… es la habitación de Frida.

Después de ver el video

6 **Ordenar** Put Carlos' actions in the correct order.
_____ a. Habló con distintas personas sobre el museo y sus impresiones.
_____ b. Caminó por las calles de Coyoacán.
_____ c. Pasó por el estudio y terminó el recorrido en la habitación de Frida.
_____ d. Mostró el cuadro *Viva la vida* y otras pinturas de Frida.
_____ e. Recorrió la cocina.
_____ f. Llegó al museo Casa de Frida Kahlo.

7 **¿Qué te gusto más?** Choose an aspect of Frida's house and describe it. Is it similar or different to your own house? What do you find interesting about it?

_____
_____
_____
_____
_____
_____
_____
_____

Naturaleza en Costa Rica   Lección 13

Antes de ver el video

1 Más vocabulario Look over these useful words before you watch the video.

Vocabulario útil		
el balneario *spa*	las faldas *foot (of a*	el piso *ground*
el Cinturón de Fuego	*mountain or volcano)*	la profundidad *depth*
Ring of Fire	lanzar *to throw*	refrescarse *to refresh oneself*
cuidadoso/a *careful*	mantenerse fuera *to keep outside*	el rugido *roar*
derramado/a *spilled*	el milagro *miracle*	el ruido *noise*

2 Emparejar Complete this paragraph about volcanoes in Central America.

Los países centroamericanos crearon "La Ruta Colonial y de los volcanes" para atraer turismo cultural
y ecológico a esta región. El recorrido (*tour*) de los volcanes es el itinerario favorito de los visitantes, ya
que éstos pueden escuchar los (1)_____ volcánicos y sentir el (2)_____
vibrando cuando caminan cerca. Es posible caminar por las (3)_____ de los volcanes que
no están activos y observar la lava (4)_____ en antiguas erupciones. ¡Centroamérica es un
(5)_____ de la naturaleza!

3 ¡En español! Look at the video still. Imagine what Alberto will say about volcanoes and hot springs
in Costa Rica and write a two- or three-sentence introduction to this episode.

Alberto Cuadra, Costa Rica

¡Bienvenidos a Costa Rica! Hoy vamos a visitar... _____

_____

_____

_____

_____

Mientras ves el video

4 ¿Qué ves? Identify the items you see in the video.

___ 1. cuatro monos juntos   ___ 5. el mar

___ 2. las montañas   ___ 6. dos ballenas

___ 3. un volcán   ___ 7. las aguas termales

___ 4. una tortuga marina   ___ 8. muchos pumas

5 **Completar** Complete this conversation between Alberto and the guide.

ALBERTO ¿Qué tan activo es el (1)_____ Arenal?

GUÍA El volcán Arenal se encuentra dentro de los volcanes más (2)_____ en el mundo. Se pueden observar las (3)_____ incandescentes, sobre todo en la noche… y en este momento, el sonido que (4)_____ es efecto de la actividad activa del volcán.

ALBERTO ¿Por qué es que el volcán produce ese sonido?

GUÍA Bueno, es el efecto de las erupciones; la combinación también del aire, del

(5)_____; cuando la (6)_____ sale y tiene el contacto con la parte externa.

Después de ver el video

6 **Ordenar** Put Alberto's actions in the correct order.

_____ a. Se cubrió con una toalla porque tenía frío.

_____ b. Caminó hasta el Parque Nacional Volcán Arenal.

_____ c. Vio caer las rocas incandescentes desde la ventana de su hotel.

_____ d. Cuando sintió que se movía el piso, tuvo miedo y salió corriendo.

_____ e. Se baño en las aguas termales de origen volcánico.

_____ f. Conversó sobre el volcán con el guía.

7 **¡Defendamos el volcán!** Imagine that you are a forest ranger at the **volcán Arenal** park and you just learned that a highly-polluting company plans to move its plant near the park. Write a conversation between you and your colleagues at work in which you try to convince them to take action to prevent it.

_____

_____

_____

_____

_____

_____

8 **Ecoturismo** Alberto says that ecotourism represents the fastest growing subsector of the tourist industry. Identify the positive and negative aspects of ecotourism and then write a brief paragraph about it. You may use examples from the video.

Aspectos positivos	Aspectos negativos

_____

_____

_____

_____

_____

_____

El Metro del D.F.   Lección 14

Antes de ver el video

1 **Más vocabulario** Look over these useful words before you watch the video.

Vocabulario útil		
ancho/a *wide*	contar con *to have, to offer*	repartido/a *spread*
el boleto *ticket*	debajo *underneath*	el siglo *century*
el camión *bus (Mexico)*	gratuito/a *free*	superado/a *surpassed*
el castillo *castle*	imponente *imposing, impressive*	la superficie *surface*
construido/a *built*	recorrer *to cover (traveling)*	ubicado/a *located*

2 **Completar** Complete these sentences.

1. En México se le dice _____ a un autobús.
2. Los autobuses _____ distintos puntos de México, D.F.
3. El Metro tiene estaciones _____ por toda la ciudad.
4. El Bosque de Chapultepec está _____ en el centro de México, D.F.
5. El Metro es un servicio _____ para personas de más de 60 años.

3 **¡En español!** Look at the video still. Imagine what Carlos will say about **el Metro** in Mexico City and write a two- or three-sentence introduction to this episode.

Carlos López, México

¡Hola! Hoy vamos a hablar de… _____

_____

_____

_____

Mientras ves el video

4 **¿Qué les gusta?** Identify what each of these passengers likes about **el Metro**.

1. ____

2. ____

3. ____

a. Es útil para ir a la escuela y visitar a mis compañeros.
c. Es un transporte seguro, rápido y cómodo.
e. Hay mucha variedad de gente.

b. Hay una parada (*stop*) cerca de mi casa.
d. Es barato y siempre me dan un descuento.

5 **¿Qué dice?** Identify the places Carlos mentions in the video.

_____ 1. una joyería del siglo pasado   _____ 5. un castillo construido en un cerro (*hill*)

_____ 2. las estaciones de metro superficiales   _____ 6. el correo

_____ 3. la Catedral Metropolitana   _____ 7. un zoológico

_____ 4. una panadería   _____ 8. un bosque en el centro de la ciudad

Después de ver el video

6 **¿Cierto o falso?** Indicate whether these statements are **cierto** or **falso**.

1. Carlos dice que el Metrobús es el sistema favorito de los ciudadanos. _____

2. Los tranvías circulan bajo la superficie de la ciudad. _____

3. En el Metro puedes recorrer los principales atractivos de México, D.F. _____

4. El Zócalo es la plaza principal de la capital mexicana. _____

7 **¿Cómo llego?** Imagine that you are in Mexico City. You want to go to **Ciudad Azteca** and decided to take the subway, but got confused and end up in **Barranca del Muerto**, the other end of the city! On a separate piece of paper, write a conversation in which you ask a person for directions to help you get to your destination. Use some of these expressions. You can also find a map of the **Metro** online.

cambiar de tren
las estaciones
   de transbordo
estar perdido
hasta
al norte
seguir derecho

¿Estrés? ¿Qué estrés?   Lección 15

Antes de ver el video

1 **Más vocabulario** Look over these useful words before you watch the video.

Vocabulario útil		
el ambiente *atmosphere*	el/la madrileño/a	remontarse *to go back (in time)*
el descanso *rest*	*person from Madrid*	retirarse *to retreat*
el espectáculo *show*	mantenerse sano/a	*(to a peaceful place)*
el estanque *pond*	*to stay healthy*	el retiro *retreat*
judío/a *Jewish*	el paseo *walk*	trotar *to jog*
llevadero/a *bearable*	remar *to row*	el vapor *steam*

2 **Completar** Complete this paragraph about **baños árabes**.

Madrid fue lugar de encuentro de tres culturas: musulmana, cristiana y (1)_____.
Los musulmanes, por ejemplo, introdujeron los famosos baños árabes, que eran lugares de
(2)_____ donde las personas iban a (3)_____ a lugares tranquilos y a
socializar. Aunque en la actualidad los (4)_____ continúan disfrutando de estos baños,
existen muchas otras alternativas para mantenerse sanos y sin estrés.

3 **¡En español!** Look at the video still. Imagine what Miguel Ángel will say about **el estrés** in Madrid
and write a two- or three-sentence introduction to this episode.

Miguel Ángel Lagasca, España

¡Bienvenidos a Madrid! Hoy les quiero mostrar... _____

_____

_____

_____

_____

_____

_____

Mientras ves el video

4 **Completar** Listen to a man talking about his dog, and complete the conversation.

HOMBRE Bueno, a mí me espera además un (1)_____. Yo tengo un perro que se
llama Curro, que es un fenómeno... Gracias a él, pues, aparte del (2)_____ de
Madrid, sirve para (3)_____ y dar un paseíto, ¿eh?, y resulta muy agradable.
Más (4)_____ [...] Yo insisto que lo mejor en Madrid es tener un perro, si es
(5)_____ que se llame Curro, y dar un (6)_____ con él, y es
muy divertido.

5 **¿Estrés en Madrid?** Being the capital of Spain, Madrid has the hustle and bustle of any big city. Identify why these **madrileños** are stressed out.

1. __   2. __   3. __

a. Porque durmieron en el parque para conseguir boletos.

b. Porque hay mucho tráfico en la ciudad.

c. Porque hay personas que les quieren quitar el lugar en la cola.

d. Porque tiene un perro muy agresivo.

e. Porque tienen que hacer largas colas para todo, sobre todo para espectáculos culturales.

Después de ver el video

6 **Preguntas** Answer each of these questions.

1. ¿Qué problema tiene Madrid que es típico de una gran ciudad?
   _____

2. Menciona dos lugares adonde los madrileños van para desestresarse.
   _____

3. ¿Quién es Curro? ¿Qué opina su dueño de él?
   _____

4. ¿Cuáles son tres actividades saludables que se pueden hacer en el Parque del Retiro?
   _____

5. ¿Cuántas salas de baños árabes tiene el Medina Mayrit?
   _____

7 **No hablo español** Remember the American who cut the line for the show? The couple behind him did not succeed in making him go at the end. What would you say to him? Write a conversation in which you tell him to go to the back of the line!

_____
_____
_____
_____
_____
_____
_____
_____
_____

El mundo del trabajo

Lección 16

Antes de ver el video

1 Más vocabulario Look over these useful words before you watch the video.

Vocabulario útil		
el desarrollo *development*	(ser) exitoso/a *(to be)*	la madera *wood*
el destino *destination*	*successful*	el nivel *level*
la elevación *height*	la fidelidad *loyalty*	la oportunidad *opportunity*

2 Emparejar Match each definition to the appropriate word.

_____ 1. Alguien o algo que tiene muy buena aceptación.

_____ 2. Meta, punto de llegada.

_____ 3. Conveniencia de tiempo y de lugar.

_____ 4. Parte sólida de los árboles cubierta por la corteza (*bark*).

_____ 5. Altura que algo alcanza, o a la que está colocado.

_____ 6. Distancia vertical de un punto de la tierra respecto al nivel del mar.

_____ 7. Progresar, crecer económica, social, cultural o políticamente.

_____ 8. Lealtad que alguien debe a otra persona.

a. elevación

b. madera

c. desarrollo

d. exitoso

e. nivel

f. destino

g. fidelidad

h. oportunidad

3 ¡En español! Look at the video still. Imagine what Mónica will say about jobs in Ecuador and write a two or three sentence introduction to this episode.

Mónica, Ecuador

Hola, los saluda Mónica... _____

_____

_____

_____

_____

_____

_____

Mientras ves el video

4 Marcar Check off what you see while watching the video.

_____ 1. vendedor de periódicos

_____ 2. payaso

_____ 3. dentista

_____ 4. heladero

_____ 5. barrendera

_____ 6. hombre policía

_____ 7. médico

_____ 8. pintora

_____ 9. artesano

_____ 10. mesero

Lección 16 Flash cultura Video Activities **321**

5   **Impresiones** Listen to what these people say, and match the captions to the appropriate person.

1. ____   2. ____   3. ____

a. Claro que sí. Soy la jefa.

b. Odio mi trabajo. Me pagan poquísimo (*very little*) y aparte, mi jefa es súper fastidiosa…

c. Lo que más me gusta de trabajar en Klein Tours es que ayudamos al desarrollo de nuestro país.

d. Bueno, la persona que quiera estar conmigo deberá recibirme con mi profesión, ya que yo no tengo un horario de oficina normal.

Después de ver el video

6   **¿Cierto o falso?** Indicate whether each statement is **cierto** or **falso**. Correct the false statements.

1. Quito es una de las capitales de mayor elevación del mundo. _____

2. La mujer policía trabaja desde muy temprano en la mañana. _____

3. La peluquería de don Alfredo está ubicada en la calle García Moreno, debajo del Mercado Central en el centro de Quito. _____

4. La profesión de don Alfredo es una tradición familiar. _____

5. Klein Tours es una agencia de viajes especializada solamente en excursiones a las islas Galápagos. _____

6. Las principales áreas de trabajo de Klein tours son ventas, operaciones, *marketing* y el área administrativa. _____

7   **Escribir** From the following list choose a profession that you would like to work in. Then, write three **ventajas** and three **desventajas** for that profession.

artista	enfermero/a	peluquero/a
barrendero/a	mesero/a	policía
dentista	payaso/a	vendedor/a

Ventajas	Desventajas
1. _____	1. _____
2. _____	2. _____
3. _____	3. _____

Palacios del arte   Lección 17

Antes de ver el video

1   **Más vocabulario**   Look over these words before you watch the video.

Vocabulario útil

alucinante *amazing*	la infanta *princess*	la pieza *piece*
brillar *to shine*	infantil *childlike*	la planta *floor*
la corte (real) *(royal) court*	ladrar *to bark*	recto/a *straight*
dorado/a *golden*	el lienzo *canvas*	el Renacimiento *Renaissance*
la época *time, period*	magistral *masterly*	el siglo *century*
el estilo *style*	majo/a *good-looking; nice*	

2   **Completar**   Complete this paragraph about the painting *Las meninas* by Diego Velázquez.

Las Meninas es una de las (1) _____ más famosas del pintor español Diego Velázquez. Fue hecha a mediados del (2) _____ XVI y es un buen ejemplo del (3) _____ magistral de este artista. Originalmente, esta pintura se llamó *La familia de Felipe IV*, pero se le cambió el nombre porque en el centro del cuadro aparece la (4) _____ Margarita de Austria con dos damas de honor o meninas. Entre los personajes del cuadro, hay un perro, y es tan real que parece a punto de (5) _____.

3   **¡En español!**   Look at the image. Imagine what Mari Carmen will say about **el arte** in Madrid and write a two- or three-sentence introduction to this episode.

Mari Carmen, España

¡Hola a todos! Hoy estamos en Madrid _____

_____

_____

_____

_____

_____

_____

Mientras ves el video

4   **Marcar**   Identify the painters Mari Carmen mentions in the video.

_____ 1. Salvador Dalí   _____ 6. Diego Rivera

_____ 2. Frida Kahlo   _____ 7. Francisco de Goya

_____ 3. Diego Velázquez   _____ 8. Joan Miró

_____ 4. Pablo Picasso   _____ 9. Vincent van Gogh

_____ 5. El Greco   _____ 10. Fernando Botero

5 **Emparejar** Match each name with a painting.

1. ___

2. ___

3. ___

4. ___

a. *La Inmaculada Concepción*   b. *El hombre invisible*   c. *Las Meninas*
d. *Guernica*   e. *La maja vestida*

Después de ver el video

6 **Ordenar** Put Mari Carmen's actions in order.

_____ a. Recorrió el Museo Nacional Centro de Arte Reina Sofía.

_____ b. Entró al Museo del Prado.

_____ c. Habló con distintas personas sobre el *Guernica*, de Pablo Picasso.

_____ d. Mostró el cuadro *Campesino catalán con guitarra*, de Joan Miró.

_____ e. Caminó por el Paseo del Prado.

_____ f. Mostró el cuadro *La Inmaculada Concepción*, de El Greco.

7 **Guía de turistas** Imagine that you work as a tour guide in Madrid and you've been asked to show your tour group the city's museums. Which of the museums that you saw in the video would you take them to first? Write a description of what you would tell the tour group about the paintings there.

_____

_____

_____

_____

_____

_____

_____

_____

_____

_____

_____

Puerto Rico: ¿nación o estado?   Lección 18

Antes de ver el video

1 **Más vocabulario** Look over these words before you watch the video.

Vocabulario útil

el agua de coco *coconut water*	la isla *island*	las relaciones exteriores
el/la boricua *Puerto Rican*	los lazos *ties*	*foreign policy*
convertirse *to become*	la nación independiente	la soberanía *sovereignty*
la estadidad *statehood*	*independent nation*	la vacuna *vaccine*
el estado libre asociado	permanecer *to stay; to remain*	valorar *to value*
associated free state	el productor *producer*	

2 **Completar** Fill in the blanks in these sentences.

1. En Puerto Rico, el _____ es una bebida muy popular.
2. Otro nombre para los puertorriqueños es _____.
3. Para viajar a Puerto Rico desde los EE.UU. no hacen falta las _____.
4. Hay puertorriqueños que quieren que su país siga siendo un estado _____ asociado.
5. Algunos puertorriqueños desean que su país se convierta en una nación _____.

3 **¡En español!** Look at the image. Imagine what Diego will say about politics in Puerto Rico and write a two- or three-sentence introduction to this episode.

Diego Palacios, Puerto Rico

Saludos y bienvenidos... _____
_____
_____
_____
_____
_____
_____

Mientras ves el video

4 **¿Qué ves?** Identify what you see in the video.

_____ 1. un caballo   _____ 5. un mapa
_____ 2. un avión   _____ 6. un cajero automático
_____ 3. una ballena   _____ 7. un gimnasio
_____ 4. el mar   _____ 8. un buzón

5 **Opiniones** Listen to what these people say, and match the caption with a person.

1. __

2. __

3. __

4. __

a. ¿Por qué cambiarlo si es lo mejor de dos mundos?
c. Yo prefiero que Puerto Rico se quede como está.
e. Yo creo que Puerto Rico debe ser independiente ahora.

b. Nos gusta el estilo americano.
d. Yo quiero la estadidad, no hay nada más.

Después de ver el video

6 **¿Cierto o falso?** Indicate whether each statement is **cierto** or **falso**.

1. En Puerto Rico, hay casi dos millones de habitantes. _____

2. Los puertorriqueños pueden votar para elegir al presidente de los Estados Unidos. _____

3. Puerto Rico es un territorio de los Estados Unidos. _____

4. La moneda de Puerto Rico es el dólar estadounidense. _____

5. La aduana de la isla está a cargo del gobierno de Puerto Rico. _____

6. Todos los puertorriqueños están de acuerdo en que su país sea un estado libre asociado. _____

7 **Eres de Puerto Rico** Imagine that you are Puerto Rican and you are preparing to address Congress. Write a speech explaining your position on the status of Puerto Rico and defend your argument.

_____

_____

_____

_____

_____

_____

_____

_____

_____

_____